위장환경주의
DIE GRÜNE LÜGE

위장환경주의
'그린'으로 포장한 기업의 실체

초판 1쇄 발행일 2018년 12월 5일   초판 2쇄 발행일 2019년 11월 15일

지은이 카트린 하르트만 | 옮긴이 이미옥
펴낸이 박재환 | 편집 유은재 | 관리 조영란
펴낸곳 에코리브르 | 주소 서울시 마포구 동교로 15길 34 3층(04003) | 전화 702-2530 | 팩스 702-2532
이메일 ecolivres@hanmail.net | 블로그 http://blog.naver.com/ecolivres
출판등록 2001년 5월 7일 제10-2147호
종이 세종페이퍼 | 인쇄·제본 상지사 P&B

ISBN 978-89-6263-189-0 03330

책값은 뒤표지에 있습니다.   잘못된 책은 구입한 곳에서 바꿔드립니다.

위장환경주의

'그린'으로 포장한 기업의 실체

카트린 하르트만 지음 | 이미옥 옮김

에코리브르

머리말

화장이 얼굴을 팽팽하게 잡아당겼다. 나에게 가장 잘 맞던 양복도 이상하게 불편했다. 넥타이는 목을 졸랐다. 이미 눈부시게 밝은 스포트라이트가 켜진 상태! 나는 영화를 만드는 사람으로 텔레비전 스튜디오에 익숙했지만, 이런 라이브 방송을 시작할 때는 편안한 느낌을 가질 수 없다.

"환경 친화적으로 살 수 있을까?" 오스트리아의 전설적 토론 프로그램 〈클럽 2〉는 바로 이런 주제를 늦은 저녁에 방영했다. 오스트리아 방송국은 내 영화 〈플라스틱 행성(Plastic Planet)〉이 2011년 10월 상영 종료된 것을 기념해 이런 토론을 진행하고자 했다. 이 토론에서 나는 산업계를 대표하는 사람들을 만났다. 그리고 이들이 내 영화를 혹평하고, 플라스틱은 사람과 자연에 전혀 위협적이지 않다고 시청자들에게 설명할 거라 예상했다.

그런데 카트린 하르트만도 거기 있었다.

그녀는 얼핏 나보다 훨씬 평온해 보였을 뿐 아니라 그야말로 컨디션도 최상의 상태였다! 당시만 해도 나는 카트린이 산업계의 대표자들과 논쟁을 펼치고 그들에게 올바른 현실을 알릴 때면 얼마나 빛을 발하는지 모르고 있었다. 어쨌거나 이날 나는 그녀의 진가를 알았다. 참으로 멋진 저녁이었다. 정보통인 그녀가 사업가들의 교묘하고 음흉한 발언을 요모조모 따지고, 환경을 파괴하는 대기업들이 이윤에 관심을 기울이는 걸 적나라하게 폭로하는 모습을 보고 완전히 반해버렸다.

그로부터 반년 후 나는 카트린에게 〈더 그린 라이(The Green Lie)〉라는 영화를 함께 찍어보지 않겠냐고 제안했다. 그린워싱(Greenwashing: 위장환경주의—옮긴이) 문제 전문가인 그녀와 더불어 대기업들의 녹색 거짓말을 영화로 묘사하고 고발하는 일이 나에겐 무척이나 매력적으로 보였다. 우리는 영화를 찍으면서 각자 다른 역할을 맡기로 결정했다. 카트린은 똑똑하고 교양 있는 대화 상대 역할을 맡고, 나는 고집 센 쾌락주의자 역을 맡기로 한 것이다. 나는 이런 역할에 익숙하다. 다큐멘터리 영화를 만들 때 자주 그런 역을 맡는 편이다. 카트린도 자신의 역할을 잘 소화했다. 그게 있는 그대로의 그녀 모습이었다.

언론인으로서 풍부한 지식을 활용하고 정치·경제·인권·환경 보호라는 주제로부터 손쉽게 맥락을 찾아내는 그녀의 재주는 감동적이다. 나는 카트린이 정직하게 기울이는 노력, 그러니까 사회를 개선하고 우리의 시스템을 향상시키기 위해 애쓰는 노고를 인정한다. 우리가 카트린에게서 배울 점은 또 있다. 그녀는 정의롭지 못한 일은 가차 없이 지적함과 동시에 좀더 정의로운 미래 사회를 위해 투쟁할 수 있는 용기와 희망을 준다. 전 세계의 많은 이들이 동일한 목표를 추구한다는 사실을 보여줌으로써 말이다.

점점 더 많은 사람이 대기업과 통제할 수 없는 자본주의의 파괴적 메커니즘을 이해하게 되면, 언젠가 더 이상 녹색 거짓말을 할 필요가 없는 시스템을 만드는 데 성공할 것이다. 18세기와 19세기 당시 모든 사람을 위한 의회민주주의와 선거권을 요구하던 이들은 몽상가로 치부되었다. 그러는 동안 많은 나라에서 그와 같은 정부 시스템을 운영하고 있다. 오늘날 우리에게 가장 필요한 것—인간과 자연의 권리—을 보호하고 싶다면, 민주적 세계 경제 체계에 대한 꿈을 꿀 수 있어야 한다.

나는 카트린이 대기업들과 싸우는 전사로서 우리 편에 있다는 게 정말 행복하다. 아울러 이 책을 많은 독자들이 읽어줬으면 좋겠다.

베르너 부테(Werner Boote)

차례

머리말 • 005

황제가 입은 녹색 옷

환경과 연관된 이른바 녹색 거짓 뉴스는 명백하면 할수록 왜 더 많은 사람이 믿는 걸까

선동을 잘하려면 다음과 같은 점이 중요하다. 즉 아무도 거절하지 못하고 모두가 동의할 만한 슬로건을 만들어야 한다. 이런 슬로건이 무엇을 의미하는지 아무도 모른다. 사실 이런 슬로건에는 아무런 의미가 없기 때문이다. 이런 슬로건의 가치는 중요한 질문에 주의를 기울이지 못하도록 방해하는 데 있다. 우리의 정치는 이런 선동을 지원하고 있을까? 하지만 사람들은 선동에 대해 언급해서는 안 된다.

-놈 촘스키(Noam Chomsky)[1]

"만일 누군가 자신이 이해하지 못하는 일을 해서 월급을 받는다면, 이런 사람에게 뭔가를 이해시키는 것은 너무나 어렵다."

-업턴 싱클레어(Upton Sinclair)[2]

더그 에번스(Doug Evans)는 영리한 사업 아이디어를 생각해내는 데 그치지 않았다. 그는 "미래를 건설"하고자 했다. 이와 더불어 "세계를 바꾸는" 일도 하고 말이다. 이런 슬로건이 추구하는 것은 거의 모든 제품에 질려 있는 서구 소비자를 새로운 제품으로 유혹하고자 하는 데 있지 않다. "당신보다 더 큰 목표를 담고, 그리하여 많은 사람이 긍정적 방식으로 달성할 수 있는 목표를 담은 미래를 건설하십시오." 에번스는 제품을 광고하면서 이렇게 말했다. "나는 미래를 건설합니다. 사람들에겐 더 많은 과일과 채소가 필요하기 때문이지요."

그런데 에번스가 말하는 '혁신'이라는 게 알고 보니 과일 주스와 채소

주스였다. 하지만 일반적으로 접할 수 있는 주스가 아니라 '스마트 주스'였다. 이런 스마트 주스를 하필이면 주서로(Juicero)에서만 만들어내고, 그 가격이 400유로에 달한다니 그야말로 깜짝 놀라지 않을 수 없었다. 게다가 이 똘똘한 주서로 기계는 인터넷에 연결해서 사용해야 한다. 에번스의 아이디어는 이러했다. 즉 기계로 잘게 부순 과일과 채소가 들어 있는 플라스틱 팩을 압착하면 주스가 나온다는 것. 잘게 부순 신선한 과일과 채소가 담긴 팩 5개에 30달러. 그러니까 매일 신선한 스마트 주스를 마시려면 한 잔에 6달러, 한 달이면 180달러를 지불해야 한다! 이런 비싼 가격을 지불하는 대가로 이 기계는 다음 번 주스를 공급할 때 더 완벽한 제품을 제공하기 위해 데이터를 수집하며, 과일과 주스의 유효 기간을 알려준다. 그것도 실시간으로! 무엇보다 이 주스는 "지구상에서 45억 년이나 된 오리지널 레시피에 따라" 생산한다고 한다. 요컨대 유전자 변형 같은 기술이 전혀 개입하지 않고, 첨가제도 넣지 않고, 친환경 농부가 해당 지역에서 계절에 맞춰 원료를 재배한다—그럼으로써 결국 친환경 농부를 지원할 수 있다. 과거에는 결코 맛보지 못한 그야말로 자연적인 제품이라는 얘기다. 회사 홈페이지에서는 이와 같은 제품 소개뿐 아니라 막 싹이 트는 식물, 익어가는 과일 그리고 회전하는 지구의(地球儀)를 보여준다.

하이테크를 이용한 흰색의 세련된 이 기계는 왠지 애플(!)에서 만든 제품 같아 보인다. 이게 바로 "주스기업계의 스티브 잡스"라고 한때 자신을 소개했다는 사람이 만든 것일까? 이런 착즙기는 돈을 잘 버는 도시 구매자에게나 호응을 얻을 만하다. 아울러 기술에 열광하고, 요구 수준이 까다롭고, 건강에 관심이 많고, 약간 친환경적인 구매자가 좋아할 가능성이 있다. 무엇보다 편리할지 모른다.

투자자들은 자신의 지갑을 열 때 아마 그렇게 생각했을 것이다. 에번스는 주서로를 시리즈로 생산하기 전에 총 1억 2000만 달러의 투자를 받았다. 투자자 중에는 특히 클라이너 퍼킨스 코필드 앤드 바이어스(Kleiner Perkins Caufield & Byers), 구글 벤처스(Google Ventures), 조슈아 쿠슈너(Joshua Kushner)가 운영하는 투자 회사 스라이브 캐피털(Thrive Capital)도 있었다. 〔조슈아는 도널드 트럼프 대통령의 사위 재러드 쿠슈너(Jared Kushner)의 남동생이다.〕 2016년 말 이 사치스러운 제품은 699달러에 출시되었다. 그러나 이듬해 1월 주서로의 새로운 사장이 된—코카콜라의 전(前) 경영자—제프 던(Jeff Dunn)은 제품 가격을 399달러로 내렸다.

얼마 후 경제 잡지 〈블룸버그(Bloomberg)〉는 주스 팩을 찢기 위해(에번스에 따르면 "테슬라 자동차 두 대를 들어 올릴 만큼의" 힘이 필요하다고 했다) 굳이 비싼 기계가 필요하지 않다는 사실을 발견했다. 〈블룸버그〉는 팩에 들어 있는 내용물을 맨손으로 짓이겨 주서로 기계처럼 주스를 짜내는 모습을 비디오로 찍었다.[3] 이 비디오는 단숨에 인터넷에 퍼졌고, 언론은 주서로를 "주스 파는 가게"라며 조롱하기 시작했다. "주스 한 잔으로 쾌적함을 전해주는 사명"을 안고 있던 주서로는 한순간에 웃음거리로 전락했다. 주스 팩을 압착해 플라스틱 쓰레기만 산더미처럼 생산해내는 컴퓨터라니, 이 얼마나 바보 같은 제품인가. 풍자가들이라면 실컷 비웃었을 게 틀림없다. 정말 이 따위 물건은 아무에게도 필요하지 않다.

네스프레소(Nespresso) 캡슐은 그나마 맨손으로 압착하지 못해서 얼마나 다행인가! 더그 에번스는 이 제품을 본떠 자신의 주서로를 만든 터였다. 네스프레소 캡슐은 에번스가 만든 것만큼이나 멍청한 제품이었다. 그런데도 네슬레(Nestlé)의 캡슐 커피 시스템은 전 세계적으로 성공을 거두었다. 2006년부터 오늘날까지 판매한 캡슐 커피는 30억 개에서 100억 개로 3배 넘게 증가했다. 네슬레는 네스프레소라는 상품으로 총매출액의 4퍼센트, 그러니까 800억 유로의 매상을 올렸다. 네스프레소는 전 세계에서 규모가 가장 큰 생필품 대기업들이 취급하는 커피 판매의 4분의 1을 차지하고 있다.

오늘날 전 세계 매장 400여 곳에서는 24가지의 다양한 알루미늄 캡슐에 담긴 커피, 예를 들어 강렬한 맛의 '카자르(Kazaar)', 부드러운 맛의 '다르칸(Dharkan)' 혹은 과일 맛의 '볼루토(Volluto)' 가운데 선택할 수 있다. 아울러 여기에 어울리는 (캡슐 모양을 그대로 본떠 만든) 에스프레소 잔, (커피를 마신 다음 쓰레기통에 버리지 않고 금속으로 된 알록달록한 캡슐을 담는) 용기 등의 액세서리도 구매할 수 있다.

그런데 네스프레소에서 배출하는 빈 알루미늄 캡슐 쓰레기만 매년 최소 8000톤에 달한다.

사람들은 알루미늄을 생산하는 과정이 환경에 얼마나 해로운지 잘 알고 있다. 알루미늄은 보크사이트라는 광석에서 얻는데, 이것을 채굴하기 위해 오스트레일리아·브라질·기니·인도네시아에서 거대한 열대림이 사라지고 있다. 1톤의 알루미늄을 생산하려면 2인 가구가 5년 넘게 사용할 수 있는 전기가 필요하다. 또한 이산화탄소 8톤을 배출한다. 알루미늄 생산은 전 세계 전기 소비량의 3퍼센트를 차지한다. 이를 위해 엄청난 댐과 수력발전소를 건설하고, 토착민들로부터 땅을 빼앗아야 한다. 브라질의 아마존 지역에 있는 벨루-몬치(Belo-Monte) 댐은 건설 여부를 놓고 이견이 팽배했다. 댐을 건설하기 위해 4만 명의 원주민을 그곳에서 내쫓으려 했기 때문이다. 알루미늄 1톤마다 독성을 띤 빨간 진흙이 최대 6톤까지 나오는데, 이것을 뚜껑도 없는 큰 수조에 보관한다. 그런데 수조를 둘러싸고 있는 둑이 자주 무너지고, 이럴 때면 코를 찌르는 진흙이 마을과 들판으로 흘러 들어간다. 납, 카드뮴, 수은 같은 중금속이 물과 땅을 오염시키고 사람들을 병들게 하는 것이다.

사람들은 이런 식의 영리한 사업 아이디어로 세계를 바꾸고 미래를 건설한다.

개발 원조로서 알루미늄 쓰레기

네스프레소는 세계에서 가장 비싼 커피 중 하나다―캡슐 커피 1킬로그램에 80유로나 한다. 이렇게 비싼 데는 이유가 있는데, 라이프스타일 액세서리 비용이 가격에 포함되어 있기 때문이다. 요컨대 환경에 대한 순수한 윤리 의식이다. 그들은 홈페이지에 "한 잔의 커피는 긍정적 영향력을 담고 있다"고 소개한다. "네스프레소 커피 한 잔은 이를 향유하는 순간만 준비하는 게 아니라, 환경과 공동체의 행복을 위해 좋은 일을 할 수 있다고 우리는 확신합니다."[4] 네스프레소는 "긍정의 컵(cup)"을 "지속성에 대한 비전"이라고 이름 붙인다. 이를테면 그들은 2020년까지 알루미늄을 "책임감 있게 관리"하고자 하며 "회수율"을 100퍼센트까지 올릴 계획이라고 한다. 실제로 알루미늄은 재활용할 경우, 보크사이트에서 알루미늄을 생산할 때 필요한 에너지의 5퍼센트만 필요하다. 그러나 네스프레소는 환경이 감당할 수 있는 처리와 수거를 오로지 고객에게 떠맡기고 있는 셈이다. 다시 말해 고객에게 커피 캡슐을 노란색 자루에 넣거나, 노란색 통에 넣거나, 혹은 재활용 수거 통에 넣어달라고 부탁한다. 그러면 네스프레소가 캡슐의 재활용 비용을 댄다는 것이다. 그러나 쓰레기통이 아닌 재활용통에 들어가는 캡슐이 어느 정도인지 아무도 모른다. 그리고 네스프레소가 재활용 알루미늄을 얼마나 사용하는지 역시 아무도 모른다.

하지만 네스프레소는 "지속 가능한 알루미늄 생산"에 박차를 가하고 있다. 그것도 세계에서 가장 큰 알루미늄 생산업체인 알칸(Alcan), 노르스크 하이드라(Norsk Hydra), 리오 틴토(Rio Tinto)—하필이면 환경 파괴와 인권 침해로 비난받는 대기업—와 손을 잡고 말이다. 이들 대기업은 네스프레소처럼 무엇보다 생산 증대에만 관심을 갖고 있다. 리오 틴토만 하더라도 2006~2014년 1600만 톤에서 4200만 톤으로 생산량을 늘렸다. 아우디, BMW, 코카콜라, 재규어(Jaguar)처럼 환경에 폭탄을 던질 만큼 피해를 입히는 기업은 알루미늄 생산 전(全) 과정의 품질을 관리하고 인증하는 '알루미늄 관리 계획(Aluminium Stewardship Initiative)' 산하에 있다. 심지어 BMW·네스프레소·리오 틴토는 이 알루미늄 관리 계획의 이사진에 속하며, 약방의 감초 같은 환경 단체 세계자연기금(WWF)은 두말할 필요도 없다.

스위스의 NGO 솔리다르 스위스(Solidar Swiss)는 세계에서 가장 비싼 커피는 공정하게 거래되지 않는다고 비난한다. 네스프레소는 그와 같은 주장을 반박하기 위해 이른바 "지속 가능한 커피"라는 프로그램을 고안해냈다. 미국 단체 열대우림연맹(Rainforest Alliance)과 함께 '네스프레소 AAA 지속 가능 품질'이라는 프로그램을 개발한 것이다. 그런데 이 열대우림연맹은 치키타(Chiquita), 돌(Dole), 리들(Lidl)과 맥도날드처럼 문제가 많은 기업에서 생산하는 바나나, 커피, 차(tea), 종려유와 소고기에 안전 인증을 내주었다. 네스프레소가 개발한 지속 가능 운운하는 프로그램도 친환경적으로 재배하고 공정한 무역으로 거래하는 커피라는 의미가 결코 아니다. 그럼에도 마치 친환경적으로 재배하고 공정하게 거래하는 것처럼 들린다. 뭔가 좋아 보인다. 어쨌든 네스프레소 홈페이지에 올린 사진을 보면 커피 농사를 짓는 농부와 그들의 가족이 과장되게 웃고 있다.

만약 네스프레소를 처음부터 시장에 출시하지 않았다면, 생태적으로나 사회적으로 정당하지 않았을까? 그렇다. 물론 당연하다. 하지만 이렇듯 지속적으로 발전한 소비 사회에서는 그와 같은 질문을 아예 하지 않는다. 오히려 정반대다. 요컨대 그와 같은 우려를 반박하려 한다. 그리하여 엄청난 쓰레기를 배출하고, 지나치게 비싼 커피 시스템이 자원을 낭비하고 소농을 착취하는 것이다. 이런 커피 시스템은 생태적 고려를 외면할 뿐 아니라, 심지어 인간과 자연 그리고 기후에 좋은 일을 하는 것처럼 행동한다.

네스프레소만이 유일하게 기이한 행동을 하는 기업은 아니다. 관심 있는 사람은 구글에서 '지속 가능(nachhaltig)'이라는 단어를 검색해보라. 1600만 개가 나온다. 영어로 'sustainable'을 검색하면 무려 3억 개의 등록된 글이 나타난다. 그중 언론 보도, 대기업이나 NGO 혹은 '윤리적 소비'와 관련 있는 수많은 포털의 글을 약간만 읽어봐도 금세 알 수 있다. 한때 해롭고 비열하다고 간주했던 모든 것이 오늘날에는 세계를 구원하는 데 이용되고 있다는 사실을 말이다. 오징어스테이크, 엄청나게 많은 자동차, 포뮬러 원(Formula One: 세계 최고의 자동차 경주 대회—옮긴이), 주식 펀드, 비행기 여행, 모피 옷, 에스파냐 남부에서 수입한 채소, 식물 연료, 종려유, 유전자 변형 대두, 석탄 화력발전소, 댐, 북극에서 채굴한 석유……. 이 모든 것을 오늘날 '지속 가능한', '녹색의(환경 친화적)' 혹은 '책임감 있는' 제품으로 제공한다.

석유 생산 대기업 셸(Shell)은 자사를 풍력발전소로 광고하며, 음료 시장의 대기업 코카콜라는 가난한 나라에서 모든 샘물이 마를 때까지 퍼 쓰면서 자사를 비축된 세계 지하수를 보호하는 주인공이라고 표현한다. 몬산토(Monsanto)는 유전자를 조작한 씨앗과 독성 있는 살충제까지 판매하지만 자사를 기아와 싸우는 데 기여한다고 여긴다. 그런 살충제야말로 흙과 농부를 파괴하고 있는데도 말이다. 화학업계의 대기업 헨켈(Henkel)은 에너지업계의 거물들과 손잡고 핵발전소와 석탄 화력발전소가 유지되도록 애쓰면서도 풍력으로 움직이는 터빈에 "재생 에너지에 중요한 기여를 합니다"라는 스티커를 붙인다. 유럽에서 이산화탄소를 가장 많이 배출하는 전기 회사 RWE는 숯가마가 생물의 종을 보호하는 기능을 한다고 주장한다. 이유인즉 발전소의 냉각탑에 새가 둥지를 틀고 있기 때문이다. 유니레버(Unilever)의 회장 파울 폴만(Paul Polman)은 참으로 진지하게 이렇게 주장한다. "유니레버는 세계에서 가장 규모가 큰 NGO입니다." 그런데 인스턴트 수프와 소스 가루처럼 일상에서 포기할 수 없는 것을 생산하는 이 식품 대기업은 매년 8톤이나 되는 원료—이를테면 소고기, 대두, 종려유 등—를 소비하는데, 그중 절반은 전 세계에 있는 산림을 파괴해 만든 것이다. 심지어 군수업체조차도 환경을 고려해가며 살상 무기를 만든다. 예를 들어 라인메탈(Rheinmetall: 자동차 부품과 군수품을 생산하는 독일 대기업—옮긴이)은 "자연스러운 삶의 기초를 보호하는 것이야말로 지극히 중요"[5]하다는 슬로건을 내세우고 있으며, 크라우스-마파이 베그만-그룹(Krauss-Maffei Wegmann-Group: 독일의 군수업체—옮긴이)은 "자체 생산 과정에서 품질과 지속 가능성에 큰 가치를 둔다"[6]고 주장한다.

이와 같은 내용을 계속해서 접하다 보면 어찌 되었거나 좋은 느낌을 주기는 한다. 사람들이 의식 있는 회사의 제품만을 선택한다면, 세상을 구하는 데 동참할 수 있는 것처럼 보이기도 한다. 개인은 이렇게 하고 있지 않은가? 소비자, 산업계와 정치는 같은 목표를 추구하는 게 아닌가? 많은 행동이 올바른 방향으로 나아가고 있는 것 아닌가? 좀더 나아지지 않았나?

물론 나아진 측면이 없지는 않다. 그것도 아주 빠른 속도로. 환경을 위하는 것처럼 보이는 세계의 다른 편에서는 파괴가 신속하게 진행되고 있다. 글로벌 생태 발자국 네트워크(Global Footprint Network: 환경 운동을 펼치는 비영리 단체—옮긴이)에 따르면, 전 세계 시민은 마치 지구가 1.6개나 되는 것처럼 살고 있다고 한다. 만일 전 세계인이 독일 사람처럼 소비한다면, '수요'를 충족하기 위해 지구가 3개 이상은 있어야 할 것이다. 글로벌 생태 발자국 네트워크는 매년 이른바 '지구 과부하의 날(Earth Overshoot Day)'을 계산하곤 한다. 1년을 기준으로 지구 환경이 견뎌낼 수 있는 날, 요컨대 생태적으로나 사회적으로 올바르게 이용할 수 있는 전 세계 모든 자원이 다 소모되어 더 이상 쓰레기와 온실가스를 수용하지 못하는 날을 말한다. 그런데 매년 이날이 앞당겨지고 있다. 즉 2015년에는 8월 13일이었지만, 1년이 지난 2016년에는 8월 8일로 당겨졌다. 그리고 2017년에는 8월 2일이었다. 참고로 2000년에는 10월 8일이었다.

1980~2010년 전 세계적으로 소비한 생물, 광물 원자재 그리고 화석 연

료의 양은 400억 톤에서 800억 톤으로 2배 늘어났다. 이제는 석유 생산의 정점을 일컫는 '피크 오일'을 더 이상 언급하지 않고, 모든 자원이 줄어들고 있다는 뜻의 'Peak Everything'이라는 표현을 쓰고 있다. 숲은 1분마다 축구장 36개만큼 파괴되고 있다. 동물은 매년 5만 8000종이 사라지고 있으며, 비옥한 땅은 매년 240억 톤이 유실되고 있다. 굶주리는 사람의 수는 8억 1500만 명으로 증가했다. 역사상 유례없을 만큼 많은 식품을 생산하고 있음에도 20억 명이 영양실조로 고통받고 있다. 가난한 사람과 부자의 간극은 기괴할 정도로 벌어졌다. 옥스팜(Oxfam: 빈곤 퇴치와 양성 평등을 위해 일하는 국제단체－옮긴이)에 따르면, 억만장자 8명의 재산이 전 세계 가난한 사람들 절반이 갖고 있는 재산과 같다고 한다. 오늘날 4600만 명의 사람이 현대적인 노예처럼 뼈 빠지게 일하고 있다. 전 세계에서 매일 최소 350만 톤의 쓰레기가 나오며, 매년 1300만 톤의 플라스틱 쓰레기가 바다로 흘러 들어간다. 또 전 세계가 회의에 회의를 거듭하며 기후를 살리겠다고 맹세하지만 온실가스 방출은 늘어만 가고 있다.

그렇다면 새로운 것은 없는 걸까? 사람들은 이 모든 걸 알고 있을까? 물론 이 모든 것은 결코 비밀이 아니다. 지나치리만큼 풍요롭게 살아가는 서구 사람들의 삶이 그렇지 않은 나라들에 미치는 폐해에 대해 확실한 정보를 제공할 기회는 그 어느 때보다 지금이 더 많다. 그럼에도 대기업들은 이윤을 남기는 더러운 핵 산업을 녹색 외투 밑에 성공적으로 숨기고 있다. 이런 대기업은 자신들이 원인을 제공해 발생한 문제를 직접 해결할 것이라 약속하면서, 생산량과 법규를 통해 그들의 이윤을 제한할 수 있는 정치의 목을 죄고 있다. 이와 동시에 대기업은 고객에게 양심이라는 부가가치도 판매한다. 고객들이 아무런 걱정도 하지 않고 소비할 수 있도록 말이다. 이때 그들이 사용하는 전략은 마치 환경을 보호하는 것처럼 위장하는 것인데. 이런 태도를 일컬어 '그린워싱'이라고 한다.

가짜 녹색 뉴스

방대한 산업이 이와 같은 녹색 거짓말을 이용해 잘 먹고산다. 즉 광고 회사, 마케팅 에이전시, 리스크 관리자, 기업체 고문, 인증서를 제공하는 회사, 검사 단체, 회의 및 이벤트 그리고 박람회 개최자, 트렌드 연구자, 라이프스타일 및 경제 잡지, '윤리적 소비'를 위한 앱 개발자, '지속 가능한 소비'를 위한 블로그 따위가 그것이다. 이 모든 회사—17개국에서 기업의 명성을 위해 활약하고 있는 글로벌 평가 회사 RI(Reputation Institute)는 물론—는 대기업의 이미지가 손상되지 않도록 하는 것 말고는 아무 일도 하지 않는다.

이런 일에 돈을 지불할 가치가 있기 때문이다. 국제지속발전위원회(International Institute of Sustainable Development)에서 발표한 '지속성 시책 상태에 대한 리뷰 2014: 기준과 녹색 경제'에 따르면, 녹색 인증을 받은 제품이 총 316억 달러나 거래되었다고 한다.

이것은 기업들이 자신의 제품을 팔기 위해 퍼뜨리는 거짓말 가운데 하나다. 사람들은 이를 '광고'라고 부른다. 초콜릿이 건강에 좋다거나, 어떤 샤워 젤을 사용하지 않고서는 도저히 못 견딘다거나, 부자들이 자신의 별장에서—주유소에서나 파는—싸구려 스파클링 와인을 마신다고 진지하게 믿는 사람은 아무도 없다. 하지만 그린워싱은 그 어떤 계몽된 설명에도 맞서며 사실을 왜곡하기조차 한다. 녹색 거짓말이 공공연하고 뻔히 들여다보이면 보일수록, 제품과 여기에 사용한 원료가 해로우면 해로울수록, 이와 관련한 친환경적 약속이 터무니없으면 없을수록 오히려 더 철저하게 믿게 된다. 특별히 교육을 많이 받은 사람들이 앞장서서 말이다.

진회색 양복에 검정색 와이셔츠를 입은 조지 클루니(George Clooney)가 갈색 가죽 소파에 앉아 있다. 소파 팔걸이에는 에스프레소 잔이 하나 놓여 있다. 이 할리우드 스타는 이미 수년 전부터 네스프레소의 증명서와 같은 존재다. 그는 영화에서처럼 광고에서도 그야말로 매력적이고 냉소적인 모습으로 등장한다. 그동안의 오리지널 광고는 비용을 많이 들여 찍은 단편영화 같다. 여기에는 연예계의 총아들, 예를 들면 잭 블랙(Jack Black), 대니 드비토(Danny DeVito), 존 말코비치(John Malkovich), 맷 데이먼(Matt Damon), 장 뒤자르댕(Jean Dujardin), 이언 맥셰인(Ian McShane)이 출연한다. 하지만 클루니는 소파에 앉아서 전혀 냉소적이지 않게 말한다. "그 누구도 네스프레소의 지속 가능 프로그램을 능가하지는 못합니다. 이 세상 그 누구도 네스프레소처럼 하지는 못하지요"라고 말하며 솔직한 표정으로 카메라를 바라본다. 또 다른 광고에서는 이 할리우드 스타가 코스타리카에서 커피 농사를 짓는 농부들의 포옹을 받는 장면을 볼 수 있다. "회사(네스프레소—옮긴이)는 여기 있는 모든 사람이 훌륭한 제품을 생산해 더 좋은 가격에 팔 기회를 가질 수 있도록 애씁니다. 이 회사의 일부가 되는 것보다 더 많은 자부심을 안겨주는 일은 없을 겁니다."[7] 백만장자 배우가 농부의 친구처럼 보이는 소박한 장면을 설정한 것이다. 그는 유엔 평화사절단의 일원이며, 인권 변호사 아말 람지 알라무딘(Amal Ramzi Alamuddin)

과 결혼했고, 아프리카 남수단의 독립을 위해 적극 동참하고 있다. 지구 상에서 가장 나이 어린 이 땅(남수단은 비교적 최근인 2011년 7월 독립 국가가 되었다—옮긴이)은 현재 경제적으로 완전히 파탄이 났으며 예나 지금이나 내전 중이다. 굶주림, 적나라한 비참함과 절망으로 뒤덮여 있다. 네스프레소는 이곳에서 "커피 농사를 짓는 2000명의 농부가 가난에서 벗어날 수 있게" 할 것이며 220만 달러—클루니가 받는 광고 출연료 2600만 달러에 비하면 그야말로 푼돈에 불과하다—를 커피 협력 회사 건설에 투자하겠다고 한다. 이런 식으로 쓰레기만 배출하는 캡슐 커피가 개발 원조를 하고, 세계에서 가장 문제 많은 식품 대기업이 인권을 위해 일하는 단체로 탈바꿈하는 것이다. 그 밖에 또 어떤 기업이 있을까? 족히 40년 전부터 네슬레는 대기업 가운데 악마로 여겨지고 있다. NGO와 교회 단체들은 지난 1970년대부터 네슬레 제품을 보이콧해왔다. 이 스위스 대기업에 쏟아진 비난은 한두 가지가 아니다. 개발도상국에 갓난아이를 위한 분유를 공격적으로 판매하고, 커피와 코코아 농장에서 지하수를 갈취하고, 농부를 착취하고, 어린이에게 노동을 시키고, 콜롬비아의 노동조합원 루치아노 로메로(Luciano Romero) 살해 사건을 초래했다.[8] 네스프레소가 이곳에서 커피 농사를 짓는 농부들에게 커피 1킬로그램당 고작 2달러를 지불한다는 사실을 알면, 인심을 쓰듯 남수단의 가난 퇴치에 나서겠다는 약속 역시 빛이 바랠 수밖에 없다. 이는 지난 3년 동안 전 세계 시장의 커피 거래 가격보다 낮은 금액이다. 이 가격을 받고서는 그 어떤 가족도 살아갈 수 없다. 이 나라는 생필품 가격이 비싸고, 그마저 수입에 의존한다. 비옥한 토지를 경작하지 않고 있는 까닭이다. 이보다 훨씬 더 중요한 것은 농부들이 식량을 자급자족할 수 있도록 하는 일이다. 하지만 그 대신 남수단의

농부는 생필품을 판매하는 대기업에 싼 가격으로 원료를 제공하며 종속되어 있을 뿐이다.[9]

이 대기업의 홈페이지를 방문해보면, 유엔이 착각을 한 것 아닌가라는 생각을 갖게 된다. 요컨대 네슬레는 42가지 다양한 책임감을 스스로 짊어지고 5000만 명의 아이들이 좀더 나은 삶을 살 수 있도록 돕고자 하며, 자사와 연계해 사업을 함께하는 공동체에 살고 있는 3000만 명의 생활 수준이 향상되도록 하겠다고 한다. 나아가 환경에 해를 입히는 일은 전혀 없도록 하겠다고 한다. 그렇게 하려면 (나중에 자세히 설명하겠지만) 이들은 종려유를 일체 사용하지 말아야 한다. 네슬레는 홈페이지에 올린 아름다운 약속을 알록달록한 사각형으로 장식해놓았는데, 유엔이 세운 지속적 발전을 위한 17가지 목표를 회사 사이트에 옮겨놓은 듯하다. 전 세계에 가난·착취·환경 파괴를 불러일으키는 핵심 사업에도 불구하고, 네슬레는 자신이야말로 유엔 개발 어젠다를 적극 지원하고 있다고 설명한다. 이보다 더 끔찍한 일은 유엔이 거물급 기업, 가령 네슬레·유니레버·바이엘(Bayer: 독일의 대규모 화학 회사—옮긴이)·노바르티스(Novartis: 스위스의 제약 회사—옮긴이)를 그와 같은 어젠다에 참여시켰다는 사실이다.

거대 대기업들은 당혹스러운 방식으로 환경 운동이라는 그림과 개념을 장악했다. 이들은 스스로 불러일으킨 파괴임에도, 자신들이야말로 그러한 파괴로부터 세상을 구할 수 있다며 환경 운동을 이용하고 있다. 심지어 이들은 NGO를 앞세우고 정치인을 지속 가능이라는 이름 아래 자기 이익을 관리해주는 자로 만드는 데 성공했다. 시민들은 자신의 경제적 역할을 '소비자'에서 찾은 것 같다. 즉 정치적으로 참여하는 대신 '윤리적 소비'로 자신의 역할을 대체하며 여전히 명랑하게 소비 생활을 하고 있다. 심지어 이론에서든, 언론이 전개하는 논쟁에서든 이러한 소비와 대기업에 대한 부정적 비판은 소비자를 위한 잡지와 경쟁을 펼치게 된다. 소비하는 분위기를 망치기보다 구매에 유용한 정보를 제공하는 잡지 말이다. 따라서 이제는 기업이 자신들의 파괴 행위에 대한 정당성을 입증하는 게 아니라, 그런 기업을 비판하는 사람들이 그 근거를 제시해야만 한다.

"만일 내가 당신에게 '하늘은 녹색입니다'라고 말한다면, 이때 나의 목표는 당신이 내 주장을 즉시 믿도록 하는 게 아닙니다. 내 목표는 오히려 당신의 이의를 뒷받침하는 모든 근거가 고갈되어 마침내 당신이 '그것은 당신 의견이지요. 나는 하늘이 파란색이라고 생각합니다. 하늘 색깔을 객관적으로 확정지을 가능성은 없는 것 같군요'라고 말할 때까지 하늘은 녹색이라고 계속 주장하는 것이지요. 이런 식으로 사람들은 공공연하게 틀린 것을 맞다고 정당화시킵니다." 심리학자이자 독일 해적당(Piratenpartei) 당수를 역임한 마리나 바이스반트(Marina Weisband)는 〈차이트(Zeit)〉와의 인터뷰에서 미국 대통령 도널드 트럼프의 대화법을 이렇게 묘사했다. "공공연한 거짓말이 추구하는 목표는 진리의 무력함을 증명하는 데 있습니다. 대화의 위치를 바꿈으로써 갑자기 모든 것을 의문스럽게 만들죠."

대기업도 트럼프 대통령과 다르지 않다. 그들은 환경 관련 가짜 뉴스를 갖고 존재하지도 않는 두 번째 현실을 만들어내며, 이것으로 진실을 의문에 빠뜨린다. 이런 방식으로 대기업은 사회와 정치의 최종 희망처럼 보이는 것, 다시 말해 세계의 구원이라는 희망을 자신들이 '착한 기업'으로 돌변함으로써 이룰 수 있다고 주장하는 데 성공했다.

만일 대기업이 약간만 더 '향상된다면' 긍정적 결과가 폭넓게 나타날 것이라는 생각은 유치한 이론과 마찬가지로 터무니없다. 이런 이론은 어떤 구조가 어떤 문제를 일으키는지 점차 희미하게 만들어버린다. 왜냐하면 전 세계적인 자본주의에서 착취, 인권 침해, 환경 훼손 그리고 자연 파괴는 피할 수 없는 부수적 손상이기 때문이다. 바로 그런 파괴와 훼손을 바탕으로 이득이 발생한다. 대기업이 노동권, 토지권과 인권(혹은 환경법)을 고려하지 않으면 않을수록 더 많은 이윤이 남는다. 논리는 이렇듯 매우 간단하다. 만일 기업이 생태와 사회에 적합한 방식으로 경제를 운영해 이윤을 올릴 수 있다면, 왜 다른 방식으로 이득을 취하려 하겠는가?

따라서 대기업이 자신들이 직접 일으킨 문제를 마치 외부에서 들어온 위협인 양 행동하는 것은 그들의 이미지 때문이다. 그래서 네슬레는 가난, 아동 노동, 기후 변화에 맞서 '투쟁'하자고 외치면 자사의 이미지가 좋아질 거라는 망상을 갖는 것이다. 그들은 마치 이런 것이 수수께끼 같고 피할 수 없는 자연재해인 것처럼 다룰 뿐, 세계에서 가장 막강하고 부유한 생필품 대기업들의 사업 과정에서 나오는 논리적 결과라고 말하지 않는다. "따라서 문제를 시스템의 결과로 보지 않고, 다시 말해 권력의 불균형, 대기업을 감시하는 영향력 있는 네트워크의 부족, 고삐 풀린 듯 저지르는 부정 혹은 이런 시스템에서 발생할 수밖에 없는 치명적 실수의 결과로 보지 않고 외부의 요인으로 돌려버린다." 지리학자 에릭 스빙에다우(Erik Swyngedouw)의 말이다. 맨체스터 대학의 교수인 그는 에세이 《아포칼립스 포에버?(Apocalypse forever?)》에서 기후 변화를 예로 들며 정치와 경제가 그런 종류의 위협을 어떻게 요한계시록에 나올 법한 재앙으로 연출하고 탈정치화하는지 설명한다. 이로써 구조적 원인은 희미해져버린다. 경제 성장에 모든 것을 걸고, 자원에 목말라하고, 막강한 대기업과 함께 지속적으로 부당한 짓과 파괴를 일삼는 자본주의가 바로 그 구조적 원인인데 말이다. 이런 구조적 원인은 덮어두고 문제의 원인을 외부에서 들어오는 적군으로 취급해 자본주의라는 내부의 수단으로 외부의 적을 퇴치할 수 있다고 믿고 있는 것이다. "바꿔 말하면 우리는 극단적으로 변해야 하지만, 기존의 조건이라는 테두리 안에서 바꾸려 하므로 아무것도 실제로 변할 수 없다." 《아포칼립스 포에버?》의 저자는 이렇게 말한다.

심리학 용어로 표현하자면, 문제의 원인을 외부로 돌려버림으로써 분열이 생겨난다. 요컨대 조금만 더 나아가면 심리적으로 억압하는 상황에 이른다. 서구의 소비 사회 구성원은 모든 게 지금처럼 돌아갈 것이라는 말을 듣는 걸 좋아하기 때문에 그린워싱이 잘 작동한다. 마음껏 소비하면서 살고 있는 자신들의 라이프스타일이 세상을 더 좋게 만드는 데 한몫할 것이라는 말을 듣기 좋아하는 까닭이다. "나는 하나도 변화시키지 않을 겁니다." 조지 클루니는 네스프레소 광고에서 이렇게 말한다.

　"참을 수 없는 조건에서 살아가고, 그 안에서 지속적으로 참을 수 없는 효과를 만들어내고, 그런데도 괜찮다고 말하는 것"―이와 같은 "자기기만의 영리한 형태"는 외향화(externalization, 外向化) 사회에서 나타나는 메커니즘의 하나다. 뮌헨 루트비히-막스밀리안 대학에서 사회학을 가르치는 슈테판 레세니히(Stephan Lessenich) 교수는 저서 《우리 옆에 노아의 홍수(Neben uns die Sintflut)》에서 외향화 사회라는 개념으로, 서구의 복지는 근본적으로 못사는 다른 나라를 희생시킴으로써 가능하다고 설명한다. 왜냐하면 경제 성장과 소비로 인해 발생하는 생태적이고 사회적인 비용을 못사는 나라들에 전가해야 하는 까닭이다.[10] 달리 얘기하면 "우리는 우리의 조건으로 살지 않고, 다른 나라의 조건대로 산다. 우리 서구인은 잘 사는데, 다른 곳에 있는 사람들은 잘 못살기 때문이다. 우리는 가난과 부당함의 원인을 그것이 크든 작든 다른 곳에 있다고 말한다". 우리 모두는 이 점을 잘 알고 있다, 원칙적으로는. 하지만 이 사회학자의 말을 계속 인용해보면, 시스템은 "일상에서 움직이고 있는 모든 개인에게 강제로 공범이 되게끔 만든다". 이런 생각은 우리를 참으로 힘들게 한다. 노예 관계와 착취 조건을 바꾸려면 시스템에 집단적 반기를 들 필요가 있고, 집단적 반기를 들 수 있으려면 또한 서구 사회의 삶의 방식을 극단적으로 바꿔야만 한다. 그런데 우리는 그 대신 "집단적으로 의미를 우회적으로 해석"할 뿐이다. 다시 말해, 서구식 삶의 방식을 극단적으로 바꾸지는 않으면서 "쾌적함, 불편함, 무사안일, 지나친 요구, 무심함과 공포 같은 것이 마구 혼합된" 상태에서 "아무것도 알고 싶지 않아요"라는 이론으로 무장한다는 것이다.

기후 보호를 위한 자동차 운전

외향화 사회는 멈출 수 없을 뿐 아니라 이런 사회야말로 '적합한' 삶의 방식이라고 정당화하는 행동은 제대로 된 해명이나 설명과는 정반대로 상당히 비열한 형태의 반(反)계몽주의적 태도다. 나는 몇 년 전, 그러니까 2010년 폴크스바겐에서 지속 가능성을 담당하는 관리자로 있던 게르하르트 프래토리우스(Gerhard Prätorius)와 인터뷰를 한 적이 있다. 당시 이 대기업은 지속 가능과 관련한 목표를 발표했는데, 2018년까지 전 세계에서 "경제뿐 아니라 환경 면에서도 1등"이 되고자 한다는 것이었다. 더 많은 자동차를 판매하면서 동시에 환경에서도 최고가 되겠다는 목표―이는 양립할 수 없는 갈등 관계 아닐까? 이렇게 질문하자 프래토리우스는 다음과 같이 대답했다. "유동성이란 성장의 중요한 원동력입니다. 경제적 수준이 어느 정도에 이르면, 사람들은 예민해지고 환경 보호를 자신의 행동에도 적용할 준비를 하게 됩니다. 그래서 나는 우리가 이와 같은 경제적 추진력을 가동시키는 게 중요하다고 봅니다. 그렇게 하지 않으면 이산화탄소 방출이 더 심해질 테니까요." 자동차를 모는 것이 환경 보호를 위한 것이라고? 정말?

실제로 독일 소비자센터가 2010년 실시한 설문 조사에 따르면, 응답자 가운데 11퍼센트가 '친환경'이라는 낱말을 듣고 새로운 자동차를 떠올렸다. 생각해보면 유럽의 어떤 나라에서도 독일만큼 많은 자동차를 소유하고 있지 않다―1000명당 530대. 그리고 신차를 구입했다고 신고한 5명 가운데 한 사람은 SUV였다. 1995~2014년 독일에서 판매한 신차들의 평균 엔진 성능은 95PS에서 140PS로 증가했다.[11]

자동차의 나라이자 경제 기적을 이룬 독일은 경제 성장을 하면서도 숲을 죽이지 않고, 강물도 깨끗하고 하늘도 파랗게 유지하는 데 성공했을까? 레세니히 교수의 말을 들어보자. "이 세상에 있는 소비 중심 도시의 맑은 하늘은 환경에 들어가는 비용을 대부분 외향화한 덕분이다. 결국 잘 사는 사회는 환경 발자국을 덜 남김으로써 이득을 본다. 환경을 훼손하는 발자국을 불공정한 거래를 통해 가난한 나라에 떠안기는 까닭이다."

나는 2009년 출간한 첫 번째 저서 《동화 시간의 끝(Ende der Märchen-stunde)》에서 이근바 소비 사회를 비판했는데, 이런 사회에서 폐해에 맞서 항의하고 이의를 제기하는 사람은 더 이상 시민이 아니라 소비자다. 제품을 선택하고 슈퍼마켓 계산대에서 자신의 의견을 표현하는 소비자 말이다. 만일 충분히 많은 사람이 윤리적으로 올바르게 생산한 제품을 구매한다면, 기업은 생각을 바꿔 그런 제품만을 생산할 것이라고 얘기한다. 과연 그럴까? 기업은 고객을 위해 한 묶음의 윤리를 슈퍼마켓 선반에 세워두고 있을 뿐이고, 전 세계를 보면 아무것도 변한 게 없다.

2010년 4월, 내 책이 나오고 반년이 지난 뒤 멕시코만에서 영국 석유회사 BP가 수주한 석유시추선 딥워터 호라이즌(Deepwater Horizon)이 폭발했다. 수백만 리터의 석유가 바다로 흘러 들어갔다. 이때 그 석유 대기업은 자신의 이미지를 위한 캠페인을 약속했다. 재생 에너지 분야에서 "석유를 넘어(Beyond Petroleum)" 강력하게 투자할 것이라고 말이다. 이로부터 3년이 지난 2013년 4월, 방글라데시 수도 다카 인근에 있던 건물 라나 플라자(Rana Plaza)가 내려앉았다. 이 사고로 직물 공장에서 일하던 노동자 1138명이 사망하고 2500명 이상이 부상을 당했다. 당시 그곳에서 노동자에게 박봉을 주며 옷을 만들게 했던 서구 직물 회사들은 자발적으로 책임을 떠안고 사회 복지를 위해 일하겠다는 광고를 냈다. 자연보호연맹(Nabu)과 더불어 멋진 환경 보호 프로젝트를 세우고 NGO 소속 어린이들과 'Plant for the Planet(전 세계적인 나무 심기 캠페인—옮긴이)' 활동을 벌이면서, 폴크스바겐의 음험한 관리자는 역사상 규모가 가장 큰 배기가스 스캔들을 저질렀다. 당황스럽고 윤리적으로 분개하는 마음이 들끓었다. 하지만 이 모든 스캔들과 대재난은 비극적인 우연도 아니며, 개별적으로 도덕적 자세가 부족해서 일어난 결과도 아니다. 바로 '싸게 생산하고/비싸게 판매하기'라는 자본주의적 시스템에서 비롯된 당연한 결과일 뿐이다. 그 때문에 이런 대재난이 일어난 후에도 전혀 바뀐 게 없다. 오히려 정반대다. 요컨대 석유를 채굴하는 기술적 공정은 예전보다 더 위험해졌다. 아울러 석유 대기업들은 점점 외지로, 즉 채굴이 더욱 어려운 지역으로 손을 뻗치고 있다. 또한 라나 플라자 붕괴 후에도 전 세계의 직물 산업은 나아지지 않았다. 자동차 산업 또한 배기가스 사건에도 불구하고 배기가스 배출량을 낮추는 규정을 만들지 않았다. 그러니 정치계는 기업이 카르텔을 형성해 불법적 협상을 하고 있음에도 불구하고 지속적으로 독일 자동차 산업을 보호하는 자세를 취할 것이라 예상해도 좋다.

도처에서 주장하고 있는 지속 가능성은 거짓말이 아닐 것이다. 다만 시스템을 유지하기 위해 사용하는 그럴듯한 말일 뿐 변한 것은 아무것도 없다. 진정 이렇게 되길 원하는가? 너무나 냉소적으로 세계의 비참함도 감내하고 오히려 현재 소유하고 있는 것을 지키기 위해 눈먼 사람처럼 행동하겠는가? 로비스트에게 그 어떤 규정도 생겨나지 않도록 방해하라고 시키는 대기업들이 하필이면 다른 것도 아니고 세계를 구하는 행동을 하고자 한다는 걸 믿을 만큼 우리는 순진한 것일까?

이 책은 〈플라스틱 행성〉을 연출한 오스트리아 출신 감독 베르너 부테와 내가 찍은 영화 〈더 그린 라이〉를 촬영하기 위해 출간했다. 우리는 함께 대기업들의 선행을 찾아 전 세계를 샅샅이 돌아다녔다. 여행 도중 우리는 많은 것을 발견했다. 폭력과 파괴. 하지만 희망, 용기 그리고 반대하는 사람들도 찾아냈다. 그렇다면 대기업이 녹색의 약속을 실천한 사례도 발견할 수 있었을까?

지속 가능이라는 대재난

BP는 역사상 가장 끔찍했던 석유 유출을 어떻게 바다에 숨겼을까

"구멍을 팝시다, 베이비. 구멍을 파요. 멈추지 말아요, 베이비, 멈추지 마—당연하죠!"
-세라 페일린(Sarah Palin), 미국 공화당 소속 여성 정치인[1]

지는 해가 백사장 위쪽에 있는 파스텔 색깔의 나무집들을 비추었다. 펠리컨이 금빛 파도 위에 무리를 지어 떠다녔다. 녀석들의 날갯짓 소리가 나지막하게 들려왔다. 언제든 멕시코만에 풍덩하면서 나타날 것만 같은 돌고래 한 마리가 불덩이 같은 해를 향해 튀어 올랐다. 하지만 스콧 포터(Scott Porter)에게 이런 자연 경관은 관심사가 아니었다. 이런 낙원은 가짜라는 사실을 그 누구보다 잘 알고 있는 까닭인지도 몰랐다. 그의 시선을 따라가자 수평선 저 너머에 일련의 거대한 광경이 눈에 들어왔다. 바로 석유 채굴 시설이었다.

우리는 멕시코만의 섬 그랜드아일(Grand Isle)에 있었다. 뉴올리언스에서 남쪽으로 170킬로미터 떨어져 있는 섬이다. 포터는 손전등을 들고 팔에는 상자 하나를 끼고 있었다. 상자에는 알루미늄 포일로 포장한 물건이

몇 개, 외투 주머니에는 보호 장갑이 들어 있었다. 그는 "저기 앞, 작은 길에서 오른쪽으로 조금만 더 가면" 하면서 터벅터벅 걸어서 물가로 갔다. 그곳의 밝은색 모래에서 검정색 덩어리를 하나 들어 올렸다. 새까만 석탄 조각이나 녹아내린 자동차 타이어처럼 보였다. 나는 비교적 커다란 덩어리를 보려고 몸을 숙였다. "만지지 말아요!" 스콧 포터가 소리를 질렀다. 나는 장갑을 끼고 덩어리를 집어 올렸다. 고무 같기도 한 덩어리는 냄새도 특이했다. 포터가 나를 옆으로 살짝 밀어냈다. 내 발밑에는 아주 큰 시커먼 물체가 있었다. "이게 타르 덩어리입니다. 상당히 위험하죠. 이 속에는 비브리오 패혈균(Vibrio Vulnificus)이 있는데, 고기를 먹는 박테리아입니다. 이런 박테리아가 몸속에 들어가면 패혈증에 걸리고, 심각하면 팔이나 다리를 이식해야 할 수도 있어요. 아니면 사망하기도 하고요."

루이지애나주 남쪽에 위치한 이곳에서 발견할 수 있는 이 검은색 타르 덩어리는 매일 해변으로 씻겨나가고 있으며, 역사상 가장 심각했던 석유 유출 사건이자 미국에서도 가장 끔찍한 환경 재난이 남겨놓은 가시적인 잔여물이다.

2010년 4월 20일, 해변에서 70킬로미터 떨어진 멕시코만에서 석유시추선 딥워터 호라이즌이 폭발했다. 이 사고로 11명의 노동자가 죽고, 며칠 만에 기름띠가 시추선 주변으로 하와이 면적만큼 번졌다. 석유 대기업 BP가 87일 동안의 작업에도 해수면에서 1.5킬로미터 떨어진 마콘도(Macondo) 유전에 생긴 구멍을 막는 데 실패하는 바람에 7억 8000만 리터의 석유가 멕시코만으로 흘러들었다. 이는 석유 운반선 엑손 발데즈(Exxon Valdez)가 1989년 알래스카주에서 유출한 양에 비하면 거의 20배에 해당한다. 당시 원유는 알래스카 해안 2000킬로미터를 오염시키고 25만 마리의 바닷새를 죽음으로 내몰았다. 이로부터 거의 30년이 지난 지금도 사회적·생태적 결과를 여전히 감지할 수 있다. 요컨대 집중적으로 청소를 했음에도 여전히 기름 찌꺼기가 남아 있다.

하지만 멕시코만은 모든 게 다시금 정상화되었다. 어쨌거나 BP와 관료들은 그렇게 말하고 있다. 그리하여 이 석유 대기업은 2014년에 청소 작업을 중단했다. 2015년 3월, 시추선이 폭발한 지 겨우 5년 만에 BP는 대재난의 결과를 발표했다. 눈부시게 파란색이던 해변은 이제 짙은 녹색 습지에 있는 왜가리처럼 하얀색일 것이다. BP에서 발간한 소식지 〈멕시코만: 환경의 회복과 복구〉의 겉표지에 실린 사진을 보면 적어도 그렇다. 소식지에 따르면 원유 유출 피해 지역이었던 멕시코만, 루이지애나, 미시시피, 앨라배마와 플로리다는 "다시 원유 유출 이전의 상태로 돌아갔다"[2]고 한다. 자연과 생태계가 마치 장기적으로 뚜렷한 피해를 전혀 당하지 않은 것처럼 말이다. 그러면서 대부분의 환경 오염은 사고 후 곧장 나타난다고 덧붙였다.

해양 포유류(돌고래와 고래)에게 피해를 입혔다는 과학적 증거도 전혀 없고, 산호초와 바닷새에게도 눈에 띄는 피해를 주지 않았다고 한다. 해변과 수질은 다시 예전대로 돌아왔고, 관광객도 기록적으로 방문을 많이 했다. 물고기와 해산물도 아무런 걱정 없이 먹을 수 있고, 어획량도 사고 이전 수준을 회복했다고 한다. BP의 보고에 따르면—마치 승자를 축하하듯—멕시코만은 재난을 헤치고 결국 다시 살아나는 힘을 보여주었다. 만약 이곳에서 기름 덩어리를 발견한다면, 그것은 다른 원인으로 인해 생겨난 것이 분명하다고 BP는 수상했다.

스콧 포터는 이런 말을 전혀 믿지 않는다. 49세의 해양생물학자이자 잠수부이기도 한 그는 에코릭스(EcoRigs: 주로 해양 생물 보호를 위해 활동하는 비영리 단체—옮긴이)의 설립자이기도 하다. 이 단체는 해저 자원을 채굴하기 위해 만든 해상 굴착 기지, 즉 해상 플랜트를 자연환경이 견딜 수 있는 방식으로 해체하는 작업도 한다. 포터와 동료들은 오늘날 무엇보다 BP와 관료들의 주장과 달리 원유 유출로 인한 오염이 자신들의 고향에서 사라지지 않았다는 증거를 수집하는 일을 하고 있다. 포터는 이렇게 말했다. "그들은 모두 깨끗해졌다고 말하지만, 우리는 그렇지 않다는 걸 잘 압니다. 우리가 오염된 것을 증거로 제시했지만, 아무도 그걸 보지도 듣지도 않으려 합니다." 포터와 동료들은 자신들이 수집한 증거를 과학 잡지에 실었다.[3] 포터는 원유 유출이 일어나고 얼마 후에 사고 인근 지역의 해양 생물을 직접 촬영했다. 그리고 3년 후에도 찍었다. 원유 유출 사건이 일어나고 얼마 되지 않은 시점에는 산호충과 다양한 물고기를 많이 발견할 수 있었다. "정말 멋진 광경이었습니다. 내가 마치 이상한 나라의 앨리스처럼 느껴졌지요." 하지만 3년 후, 산호충은 멸종하고 물고기도 사라졌다. 이곳은 마치 물 밑에 있는 유령 도시처럼 변해버렸다.[4]

포터가 제시한 산호충의 실태를 주의 깊게 지켜본 미국 해양대기청 (National Oceanic and Atmospheric Administration, NOAA)이 그에게 탐사를 해달라고 주문했다. NOAA는 BP와 함께 '자연 자원 손상 평가(National Resources Damage Assessment, NRDA)' 내에 원유 유출 이후의 청소 작업을 담당할 팀을 만들기도 했었다. 이들의 주문을 받은 포터는 딥워터 호라이즌 인근에서 자라는 산호충을 수집했다. 하지만 산호충 표본을 제출했음에도 관청으로부터 아무런 얘기도 듣지 못했다. "내가 아는 한 루이지애나주에서 여전히 기름을 찾고 있는 사람은 우리가 유일한 것 같습니다. 유감스럽게도 정부 대표자들은 우리를 위험에 처하게 만들었어요. 그들은 우리의 조사가 지속되는 걸 더 이상 원치 않고 있습니다."

그사이 주위가 어둑어둑해졌고, 포터는 이마에 두른 랜턴을 비추며 상자를 풀었다. 그러곤 연구실에서 가져온 산호, 조개와 타르 덩어리를 모래사장에 내려놓았다. 그는 이마의 랜턴을 끄고 자외선 전등으로 타르 덩어리들 가운데 하나를 비추었다. 타르 덩어리는 오렌지색과 녹색을 띠었다. 디젤이나 가스가 지나가는 도관(導管)에서 틈새를 찾기 위해 자외선 빛을 비춰보곤 한다. 석유와 천연가스에 탄화수소가 얼마나 포함되어 있는지 알려면 오렌지색과 노란색으로 빛나는 부분을 보면 된다. "여기 이 색깔을 눈여겨봐야 합니다. 오렌지색과 파란색을 띤 녹색이죠. 우리는 바로 이것을 찾고 있어요. 이런 색이 BP의 석유라는 사실을 증명해주죠." 포터가 말했다. 녹색은 글리콜(glycol)이 들어 있다는 증거다. 그리고 글리콜은 코렉시트(corexit)라는 유화제에 포함되어 있다. BP는 사고 지점의 원유가 아주 작은 방울로 분해되게끔 유화제 코렉시트를 대량 살포했다. "딥워터 호라이즌 사고 이후 글리콜을 투입한 게 이곳에서 취한 유일한 조치입니다. 이 색깔을 보면 코렉시트를 함유한 기름이라는 사실을 알 수 있죠. BP에서 뿌린 거라는 것을요. 우리가 원유 유출 이후 추출해 실험실에서 만든, BP의 지문과 동일한 원유 표본에서도 이와 똑같은 색깔을 발견할 수 있습니다."

모든 원유에는 특징적 지문이 있으며, 이를 통해 어떤 시추공에서 나온 것인지 확인할 수 있다. 그들이 수집한 모든 표본을 실험실에서 조사하기 위해 포터가 소속된 NGO는 많은 돈을 지불해야 했다. 그 때문에 그들은 자외선 방식을 사용한다. 포터는 해변에 놓여 있던 또 다른 타르 덩어리를 집어 들었다. "우리는 딥워터 호라이즌 사건이 터지기 전까지 이곳에서 이렇게 많은 타르 덩어리를 보지 못했습니다." 그러곤 덩어리를 으깬 다음 자외선을 비추어보았다. 오렌지색과 녹색이 나타났다. 포터가 가져온 산호충과 굴 껍질도 독성이 섞여 있는 BP의 원유 색깔이었다. "여기 있는 이 굴은 어부들한테서 사온 것입니다. 사람들이 먹을 음식이죠. 나는 굴을 좋아하지만 먹으면 안 될 것 같아요."

포터는 잠시 조용히 있더니 바다를 바라보았다. 저 멀리 떠 있는 어선들에서 불빛이 비췄다. 그 뒤로는 아주 작은 인공 섬들이 빛을 발하고 있었다. 멕시코만에는 3000개 넘는 인공 섬이 있다. BP 사건이 일어나기 15년 전부터 이미 기름 유출 사고가 79번이나 있었다. 작업자들이 인공 섬을 통제하지 못해 발생한 사고였다.

얇은 셔츠만 입은 포터는 추워 보였다. 날카로운 저녁 바람에 야구 모자를 쓴 그의 머리카락이 흩날렸다. "묻고 싶은 것은 그것이죠. 왜 정부는 여기로 나와 보지도 않고 우리가 조사한 결과만 보는 것일까요? 여기 와서 표본을 추출하고 지문을 확인하는 것은 그들에게 그리 힘든 일이 아닙니다." 따뜻하고 조용하던 목소리가 조금 거칠어졌다. 그는 분노했다. "찾으려 하지 않거나 이상한 곳에서 찾으려 한다면, 당연히 증거가 나오지 않겠지요. 여기 있는 이 타르 덩어리를 가져다 테스트해볼 수도 있는데 말입니다. 하지만 그들은 그렇게 하지 않고 있습니다."

포터는 일어나서 아무 말 없이 해변을 전등으로 비추었다. 바닥은 오렌지색이었다. 우리는 작은 발자국을 봤다. 아이 한 명이 이곳에서 맨발로 걸어 다닌 듯했다. 발자국은 해초에서 사라졌다. 그런데 이 해초에서 푸른색과 녹색 형광빛이 나왔다. 포터가 말했다. "보이시죠? 이게 바로 내가 말하고자 하는 것입니다. 누군가는 이 일을 꼭 해야만 합니다!"

BP: 그린워싱의 어머니

"우리의 목표는 '무사고, 사람들에게 피해 입히지 않기, 환경을 일체 파괴하지 않기'로 이것이 바로 BP 활동의 기본이다."[5] 〈2009년 BP-지속 가능성 보고서〉에는 이렇게 적혀 있다. 멕시코만에서 대재난이 일어나기 2주일 전에 실린 내용이다. 오늘날 이런 말은 마치 겉만 번지르르한 조롱처럼 들린다. 하지만 당시 BP는 거의 생태계를 위한 기업처럼 행동했다. 딥워터 호라이즌이 폭발하기 10년 전 이 대기업은 친환경 녹색 이미지로 전환하는 데 2억 달러를 들였다. 광고 대행사 오길비 앤드 매더(Ogilvy & Mather: 이들의 모토는 다음과 같다―"우리는 브랜드를 향상시켜줍니다")는 BP의 이름을 바꾸기로 했다. 그리하여 브리티시 페트롤리움(British Petroleum)은 비욘드 페트롤리움(Beyond Petroleum)이 되었고, 로고 또한 거부감을 주는 녹색-노란색의 기사(騎士) 방패에서 친절한 녹색-노란색의 태양으로 변했다. BP는 "탄소를 적게 배출하는 다이어트"를 하겠다는 약속을 했고, 태양 에너지와 풍력 에너지에 좀더 많이 투자하기를 원한다고 주장했다. "풍력 에너지: 우리가 날개를 달아줄 아이디어." "우리는 태양 에너지를 태양광 전지에 꽂았습니다." BP는 이렇게 광고했고, 이 플래카드 광고를 꽃과 태양으로 상식했나. "BP는 소비자의 말에 귀 기울이고 인간적 목소리로 말하는 친구가 될 수 있습니다." 오길비 앤드 매더 광고 대행사를 통해 BP의 이미지를 바꾸려 고심한 마이클 이언 케이에(Michael Ian Kaye)는 〈뉴욕 타임스〉와의 인터뷰에서 이렇게 얘기했다.[6]

BP는 계속해서 "세계에서 가장 큰 태양전지 기업"으로 거듭났고, 주유소 지붕에 보란 듯이 태양광 패널을 설치했다. 이를 위해 BP가 지불한 비용은 그야말로 간과해도 되는 수준이었다. 이 석유 대기업은 1999년 태양전지 회사 솔라렉스(Solarex)를 단숨에 매입했다. 그것도 이미지 캠페인을 하기 위해 들인 비용의 4분의 1로 저렴하게 말이다. 같은 해 애틀랜틱 리치필드 코퍼레이션(Atlantic Richfield Corporation, ARCO)을 합병한 비용에 비하면 소액 투자라 할 수 있다. 요컨대 석유 채굴 사업을 확장하기 위해 미국 석유 대기업을 사들이는 데 265억 달러라는 거액을 투자한 것이다. 그런데 〈월스트리트 저널〉에 따르면, BP는 공격적으로 광고하고 있는 '대체 에너지' 분야에 2005년부터 2009년까지 총 29억 달러를 투자했다. 이는 같은 시기 투자 총액의 고작 4.2퍼센트에 불과한 금액이다. 2007년은 IPCC(Intergovermental Panel on Climate Change, 기후 변화에 관한 정부 간 협의체)가 네 번째 보고에서, 기후 변화는 인간의 활동이 원인이며 생각보다 더 빨리 진행되고 있다는 증거를 제시한 때였다. 바로 그해에 BP는 205억 달러의 수익을 올렸고, 그중 190억 달러는 석유 채굴과 가공을 통해 얻은 것이었다.

같은 해 친환경 기업으로 스스로를 광고했던 대기업 BP는 캐나다에서 석유 모래 채굴 사업에 뛰어들었다. 타르 모래에서 석유를 얻어내는 것이 목표였다. 이것을 얻으려면 지극히 위험하고, 독성이 강하고, 기후에 해롭고, 더러운 기술이 필요했다. 유럽연합의 보고에 따르면, 타르 모래에서 석유를 채굴하는 방법은 전통적 방법에 비해 온실가스의 방출이 25퍼

센트 늘어난다.[7]

당시 BP 회장 존 브라운(John Browne)은 그보다 10년 전, 그러니까 1997년 3월 대기업 회장으로서는 최초로 인간이 저지른 기후 변화를 공식적으로 인정했다. 이에 대한 "증거가 늘어나고 있다"면서 브라운은 이를 무시하는 것은 "덜 현명하고 위험한" 일이라고 했다. 그러면서 BP는 앞으로 "미래와 지속적 발전을 책임"지고 싶다고 했다. 이런 립서비스는 오래전부터 모든 대기업이 써먹는 방법이다. 오늘날에는 홈페이지 첫 화면에서 '책임'과 지속 가능성을 위해 노력하겠다는 내용을 강조하지 않는 기업을 찾아볼 수 없을 정도다.

1990년대 말에—그리고 BP에—이와 같은 내용은 매우 놀랍고도 눈부셨다. 당시에는 자동차업계를 비롯해 화학업계와 에너지업계가 기후 변화를 부정하는 상태였고, 그리하여 기후 보호를 위한 국가의 조치를 방해하는 로비 그룹과 싱크 탱크에 많은 돈을 투자했기 때문이다. 글로벌 기후연합(Global Climate Coalition)은 2002년까지 가장 선두에서 투쟁했는데, BP 역시 1997년까지 이 연합의 회원이었다.[8] 바로 그해(1997년—옮긴이)에 유엔은 교토 의정서를 통해 산업 국가의 온실가스 감축을 위해 국제법적 목표를 정하자는 합의서를 통과시켰다. 이때부터 기업들은 정치의 엄격한 규정을 피하기 위해 효과적인 광고를 이용해 자신의 회사가 기후를 보호하는 데 적임자임을 연출했다. "BP는 이러한 전략을 사용한 최초의 석유 대기업이며, 거의 완벽하게 잘 적용했다. BP는 국가는 법과 규정을 포기해야 하며, 그 대신 산업이 자체적으로 책임을 떠맡도록 내버려둬야 한다고 규칙적으로 변론했다. 기업의 이미지가 친환경이면 일수록 그와 같은 변론은 더욱더 설득력이 있었다." 토랄프 슈타우트(Toralf Staud) 기자의 말이다. 그는 '기후-거짓말-탐지기'라는 비판적 블로그를 다른 동료와 함께 만들어 상을 받은 인물이기도 하다.[9]

녹색 망토 뒤에 숨어서 BP는 자신에게 유리하게끔 자연자원인 석유 채굴의 제한 기준을 상향시키기 위해 투쟁해왔다. 정치 자금을 감시하는 민간단체 '책임정치센터(Center for Responsive Politics)'에 따르면, BP는 2005~2010년 환경 친화적이라는 이미지를 광고하는 동시에 워싱턴에서 활동하는 로비스트들에게 4000만 달러를 지불했다. 멕시코만에서 재난이 일어나고 6개월 후 '기후 행동 네트워크 유럽(Climate Action Network Europe: 인간으로 인해 발생하는 온난화를 생태계가 견딜 만한 수준까지 제한하자는 목표로 120개국에서 모인 환경 정책 NGO의 상부 조직—옮긴이)'은 BP를 비롯한 대기업들이 미국 상원의원 선거에 24만 200달러를 지원했다는 사실을 밝혀냈다. NGO 보고서에서 언급한 대기업들이 낸 기부금 가운데 80퍼센트가 미국의 기후 정책을 반대하는 상원의원 후보들에게 흘러 들어갔다.

그린워싱의 역사는 오래되었다. 1960년대부터 시작되었는데, 이때는 미국에서 환경 운동과 반핵 운동을 펼치던 시기였다. 산업은 이러한 운동에 반응해 아름다운 자연을 담은 사진으로 광고를 하고, 환경 보호에 적극 참여하고 있다는 점을 강조했다. 환경 재난이 끔찍하면 할수록—가령 1976년 7월 19일 이탈리아 도시 세베소(Seveso)에서 독성이 매우 강한 디옥신 TCDD가 방출된 사건, 1984년 12월 3일 인도 보팔(Bhopal)에 있는 유니언 카바이드(다우 케미컬의 자회사) 공장에서 일어난 화학 사고, 1986년 4월 26일 우크라이나의 체르노빌 핵발전소에서 일어난 사고, 1989년 3월 24일 기름을 싣고 가던 엑손 발데즈호가 알래스카에서 침몰해 기름이 유출된 사건―그리고 1970년대와 1980년대 환경 운동이 사람들에게 산업에 대한 비판적 의식을 더 많이 심어주면 줄수록 산업계는 더 강력하게 녹색 광고로 대응했다. 한때 이와 같은 캠페인 광고 제작 전문가였으나 이후 환경 활동가로 변신한 제리 맨더(Jerry Mander)는 에코포르노그래피(Ecopornography)라는 개념을 만들어냈다. 동일한 제목으로 1972년 에세이를 출간한 그는 이미 당시에 석유, 화학, 자동차 대기업이 산업 협회 및 에너지 공급자들과 함께 매년 수십억 달러를 그린워싱에 투자했을 것으로 예상한다. '생태학'이라는 말과 이 단어에 대한 이해를 돕는 모든 표현을 파괴할 목적으로 말이다.[10]

BP의 캠페인은 가히 그린워싱의 혁명이었다. 요컨대 BP는 자신을 친환경적 석유 사업자로 묘사하며 녹색 석유를 판매한다고 홍보하는 데 그치지 않았다. 아니, 당시 세계에서 두 번째로 컸던 이 석유 대기업은 재생 에너지의 선구자로 변신했다. 오길비 앤드 매더 광고 대행사는 당연히 그와 같은 광고를 해주고 보수를 받았으며, 대기업은 이런 캠페인과 비슷한 형태를 띤 청사진을 확보했다. BP는 정치계로부터 압박을 받지 않고서도 생태적으로 지극히 위험한 석유 산업을 계속할 수 있었다. 하필이면 그린워싱의 어머니인 BP가 시대를 통틀어서 가장 어마어마한 석유 유출 사건을 일으킬 수밖에 없었던 것은 결코 모순이 아니라 지극히 당연한 결과였다.

대기업이 책임과 지속 가능성을 강조하면서 그 배후에 숨기고 있던 진실은 일찍이 2005년에 표면으로 드러났다. 끔찍한 안전 결함으로 말미암아 텍사스시티에서 BP의 가장 큰 정유 공장이 폭발한 것이다. 이로 인해 15명의 노동자가 사망하고, 180명이 부상을 당했다. 1년 후에는 알래스카의 프루도만(Prudhoe Bay)에 있는 유전에서 고장 난 BP의 파이프라인으로 인해 100만 리터의 원유가 태평양으로 흘러들었다.

딥워터 호라이즌의 재난 역시 BP가 주장하듯 '비극'이 아니라, 이 석유 대기업에서 범한 소름끼치는 더러운 행위로부터 당연히 예측 가능한 사건이었을 뿐이다. 그리고 해양 굴착 회사 트랜스오션(Transocean), 구멍을 메우기 위한 시멘트를 조합하는 데 실패한 회사 핼리버턴(Halliburton), 이 모든 것을 눈감아준 관청들로 인해 언젠가 일어날 수밖에 없던 사건이었다. 처음에 BP는 책임을 전가하려 애썼다. 하지만 매일 100만 리터의 석유가 바다로 흘러들면서, BP가 과학적으로 심각한 실수를 저질렀다는 증거들이 점차 공공연하게 드러나기 시작했다.

2010년 2월부터 BP의 주문을 받은 딥워터 호라이즌은 마콘도 유전에서 석유 탐사를 위한 굴착을 실행하고 있었다. 트랜스오션은 해저로부터 5500미터 깊이까지 탐사용 해상 플랜트를 구축해놓았다. 하지만 시간이 지연되면서 BP가 지불해야 할 굴착 비용과 해상 플랜트 대여 비용이 올라갔다. 이미 특이할 정도로 많은 가스가 올라왔음에도 그들은 작업을 계속했다. 노동자들이 '지옥의 유정(油井)'이라고 말할 정도였다. 강력한 압력 이후에 진흙·가스·석유가 샘물처럼 시추공으로부터 올라오는 블로아웃(blowout)이 일어났을 때, 굴착은 거의 끝난 상태였다. 가스로 인해 불이 붙었고, 해상 플랜트는 화재에 휩싸였다. 블로아웃을 막아주는, 다시 말해 비상시 해저에 있는 구멍을 신속하게 막아줘야 하는 자동 보호 장치도 작동하지 않았다. 노동자들이 직접 비상 차단을 시도해보았으나 말을 듣지 않았다. 시추 장소를 폐쇄할 때 필요한 주요 부품들, 다시 말해 센트럴라이저(centralizer)도 맞지 않거나 찾을 수 없었다. 대재난이 일어나기

나흘 전, BP 소속 엔지니어 브렛 코컬즈(Brett Cocales)는 동료 브라이언 모렐(Brian Morel)에게 "도대체 이게 뭐야?"라는 말을 했다고 한다. "역사의 종말. 아마 이것이 역사를 내팽개칠 수도 있을 것이다." 버락 오바마 대통령의 지시로 구성된 7명의 조사위원회는 보고서 마지막에 엔지니어의 이메일을 이렇게 인용했다.[11] 조사위원회가 내린 결론은 이러했다. "경악할 정도로 분명한 사실은 기업이 심해 굴착 기술에 수십억 달러를 사용했지만, 엄청난 석유 유출 사건이 일어났을 때를 대비한 플랜 B를 위해서는 비용을 거의 사용하지 않았다는 것이다."

코렉시트 혹은 대재난 이후의 대재난

딥워터 호라이즌이 폭발하고 이틀 후 멕시코만에서는 연이어 환경 재난이 일어나기 시작했다. 스콧 포터 같은 과학자, 의학자, 환경 단체, 어부와 주민들은 그것이 심지어 원유 유출보다 더 심각하다고 믿고 있다. 해상 플랜트가 바다로 가라앉던 날, 그러니까 4월 22일, BP는 유출된 원유를 코렉시트로 희석하기 시작했다. 기름 분해제인 코렉시트는 미국 환경보호국(Environmental Protection Agency, EPA)이 허가를 내준 화학 제품이다. 수질오염방지법과 유류오염방지법에 따라 코렉시트는 물 표면에 있는 기름을 제거하는 물질이었기 때문이다. 이러한 법은 엑손 발데즈호가 알래스카에서 기름을 유출한 사건이 일어난 뒤 제정되었다. 당시에는 석유 대기업 엑손이 개발한 유화제를 최초로 투입했었다. 그렇지만 알래스카에서는 2만 800리터의 코렉시트를 살포한 반면, 멕시코만에서는 무려 700만 리터를 뿌렸다. 그러나 이 화학 제품을 장기간 사용할 경우 어떤 일이 초래될지에 관한 충분한 연구는 없었다. 이런 독성 물질을 사용하면 어떤 일이 생길까? 이에 관한 조사는 한 건도 없다. 그런데도 그들은 코렉시트의 변종 EC9527A를 딥워터 호라이즌의 시추공에 넣었다. 독물학자와 해양생물학자들은 그와 같은 엄청나고 치명적인 실험을 해서는 안 된다고 경고한 터였다. 그중엔 유엔에서 원유 유출 재난에 대한 컨설팅을 하는 릭 스타이너(Rick Steiner), NOAA 소속 해양생물학자이자 컨설턴트 리처드 차터(Richard Charter), 캘리포니아 대학의 환경독극물학연구소 소장 론 테르더마(Ron Tjeerdema) 교수가 있었다. 그들은 독성 물질이 바다의 생태계에 지속적으로 손상을 입힐 것이라고 확신했다.[12] 아울러 많은 사람이 이를 '바다 밑의 체르노빌'이 될 수 있다고 경고했다.

이와 반대로 BP는 코렉시트가 일반 가정에서 사용하는 "세제만큼이나 위험이 없다"고 주장했다. 그렇다면 왜 본사가 있는 영국에서는 이미 수년 전부터 이 독성 물질을 금지했을까? 세제가 지방을 녹이듯 코렉시트는 석유도 아주 작은 조각으로 분해하고, 그러면 이런 작은 조각을 미생물들이 먹어치운다고 한다. BP와 관련 관청이 주장하는 바에 따르면, 이렇게 함으로써 더 많은 석유가 육지로 흘러가 해안을 오염시키는 걸 막을 수 있다는 것이다. 사람들은 가능하면 석유가 해안에 들어오기 전에 거두어 들이길 원한다. 정부는 재난에 속수무책으로 있고 싶지 않아 그렇게 했을 수 있다. 하지만 재난을 멈출 수는 없었다. 해안경비대 사령관 태드 앨런(Thad Allen)은 "석유 유출을 막기 위해 벌인 투쟁"에서 BP의 협력을 포기해도 될 만큼 필요한 장비와 경험이 없었다고 말했다. 해안경비대 사령관은 버락 오바마 대통령의 지시를 받아 석유 유출 재난을 수습하는 관리자 역할을 맡은 터였다. 처음에 오바마 정부는 멕시코만 해안을 "사건이 일어나기 전보다 더 나은 상태로 돌려놓겠다"고 확언했었다. 딥워터 호라이즌이 폭발하기 3주 전만 하더라도 오바마 대통령은 지금까지는 보호 구역이었지만 석유 채굴을 더 많이 할 수 있도록 해변 앞에 있는 구역을 개방할 것이라고 발표했다. 채굴 작업을 그다지 위험하지 않다고 봤던 것이다. "해상 플랜트는 오늘날 대체적으로 원유 유출을 일으키지 않습니다. 기술적으로 매우 발달했기 때문입니다." BP도 그와 같은 주장을 거듭 반복했다.

교활한 기술을 이용해 자연을 지배할 수 있을 거라는 순진한 믿음과 BP를 신처럼 믿은 결과, 당시 내무부 소속 해당 관청은 BP에 사고 시 비상 대책에 대한 플랜을 요구하지 않았다. 멕시코만에 있는 많은 해상 플랜트는 비상 대책에 관한 플랜을 반드시 제출해야 했다. 하지만 해당 관청은 거대한 원유 사고가 발생하는 것은 비현실적이며 심지어 불가능하다고 믿었다. 나아가 원유가 유출되더라도 해안 구역까지 흘러들지 않을 테니 걱정할 필요 없다고 생각했다. 따라서 BP가 어마어마한 재난을 축소해 발표한 것은 정부의 이익에 부합했다. "현재 환경에 미치는 영향은 지극히 적을 것으로 보입니다." 5월 18일 BP 회장 토니 헤이워드(Tony Hayward)는 이렇게 말했다.[13]

하루가 지나자 환경보호국, 즉 EPA가 판단하기에도 사태는 왠지 수상해 보였다. 이들은 BP에 코렉시트보다 독성이 약한 제품을 사용하고 예외적으로만 코렉시트를 투입할 것을 요구했다. 하지만 BP는 이를 무시했다. 코렉시트는 장기간 사용해도 훼손이 적고 다른 유화제와 비교할 때 효과가 좋다고 환경청에 보고했던 것이다. 실제로 BP는 모든 코렉시트 비축량을 이미 구매한 상태였다. 당시 BP는 일리노이주 네이퍼빌 (Naperville)에 있는 코렉시트 생산 회사 날코(Nalco)의 감사 업체이기도 했다. 날코는 코렉시트 제품 하나만으로 5월 중순까지 4000만 달러의 매상을 올렸다.

"코렉시트로 인한 위험성을 낮추기 위해 BP는 환경 오염 수치에 대해 틀린 정보를 퍼뜨렸다." 미국 기자 마크 허츠가드(Mark Hertsgaard)는 2013년 미국 신문 〈뉴스위크〉와 독일 신문 〈차이트〉에 실은 기사에서 이렇게 썼다.[14] 2010년 5월 사내 이메일에 따르면 BP는 "통제할 수 없이 흘러넘치는 유전에서" 매일 6만 2000배럴(약 1000만 리터)~14만 6000배럴(약 2300만 리터)의 원유가 유출된다고 예측했다. 하지만 정부와 언론에 보고할 때는 매일 5000배럴(약 80만 리터)이라고 했다. 이런 방식으로 축소해서 보고한 이유는 1배럴이 유출될 때마다 BP에 부과하는 벌금과 손해배상금이 올라갔기 때문이다. "대기업은 공공연하게 자체 전문가들이 추측한 양보다 기름이 훨씬 적게 유출되었으며, 그와 동시에 코렉시트를 투입함으로써 해수 표면과 해변에서 기름을 발견할 수 없었다고 주장했다." 허츠가드는 이렇게 보고한다. 다른 말로 하면, 매일 수백만 리터의 원유가 시추공에서 솟아나왔음에도 BP는 매우 짧은 기간 동안 재난을 숨기는 데 성공했다.

BP가 마콘도 유전에 있는 시추공을 마침내 폐쇄했다고 발표하기 이틀 전인 2010년 8월 초, 미국 NOAA는 유출된 기름의 4분의 3을 제거했다고 주장했다. 17퍼센트는 시추공에서 처리했고, 8퍼센트는 연소되거나 사라졌으며, 49퍼센트는 자연적 방식으로 또는 화학 제품을 통해 분해 및 증발했다는 것이다.[15] 이런 수치를 발표하자 어떤 권력에도 종속되어 있지 않은 과학자들은 즉각 의심을 했다. 예를 들어 조지아 대학 연구팀은 유출된 기름 가운데 20퍼센트, 잘해야 30퍼센트만 제거한 것으로 추정했다. 그러면서 70~80퍼센트는 코렉시트에 의해 잘게 분해된 채 아직도 멕시코만에 있을 가능성이 많다고 했다. 캘리포니아 대학 소속 과학자들이 발표한 2014년 연구 결과에 따르면, 유출된 기름의 절반가량은 여전히 해저에 있다. 요컨대 1300미터 심해의 500곳 넘는 지점에서 채취한 3000개 표본을 분석한 결과, 기름이 분포된 해저 면적은 베를린 면적의 3.5배에 달했다.

그린피스 소속 해양생물학자이자 석유 전문가이기도 한 외르크 페데른 (Jörg Feddern)은 동료들과 함께 기름 유출이 발생하고 1년 후 멕시코만의 해변과 미시시피 삼각주를 방문해 다양한 장소에서 기름 표본을 수집했다. "우리는 깨끗하게 청소했다는 곳에서 기름을 발견했다." 지문을 검사하기 위해 페데른은 표본 9개를 독일로 보냈는데, 그중 7개에서 BP 사고로 인해 나온 기름이라는 사실이 증명되었다. "나는 그렇게 많이 발견하리라고는 예측하지 못했다. 더욱이 한 군데가 아니라 도처에서 말이다." 페데른은 이렇게 말했다. "8억 리터의 기름은 사라질 수 없다―석유 유출 사고에서 제거할 수 있는 기름의 양은 평균 10퍼센트에 불과하다."[16]

보이지 않지만, 유출된 석유로 인한 오염

실제로 오늘날 멕시코만의 마콘도 유전에 있는 시추공에서 기름이 어느 정도 유출되었으며, 그중 얼마가 사라졌는지 아는 사람은 아무도 없다.

정확하게 측정해본 적이 한 번도 없고, BP가 이를 막는 데 성공했기 때문이다. 이 대기업은 아무도 시추공 인근에 접근하는 것을 허락하지 않았다. 미국 의회가 압박을 가했을 때에야 비로소 BP는 기름이 얼마나 솟아나왔는지 측정하기 위해 심해에 로봇 비디오카메라를 내려보냈다.

하지만 오늘날 사람들이 확실하게 아는 게 있다. 즉 엄청난 양을 투입한 코렉시트는 무용지물이었을 뿐 아니라 석유 오염을 더욱 심각하게 만들었다는 사실이다.

딥워터 호라이즌이 폭발하고 2년이 지난 시점에 과학 저널 〈환경 오염〉은 조지아 기술연구소(Georgia Institute of Technology)와 멕시코의 아우토노마 데 아과스칼리엔테스(Autónoma de Aguascalientes) 대학에서 연구한 결과를 실었다. 석유가 코렉시트와 섞이면 52배나 더 독성이 강해진다는 사실을 증명한 연구였다.[17] 사우스플로리다 대학은 코렉시트와 섞인 기름 가스가 바다를 돌아다니는 곳에서는 미생물이 더 줄었다고 보고했다. 이런 주장은 튀빙겐 대학의 독일·미국 공동 연구팀이 조사한 결과를 통해 사실임이 입증되었다. 즉 독성으로 인해 분해된 기름을 먹어치워야 할 미생물이 그다지 늘지 않았다는 연구 결과가 그것이다.[18]

많은 과학자들은 밖으로 솟아나온 기름 가운데 많은 양이 바닥에 가라앉아 있으며, 거기에서 모래·먼지·플랑크톤과 섞인 채 수천 제곱킬로미터에 상당하는 대규모 아스팔트층을 형성하고 있을 거라고 추정한다.[19] 폭풍우와 파도가 치면 그로부터 조각들이 떨어져 나와 해변으로 쓸려간다. 그리하여 해변에서 타르 덩어리가 발견된다는 것이다.

〈더 그린 라이〉를 촬영하던 중 감독 베르너 부테와 나는 2016년 4월 초 그랜드아일 해변에서 그와 같은 시커먼 독성 덩어리를 다량 목격할 수 있었다. 덩어리들 중엔 식빵만 한 크기도 많았다. 해변을 찍으면서 나는 그런 덩어리를 모았다. 10분도 채 지나지 않아 양동이 하나를 가득 채웠다. 스콧 포터는 코렉시트가 사태를 훨씬 심각하게 만들었다고 말했다. 그는 이 독성 유화제가 어떤 작용을 하는지 직접 몸으로 체험했다. 재난이 발생한 뒤 해양청의 주문으로 표본을 수집하기 위해 잠수했을 때, 바다를 통해 유입된 기름과 독성의 혼합물이 잠수복을 찢었다. 얼마 후 그는 구토를 했고, 심각한 피부 발진이 일어났다. 이어 호흡 곤란, 천식으로 인한 기침과 두통을 겪었다. 스콧은 요즘도 이런 증상으로 고통을 당하고 있었다.

건강 관련 전문가들은 독성이 수천 명을 병들게 했다고 추정한다. 4만 7000명의 자원봉사자가 청소 작업을 하는 동안 기름과 코렉시트의 혼합물에 노출되었다. 작업을 한 뒤 이들은 피부 발진, 호흡기 계통 질병, 어지러움, 경련, 집중력 쇠퇴와 우울증을 겪었다고 호소했다. 1989년 엑손 발데즈 재난이 일어난 후 7000명의 자원봉사자 가운데 많은 사람에게서 관찰됐던 증상이다.

2만 명이 딥워터 호라이즌 사고 후 일터를 잃었다. 멕시코만에서 어업 활동을 하던 거의 모든 어선이 손을 놓아야 했다. BP는 '기회의 배(Vessels of Opportunity)'라는 다분히 냉소적인 이름으로 어선을 청소 배로 탈바꿈시키는 프로그램을 시작했다. 이런 방식으로 현지인의 삶의 토대를 빼앗고, 게다가 자신들이 초래한 독성 물질을 제거하는 일까지 시켰던 것이다. BP는 마치 자선 단체처럼 굴었다. "이런 방식으로 석유 및 가스 산업은 권력을 유지했던 것입니다. 자신이 직접 물에 빠뜨린 사람들에게 임시로 구명보트를 던져줌으로써 말이죠." 재난이 일어난 뒤 루이지애나에서

조사를 수행한 나오미 클라인(Naomi Klein)은 이렇게 논평했다.[20]

2010년 멕시코만에는 6000여 척의 배가 있었다. 이 배들은 물에 둥둥 뜬 상태에서 기름을 걸러내고 동물들을 구하는 장벽을 만들어야 했다. BP는 청소하는 사람들 위로 독성 물질을 뿌렸다. 족히 700만 리터나 되는 코렉시트를 비행기로 살포한 것이다. 내부 고발자와 정보 제공자를 보호하는 비영리 단체 GAP(Government Accountability Project)는 재난이 발생한 뒤 21명의 조력자, 과학자, 주민을 인터뷰했다. 그중엔 스콧 포터도 있었다. 이를 통해 GAP는 충격적인 내용을 인터넷에 공개했다.[21] 그들은 재난으로 인해 직접 피해를 본 많은 당사자가 얼마나 회복 불가능할 정도로 건강이 나빠졌는지뿐만 아니라, BP가 재난을 도와주기 위해 온 자원봉사자들을 고의로 위험에 빠뜨렸다는 사실을 폭로했다. 그 누구도 청소 작업자들에게 코렉시트의 위험에 대해 설명해주지 않았다. 더욱이 BP는 이들에게 적절한 작업복과 마스크도 제공하지 않았다. 작업자들이 여러 차례 요청했는데도 말이다. "나는 코렉시트가 얼마나 위험한지 알아차렸고, 그래서 내게 마스크나 제대로 된 장비가 하나도 없다는 사실에 깜짝 놀랐습니다. 그래서 BP 측 대표에게―정확하게 누군지는 기억나지 않습니다―물어봤죠. 그랬더니 그가 말하더군요. 만일 내가 그런 것을 받게 되면 다른 모든 작업자도 원할 것이고, 그런 모습은 BP에 하나도 좋을 게 없다고요. 언론에서 작업자들이 마스크를 끼고 작업하는 모습을 촬영하게 된다면 말이죠."[22] 당시 31세의 가장(家長)이던 조레이 대노스(Jorey Danos)는 GAP의 인터뷰에서 이렇게 말했다. 코렉시트는 마스크 하나 없이 작업했던 그를 병들게 만들었다. BP가 흉한 사진이 밖으로 퍼져나가는 걸 원치 않았기 때문이다. 이제 그는 더 이상 일을 할 수 없어 사회보

장금을 받아 살고 있다.

여기서 씁쓸한 모순은 청소 작업자들이 코렉시트의 독성 때문에 유출된 기름 중 그야말로 일부만 제거할 수 있었다는 사실이다. 선박들도 BP가 5000만 유로를 들여서 벌인 캠페인의 일부였다. 석유 대기업이 "책임을 통감해 열심히 청소"하고 있다는 캠페인 말이다.[23] 이는 냉소적으로 접근하더라도 도무지 이해할 수 없는 일이었다. 당시 BP 회장이던 토니 헤이워드는 광고 방송에서 얼마나 진지하게 재난을 수습하고 있는지 말했다. 그리고 배에 타고 있는 영웅들과 하얀 백사장에서 청소 작업을 하는 영웅들의 사진이 방송을 탔다.

그랜드아일에서 촬영 작업을 끝내고 열흘 후, 세계에서 가장 큰 해양 보호 비영리 단체 오세아나(Oceana)가 작성한 〈행동해야 할 때: 딥워터 호라이즌 사건 후 6년(Time for Action: Six Years After Deepwater Horizon)〉이라는 보고서가 나왔다.[24] 이 국제 해양 보호 단체는 보고서에서, 멕시코만과 그 인근의 석유 유출로 인한 오염 결과에 대해 가장 최근에 수행한 독자적 연구를 소개했다. 1년 전에 발표한 BP 보고서와 비교해가며 이 보고서를 읽으면 물론 기분이 썩 좋지는 않다. 석유 대기업이 자연 생태계와 어업은 완전히 회복했다고 주장하는 반면, 오세아나는 다른 결과를 제시한다. 석유 유출이 일어난 이후 수천 마리의 해양 포유류 시체가 해변에 떠내려 왔다. 과학자들이 관찰한 것에 비해 50배는 더 많이 죽었을 것으로 추정된다. 동물의 시체와 뼈 가운데 지극히 일부만 발견되었기 때문이다. 특히 미국 해양내지성에서도 우려할 만한 사실을 관찰했다. 돌고래와 고래가 특이할 정도로 많이 죽거나 조산을 한 것이다. 돌고래 새끼 가운데 20퍼센트만이 건강하게 태어났다. 석유 유출 사건 이전에는 83퍼센트가 건강하게 태어났는데 말이다. 그동안 60만~80만 마리의 동물이 죽은 것으로 추정된다. 석유와 코렉시트는 멕시코만에서 1600킬로미터 넘게 떨어져 있는 미네소타에서 검사한 펠리칸의 알 80퍼센트에서도 발견되었다. 펠리칸은 이곳에서 겨울을 난다. 많은 물고기가 수영 능력이 감소하고 아가미에 손상을 입었다. 오징어의 경우는 유출된 기름으로 인해 심장마비가 왔다. 기름 유출 사건 이후 발견한 대부분의 죽은 바다거북은 75퍼센트가 대서양 잡종이었다. 세상에서 가장 작고, 드물고, 위협적인 거북이다. 그중 6만 5000마리 정도가 2010년에 죽었는데, 이전 해에 비하면 4배나 많은 수치다.

유출된 석유로 인한 오염이 발생한 후 양탄자처럼 펼쳐진 기름띠, 시커먼 해변, 죽은 고래와 기름으로 떡칠한 새들의 끔찍한 사진은 20년 전보다 훨씬 덜 충격적이어서 너무나 놀랍다. 20년 전, 그러니까 엑손 발데즈가 알래스카에서 기름을 유출했던 그 사고 말이다. "우리는 여러분에게 정보를 제공해야 할 책임이 있다는 사실을 잘 알고 있습니다." 토니 헤이워드는 BP 광고에서 이렇게 단언했다. BP는 자신의 방식대로 약속을 지켰고, 처음부터 재난에 대한 뉴스를 통제했다. 요컨대 이 대기업은 구글, 야후, 빙(Bing: 마이크로소프트에서 2009년 6월 1일 서비스를 시작한 검색 엔진―옮긴이)에서 핵심 단어를 검색하면 제일 먼저 자사의 이름이 뜨게 했다. '석유 유출'이라는 단어를 검색하면 우선 BP 홈페이지와 링크되고, 여기에서 우리는 이 기업이 자신의 입맛에 맞춰 사건을 서술한 내용을 읽게 된다. 전문가들에 따르면 BP는 이렇듯 제일 먼저 검색어로 뜨기 위해 매일 1만 달러의 비용을 지불한다고 한다. BP는 재난에 대한 사진을 막기 위해 모든 수단을 동원했다. 리포터, 텔레비전 취재팀, 사진기자들이 석유가 유출된 해변에는 물론 청소 작업을 할 때도 접근하지 못하도록 했다. 이 대기업은 해안경비대와 함께 해변 바로 앞에서 미국 최고의 텔레비전 방송국 중 하나인 CBS의 취재팀을 직접 물리쳤다. 뉴스를 제공하는 AP 통신, 〈뉴스위크〉, 〈뉴욕 타임스〉, 〈워싱턴 포스트〉도 이 재난에 대해 보도하려 했으나 저지당했다며 불만을 제기했다. 게다가 해안경비대는 BP와 협약해 그 지역에 대한 저공비행 금지 조치를 내렸다.

그 밖에도 BP는 멕시코만 인근에 위치한 대학에서 근무하는 과학자는 물론 해양생물학자들하고도 계약을 체결했다고 전해진다. 터무니없이 많은 돈을 주고 엄격한 조건을 제시하면서 그들의 연구 결과를 대중에게 공개하지 않도록 말이다. 많은 과학자들이 그런 제안을 거절했지만, 몇 명이 받아들였는지는 알려져 있지 않다.[25] 미국 대통령 버락 오바마가 루이지애나를 방문했을 때, BP는 텔레비전 방송을 막을 길이 없자 600명의 청소 작업자를 파견했다. 다음 날 작업자들은 화면에서 사라졌다—BP에서 철수시킨 것이다.[26]

이런 방식으로 BP는 역사상 가장 규모가 컸던 석유 유출 사건을 하찮게 만드는 데 성공했다. 이 재난을—시추공에서 기름이 여전히 흘러나오고 있음에도—신경질적인 몇몇 환경보호론자들만 문제로 삼을 뿐이라고 하면서 말이다. "2010년 7월 AP 통신과 〈뉴욕 타임스〉는 이미 석유 유출이 그렇게 대단한 문제였는지 의문을 제기했다." 마크 허츠가드는 이렇게 쓴다. "심지어 〈타임 매거진(Time Magazine)〉은 정치적으로 우익이자 라디오 진행자인 러시 림보(Rush Limbaugh)가 멕시코만 석유 유출 사건을 과장해서 전달했다며 기자와 환경운동가들의 책임을 따지자 '그가 완전히 틀리지는 않았다'고 동조했다."

과장을 했다고? 어쩌면 러시 림보는 딘 블랜차드(Dean Blanchard)를 한 번 방문했으면 좋았을지도 모른다. 그는 신경질적인 환경운동가가 결코 아니니 말이다. 그런데도 이 남자는 BP에 분노를 표했다. 블랜차드는 매년 6000만 달러의 매상을 올리는, 미국에서 제일 큰 규모의 새우 상인이었다. 1400명의 어부가 그에게 새우를 공급했고, 딘 블랜차드 시푸드(Dean Blanchard Seafood)는 하루에 180톤을 판매했다. 딘 블랜차드가 '루이지애나의 새우왕'일 때는 딥워터 호라이즌 사고가 일어나기 전이었다. 오늘날 그의 사업은 망하기 직전에 처했다.

우리는 블랜차드를 그의 회사가 있는 그랜드아일의 부두에서 만났다. 오전 7시 30분이었다. 원래 이 시각이면 새우와 생선을 싣기 위해 트럭이 줄지어 있어야 한다. 하지만 빨간색과 흰색으로 칠한 목조 건물 입구는 텅 비어 있었다. 부두에는 어선들이 촘촘하게 정박해 있고, 그 옆에서는 갈색의 펠리칸 무리가 물속으로 돌진하는 비행을 하고 있었다. 블랜차드의 사무실은 노란색 바탕에 보라색 얼룩무늬가 칠해져 있고, 창틀은 보라색이었다. 루이지애나 주립대학의 축구팀 'LSU 타이거즈'를 상징하는 색깔이다. 호랑이 머리가 있는 로고는 벽시계, 커튼, 노란색-보라색 인공가죽 의자에도 장식되어 있었다. 57세인 그가 입은 조깅 바지조차 보라색이었다.

블랜차드는 무뚝뚝한 목소리에 강한 남부 지방 악센트로 자신에게 수백만 달러의 손해를 입히고, 주변에 있는 모든 어장을 훼손하고, 30년의 노동을 파괴해버린 BP에 욕을 퍼부었다. 이 기업은 바다에 기름을 유출해 오염시키는 데 그치지 않고 "마치 벌레들"처럼 독성을 띤 화학 제품을 마구 뿌렸다고 했다. 블랜차드는 화가 머리끝까지 나서 BP를 '브리티시 페트롤리움'이라고 부르지 않고 '브리티시 피노키오'라고 불렀다. 그러면서 이 '피노키오'의 관리자들을 사냥하고 싶을 때가 아주 많다고 했다. 벽에 걸린 거대한 평면 텔레비전에서는 무음으로 오래된 서부 영화가 상영되고 있었다. 재난 발생 초기부터 블랜차드는 BP를 반대하는 사람들 중 한 명이었다. "우리가 기름을 다 걷어낼 수도 있었다고요. 배들은 이미 그렇게 할 준비가 되어 있었거든요. 하지만 그들이 원치 않았습니다. 비용이 너무 많이 드니까. 환경이야 어떻게 되든 상관없다는 거죠. 늘 돈, 돈, 돈만 생각하는 것들이죠." 블랜차드는 말을 이었다. "아니, 자기가 통제할 수 없는 것을 왜 건설하느냐 이 말입니다. 긴급 상황이 발생했을 때 어떻게 멈추는지 모른다면, 애초부터 해저에 구멍을 뚫지 말았어야죠." 그는 자리에서 벌떡 일어나 우리를 안뜰로 안내했다. "여러분한테 보여줄 게 있습니다." 그러곤 새우가 담겨 있는 빨간색 양동이의 뚜껑을 열어 보였다. 예전엔 젊은 부부들이 이런 새우가 들어 있는 봉지를 하나씩 구입했다고 한다. 블랜차드는 죽은 새우를 뒤집어 보여주었다. "여기, 어두운색 반점이 보입니까?" 하얀 새우의 아가미가 시커멓게 변해 있었다. "이 녀석들은 바닥에서 삽니다. 그러니 밑에 가라앉아 있던 기름을 호흡한 것이죠. BP 사건 이전에는 이런 새우를 본 적도 없던 말이오."

오전 8시쯤 고기잡이용 작은 배가 들어왔다. 갑판에서 작업장에 있는 컨테이너로 고기를 옮겨 담았다. 그런데 양이 매우 적었다. "이게 오늘 첫 배인데, 어쩌면 마지막일 수도 있죠. 예전에는 하루에 40~50척의 배가 왔었는데 말입니다." 그래도 무엇이든 잡기 위해 배들은 계속해서 바다로 나가야만 한다. 물론 오늘날에는 새우 어획도 생태적인 사업이 결코 아니다. 요컨대 그린피스에 따르면, 새우가 아닌 다른 어종이 걸러드는 혼획(混獲)이 90퍼센트에 이르는 경우도 있다고 한다. 새우는 바다 바닥에서 살기 때문에 저인망에 잘 걸려든다. 그런데 저인망 그물은 바다 바닥에 손상을 입힐 뿐 아니라, 원하던 종이 아닌 많은 종도 덩달아 잡는다. 예를 들면 바다거북도 여기에 속한다. 얼마 전에야 비로소 해양 보호 단체들의 노력으로, 해당 관청이 새우잡이 그물을 다른 것으로 바꿔야 한다는 조례를 제정했다. 바다거북을 보호하기 위해서였다. 나는 블랜차드에게 이 얘기 하지 않을 수 없었다. "모든 게 거짓말이오!" 블랜차드는 아까보다 큰 소리로 대뜸 호통을 쳤다. NGO도 역시 돈을 밝힌다는 것이었다. 바다거북을 죽인 것은 BP이지, 어부들이 아니라고 했다. 그러면서 자신의 일은 바로 신이 원한 직업이라고 말했다. "뭐라고요?" "예수의 친구들이 어부였잖소?" 아, 그렇군. 하지만 그게 석유 산업과 무슨 상관일까? 이런 산업은 없어지는 게 좋지 않나? "그렇지 않소. 우리 가족과 친구 가운데 많은 사람이 거기서 일을 하고 있어요. 나는 석유 산업을 반대하는 게 아닙니다." "아니라고요?" 그의 대답이 뜻밖이라 나는 그렇게 되물었다. "우리에겐 석유가 필요합니다. 암요." 가령 자동차를 타려면 말이다. 블랜차드는 여러 대의 자동차를 소유한 것 같았다. 블랜차드가 자신이 갖고 있는 자동차 모델을 얘기할 때, 나는 처음으로 그의 얼굴이 환해지는 걸 볼 수 있었다. 그중엔 허머(Hummer)도 두 대 있었다. 허머는 괴물 같은 오프로드 차량으로, 100킬로미터 주행에 30리터의 기름을 소모한다.

지금 있는 게 모두 그대로 있기를

그랜드아일로 가려면 루이지애나주 라포셰(Lafourche)를 통과해야 했다. 하늘은 회색이고, 습지가 많은 이 지역은 단조로워 위안을 주지 못했다. 안개가 자욱한 장면을 보니 루이지애나를 배경으로 찍은 무서운 범죄 시리즈 〈트루 디텍티브(True Detective)〉가 떠올랐다. 실처럼 똑바른 길을 따라 남쪽 끝으로 가자 포천 항(Fourchon Port)이 나왔다. 이 거대한 석유 항구는 멕시코만의 해변에서 가장 중요한 곳이다. 멕시코만에서 생산하는 석유의 90퍼센트가 탱크와 바다에 설치한 파이프라인을 거쳐 이곳에서 처리된다. 800명이 일하는 석유 시추 플랫폼이 이곳 바다에 있고, 여기에 딥워터 호라이즌처럼 모바일 탐험 플랫폼과 수천 개의 무인(無人) 운반탑이 있다. 이것들이 미국 석유 생산의 4분의 1, 가스 생산의 5분의 1을 담당한다. 그런데도 루이지애나는 미국에서 가장 가난한 주에 속한다. 도널드 트럼프는 2016년 선거 때 루이지애나주에서 58.1퍼센트를 획득했는데, 대부분의 표(10만 308표)를 그랜드아일이 있는 제퍼슨(Jefferson)에서 얻었다. 그를 뽑은 유권자 중엔 블랜차드도 있었다. "나는 트럼프를 뽑을 겁니다." 인터뷰 당시 그는 이렇게 말했다. "왜요?" "사업에 대해 잘 알기 때문이죠."

석유 채굴은 트럼프에게 아주 중요한 사업이다. 그는 이 사업을 확장하고 북극과 대서양의 많은 구역에서 석유 채굴을 금지한 '오바마폐쇄법'을 원래대로 되돌려놓으려 한다.

재난이 일어난 후 지역 수민이 받았을 충격에노, 재난이 그토록 많은 사람을 병들게 하고 가난하게 만들었음에도 이곳에서는 석유 산업을 반대하는 시위를 한 번도 볼 수 없었다. 이는 분명 석유 산업이 어업에 이어 대부분의 일자리를 제공하기 때문일 것이다. 다른 한편으론, 미국이 세계에서 석유를 가장 많이 소비(매일 300만 리터)하는 국가에 속하기 때문일 것이다. 미국에서 새로 구입하는 신차의 절반은 SUV인데, 이런 차량은 일반 승용차에 비해 연료를 14분의 1이나 더 많이 소비한다. 심지어 딥워터 호라이즌이 폭발한 후에도 바다에서의 시추를 반대하는 사람은 전체 미국인 중 3분의 1에 불과하다.[27] 멕시코만에 있는 시추공에서는 관리 소홀로 인해 매년 최소 한 번의 사고가 발생한다. 미국 정부에 따르면 딥워터 호라이즌이 폭발한 후 6년 동안, 바다에 있는 시추공에서 496회의 화재 및 폭발이 일어나 총 1066명의 부상자와 11명의 사망자가 발생했다고 한다. 또한 11개의 시추공에서 적어도 8000리터의 석유가 흘러나왔다.[28] 새롭게 제정된 안전 규칙과 법규 수정에도, 이런 업무를 담당할 관청의 구조 개편에도 불구하고 말이다.

한층 엄격한 안전 대비책과 향상된 재난 관리가 있음에도 심해 시추는 매우 위험하다. 이런 사실을 간과하더라도 지구가 섭씨 1.5도 이상 온난화하지 않도록 하겠다는 유엔 기후정상회의의 목표를 달성하려면, 오늘날 채굴하고 있는 대부분의 유정을 폐쇄해야 한다. 하지만 이럴 가능성은 전혀 보이지 않는다.

미국 대통령 버락 오바마가 사건 조사를 의뢰한 위원회는 "딥워터 호라이즌 재난은 어떻게 되든 관심을 갖지 않는 무사안일의 문화가 치러야 할 비용이다"라는 결론을 내렸다. 7명으로 이뤄진 이 위원회는 380여 쪽에 달하는 보고서에서 BP, 핼리버턴, 트랜스오션, 그리고 정부와 관청이 저지른 섬뜩한 실수와 실패, 아울러 그들이 타이밍을 놓치고 머뭇거린 점 등을 세세하게 기록했다. 이 불행은 "미리 예견해 막을 수도 있었다". 그런데 "정부는 이런 사고가 발생하게끔 방치했다".

재난은 수익을 고려해 안전 대비책을 깡그리 무시한 파렴치한 대기업의 역사일 뿐만 아니라, 위험을 앞에 두고도 눈을 감아버린 무분별한 정부의 역사이기도 하다. 또한 기술에 대한 위험하고도 순진한 믿음, 자연을 지배할 수 있다는 오만방자한 환상의 역사일 수도 있다. 규제 철폐, 부패와 로비, 대기업의 권력, 그리고 정치권의 관리 부재의 역사이기도 하다. 마지막으로, 자본주의 사회의 채우기 어려운 욕구, 이를테면 에너지에 대한 과도한 욕구로 인해 빚어진 드라마틱한 역사의 결과이기도 하다. 자본주의 사회는 지나치게 풍요로운 삶의 방식을 유지하기 위해 산업이 내미는 녹색의 약속을 믿고 있다. 그리하여 산업은 당연하다는 듯 석유와 가스의 탐색과 채굴을 위해 점점 위험한 지역(심해와 북극 지방)으로까지 진출한다. 또한 산업은 매우 위험한 기술인 오일샌드시추법과 수압파쇄공법(fracking: 물, 화학제품, 모래 등을 혼합한 물질을 고압으로 분사해 바위를 파쇄함으로써 석유와 가스를 분리해내는 공법—옮긴이)을 합법적으로 사용하고 있다.

BP는 딥워터 호라이즌 재난으로 620억 달러의 비용을 책정했다. 여기에는 법원이 기업에 부과할 수 있는 벌금형 가운데 최고액인 200억 달러가 포함되어 있었다. 하지만 이 비용은 "세금상의 이득"을 고려해 440억 달러로 내려갔다. 이 석유 대기업이 매년 올리는 총매상의 5분의 1에 해당하는 수치다.[29] 딥워터 호라이즌 재난이 일어난 후 "내 삶을 되돌리고 싶다"는 넘살에 가까운 소리를 했던 BP 회장 토니 헤이워드는 재난이 발생한 해에 해임되었다. 물론 두둑한 보상금 150만 달러와 퇴직금 1700만 달러를 챙겨서 말이다. 헤이워드는 요즘 세계에서 가장 큰 원자재 기업 중 하나이자 심각한 인권 침해와 환경 파괴로 비난받고 있는 글렌코어 (Glencore)의 감사로 일하고 있다. 헤이워드는 이곳의 건강 및 환경 위원회에서 활동하는데, 사실 이런 일이 아니면 무얼 하겠나 싶다.

딥워터 호라이즌 재난이 터지고 1년 후 BP는 광고를 하나 내보냈다. 여자 육상 선수 제시카 에니스힐(Jessica Ennis-Hill)이 하얀 백사장을 뛰는 광고였다. 이 선수의 스폰서가 바로 BP였다. 광고에서 흘러나오는 목소리는 BP가 "지속 가능한 원자재"를 위해 적극 나설 것이라고 강조한다. "미래를 연료로 사용합시다"가 바로 그 슬로건이었다. 이 캠페인을 제작한 것은 다른 곳이 아니라 BP에 '비욘드 페트롤리움'이라는 녹색 이미지를 만들어줬던 오길비 앤드 매더였다. 물론 BP는 너무나 위험하고 추잡하고 환경을 훼손하는 석유 산업을 포기하고 재생 에너지에 투자하려는 게 결코 아니었다. 오히려 정반대였다. 즉 딥워터 호라이즌 재난이 일어나고 1년 후 BP는 이미 대체 에너지에 대한 투자를 30퍼센트가량 줄였다. 나아가 BP는 30억 달러에 달하는 풍력발전소를 팔아치웠고, 석유도 24퍼센트 정도 더 많이 생산했다. 2011년 BP는 태양전지 사업을 폐쇄했고, 2013년에는 보유하고 있는 풍력 에너지 시설을 매각할 것이라고 발표했다. "석유와 가스에 더 많이 집중하고 미래에도 지속적으로 성장할 수 있는 회사로 다시금 자리 잡기 위한"계획의 일부로서 말이다.[30]

"멕시코만에서 취했던 BP의 조치는 선례를 찾아볼 수 없을 정도입니다. 우리는 즉각 세척할 책임을 떠맡았습니다." 새로이 BP 회장에 오른 밥 더들리(Bob Dudley)는 2011년 한 비디오에서 이렇게 말했다. 얼음처럼 차가운 그의 시선은 사람을 꽁꽁 얼게 할 수도 있을 정도였다. "BP는 탁월한 능력을 가지고 있기에 심각한 지역에서도 도움을 드릴 수 있습니다. 그렇기에 우리는 한층 더 외진 곳의 채굴하기 어려운 지역을 뚫고 들어갈 예정입니다."[31] 이 말은 뭔가 위협처럼 들리기도 한다.

　재난이 일어나고 6년 후, BP는 멕시코만에 새로운 플랫폼을 구축하는 데 90억 달러 이상을 투자했다. 프로젝트의 이름은 '미친 개(Mad Dog)'였다.

더 많이 구매하면 바다를 살릴 수 있다고?

패션 산업이 바다에서 건져 올린 플라스틱으로 만든 옷은 왜 사치를 조장할까

"두렵지 않다는 것을 보여주십시오. 나가서 쇼핑을 하십시오!"
─세계무역센터 건물 폭파 사건 당시 뉴욕 시장이던 루돌프 줄리아니

"우리 사회는 매년 2억 8800만 톤의 플라스틱을 생산한다. 이 플라스틱은 나무, 유리, 종이, 금속과 달리 분해되지도 않고 생물학적으로 해체되지도 않는다. 대신 곧장 바다로 흘러 들어가 동물계와 식물계를 오염시키고 위협한다." 이런 내용은 〈그린피스 매거진(Greenpeace Magazine)〉에나 실리는 게 당연하겠지만 이번에는 아니다. 잡지 〈분테(Bunte)〉의 홈페이지에 실려 있다. 대량 소비의 이면에 감춰져 있는 측면, 요컨대 유명 인사들에 관한 기사를 시시콜콜 다루는 잡지가 실은 내용치고는 참으로 특이해 보인다. 〈분테〉는 대체적으로 절제의 미덕을 옹호하지도 않으며, 우리의 생태 의식에 경고를 하지도 않는다. 반대로 이 잡지는 부자와 연예인들의 사시스럽고 낭비하는 라이프스타일―값비싼 옷, 보석, 개인 제트 비행기, 빌라와 요트―을 소개하는 데 여념이 없다. 마치 이런 삶의 방식이야말

로 진정으로 추구할 가치가 있는 것처럼 말이다.

하지만 플라스틱 재난에 대한 이런 보도에는 죽은 해양 동물〔위(胃)에서 플라스틱이 발견된〕의 사진이 함께 실리지 않았다. 또 전 세계의 바다에서 떠돌아다니는 중부 유럽만 한 크기의 쓰레기에 대한 사진도 마찬가지로 소개하지 않았다. (27만 톤의 플라스틱이 바다에 떠돌고 있다.)

잡지 〈분테〉는 오히려 세계적 뮤지션 겸 디자이너 퍼렐 윌리엄스(Pharrell Williams)의 사진을 실었다. 윌리엄스는 유명한 비비언웨스트우드(Vivienne-Westwood) 모자(그는 이 모자를 유행시킨 주인공으로 알려졌다)를 쓰고 있었다. 그런데 얼마 전부터 이 현란한 멋쟁이 신사에게 또 다른 표식이 붙어 다녔다. 바로 세상을 구하는 사람이다. 루이비통 보석과 선글라스 신제품을 디자인하던 윌리엄스가 네덜란드 브랜드 G스타를 위해 "바다에서 건져 올린 미가공의 것"이라는 제품을 고안해냈기 때문이다. 태평양에서 나온 재활용 플라스틱으로 만든 최초의 청바지 컬렉션이 그것이다.

윌리엄스는 2억 1500만 미국달러의 재산을 갖고 있는 것으로 알려졌다. 그러니 당연히 사치스러운 트렌드에 대한 감각도 있다. 그는 바이오닉 얀(Bionic Yarn)의 주주이기도 하다. 이 회사는 바다에 떠돌아다니는 쓰레기에 면을 혼합해 인조 실로 재생하는데, 이렇게 해서 나온 천을 윌리엄스가 아름답게 디자인한다. 따라서 '바다의 원자재'로 만든 청바지를 선택하는 사람은 패션의 희생물이 아니라, 이를 구매함으로써 바다에서 플라스틱을 건져내는 환경운동가가 된다. 다시 말해 옷 가게에서 이 제품을 많이 구입하면 할수록 환경에는 더욱 좋다는 얘기다. 바다에는 즐거운 소식이다. 패션 브랜드 G스타는 이런 방식으로 바다에 떠다니는 1억 4000만 톤의 플라스틱 중 9톤을 건져내기 때문이다. 이와 동시에 30퍼센트의 면을 절약한다.[1] '해피'라는 낙관적인 노래를 부른 이 가수는 모두를 경악시킨 바다의 플라스틱을 요술 부리듯 미적인 부가가치를 지닌 좋은 소식으로 탈바꿈시켰다. 그래서 잡지 〈분테〉조차 이를 기사로 내보낸 것이다. 즉 바다에 있는 쓰레기는 더 이상 문제가 되지 않는다. 오히려 유용하다! 바다에 있는 플라스틱의 4분의 3가량은 표면이 아니라 영원히 닿을 수 없는 바닥에 잘게 분쇄된 채 가라앉아 있다. 이 얼마나 다행스러운 일인가. 그리하여 윌리엄스는 '윈-윈 상황'을 만들어냈다. 리사이클링은 바다를 오염시키는 원인을 해결하는 데(물론 확인된 결과는 아니다. 해결한다고 주장할 뿐이다) 그치지 않는다. 쓰레기 자체가 패션 산업에 도움을 주는 데 그치지 않고, 채워지지 않는 원자재에 대한 욕망의 '해결책'으로서 '지속 가능한' 원자재로 사용될 수 있다는 얘기다. G스타의 브랜드 매니저 슈방카르 라이(Shubhankar Ray)가 인정한 것처럼 이 기업이 오늘날 소비하는 만큼 엄청난 양의 목화는 결코 지속적으로 얻어낼 수 없다.

사실: 매년 전 세계에서 1000억 장의 의류를 생산한다. 그중 절반은 면으로 된 옷이다. 이를 위해 해마다 전 세계 경작지의 2.4퍼센트에서 2600만 톤의 원료(목화)가 생산된다. 그런데 목화 생산량 가운데 겨우 1퍼센트만을 생태적으로 재배하고, 70퍼센트는 유전자 조작을 하고 8000종의 다양한 농약을 살포해 재배한다. 투입하는 모든 살충제의 25퍼센트와 모든 농약 및 제초제의 11퍼센트는 목화를 심을 때 사용하며, 그중엔 맹독성 제초제 파라콰트(Paraquat)도 있다. 잡초를 퇴치하는 화학 제품은 토양의 질을 떨어뜨릴 뿐 아니라, 물에 독성을 띠게 하고 생물의 다양성을 파괴한다. 이런 화학 제품은 목화 재배지에 사는 지역 주민을 병들게 하고 심지

어 치명적인 중독을 일으킨다. 목화 재배만으로 1년에 20만 건 넘는 농약 중독이 발생하고, 그로 인해 2만 명이 사망한다.[2]

티셔츠 한 장을 생산하는 데 2700리터의 물이 들어가고, 청바지 한 장을 생산하는 데는 심지어 8000리터의 물이 필요하다. 목화 농장의 절반은 인공적으로 물을 댄다. 그 결과가 어떤지를 분명하게 보여주는 사례가 바로 중앙아시아의 아랄해다. 1960년대만 하더라도 독일 바이에른주만 한 면적이던 아랄해는 70퍼센트까지 물이 말라버렸다. 아랄해로 흘러드는 강들로부터 물을 끌어들여 카자흐스탄과 우즈베키스탄의 사막에 있는 목화 농장에 물을 공급했기 때문이다. 한때 세계에서 네 번째로 컸던 내해 (內海)가 고갈된 이런 현상은 인간이 초래한 가장 엄청난 환경 재해 중 하나로 알려졌다. 요컨대 섬유 산업에 희생당한 것이다. 무엇보다 섬유 산업은 환경 파괴의 세 번째 주범으로 간주되고 있다.

재난을 그럴듯하게 꾸미는 미화 작업

하필이면 이런 섬유 산업이 환경을 훼손하는 핵심 사업을 통해 전 세계적으로 거대한 환경 문제 두 가지를 해결하고자 한다. 이 산업은 잡지 〈분테〉로부터 박수를 받는 데서 그치지 않는다. "패션 브랜드가 생태학적 양심을 발견하다"라며 독일 잡지 〈슈테른(Stern)〉이 환호하고 나섰다. 〈슈테른〉은 5쪽에 이르는 라이프스타일 보도에서 '그린 리빙(Green Living)'이라는 제목으로 "지속 가능성과 멋은 더 이상 대립하지 않는다"며 바다에서 건져 올린 플라스틱으로 옷을 만드는 기사를 올렸다. 다른 회사들도 이런 트렌드에 합류했다. 아디다스를 예로 들 수 있다. 스포츠용품을 생산하는 이 대기업은 바다에서 건져 올린 플라스틱을 재활용해 축구 유니폼은 물론 수백만 켤레의 운동화를 생산하겠다고 한다. 이 프로젝트를 위해 아디다스는 해양 환경 단체 '팔리 포 더 오션스(Parley for the Oceans)'와 함께 일하고 있다. 전 세계 바다에 있는 플라스틱을 섬유 산업을 위해 수집하는 이 단체는 또한 퍼렐 윌리엄스와 함께 G스타의 "바다를 위한 원자재" 라인을 개발하기도 했다. 이어서 아디다스는 바다 플라스틱을 활용한 운동화를 만드는 프로젝트로 유엔의 축복까지 받았다. 요컨대 이 대기업은 뉴욕의 유엔 본부에서 팔리 포 더 오션스와 함께 북극 바다에서 어망에 걸려든 플라스틱으로 만든 운동화 시제품을 소개할 기회를 잡았다. 팝스타 윌리엄스는 아디다스와 협업해 이를 칭송하는 노래를 불렀다. 윌리엄스는 제품을 추천하는 유명 인사이자 디자이너로서 아디다스로부터 많은 돈을 받았으니 충분히 가능한 일이다. 그는 아디다스를 위해 '오리지널스 슈퍼 컬러 팩(Originals Super Color Pack)'을 개발했다. 50가지(!) 다양한 색을 띤 운동화. 이 운동화는 물론 윌리엄스가 새로 내놓은 모델 '시그너처 테니스 휴 프라임니트(Signature Tennis Hu Primeknit)'처럼 그야말로 정상적인 플라스틱 제품이다. 아디다스는 이 제품을 진지한 자세로 "인간성에 바치는 오마주(hommage)"라고 광고했다. 이 대기업은 윌리엄스에게 일하기 좋은 조건을 제시했는데, 아디다스가 아시아와 중앙아메리카에 갖고 있는 공장과 맺은 작업 조건과 비교하면 매우 좋다고 할 수 있다. 제품을 공급하는 공장들과 맺은 조건은 그야말로 끔찍하다. 딱 굶어 죽지 않을 만큼의 임금을 주고 일을 시킨다니 말이다.

밥소사! 그렇게 노동 착취를 하면서 마치 바다를 구세하는 따업, 다시 말해 인류에 대단한 봉사를 한다고 떠들어도 되는 건가?

아마 H&M도 그렇게 생각했을지 모른다. 스웨덴의 이 대기업 역시 바다를 구하는 대단한 사업에 뛰어들었다. "의식 있고 독점적인 컬렉션"이라는 이름으로 89개의 플라스틱 병으로 만든 야외복 한 벌과 면·캐시미어 그리고 바다에 떠다니는 쓰레기를 35퍼센트 혼합해 만든 양복 한 벌을 내놓은 것이다. 그런데 방글라데시에서 H&M을 위해 옷을 생산하는 공장 가립 & 가립(Garib & Garib)은 그렇게 의식 있고 독점적이지 않았다. 이 공장에서는 2010년 화재가 발생해 21명이 사망했다. 책임지고 개선하겠다는 약속에도 이 대기업 H&M에 제품을 납품하기 위해 160만 명이 일하는 1926개 공장은 나아진 것이 거의 없다. 그런데도 H&M은 환경 보호에 앞장서는 것처럼 광고함으로써 선도적 기업이라는 이미지를 연출한다. 그리고 이를 통해 10년 동안 총 100억 유로가량의 매출을 올렸다. 2013년 11월 방글라데시의 수도 다카(Dhaka) 인근에 있는 라나 플라자가 붕괴되고(1138명 사망) 6개월 후, H&M은 언론을 통한 효과를 노리고 "탄탄하고 공정한 생계 임금을 위한 로드맵"을 소개했다. 방글라데시와 캄보디아에 있는 주요 공급처에서 일하는 85만 명의 여직공이 생계를 유지할 수 있는 임금을 지불할 의무를 지겠다고 공표한 것이다. 마침 모든 사람이 섬유 산업에 관심을 갖게 된 시점에 로드맵을 발표했으니 시기적절했다. 이로써 방글라데시가 생산하는 섬유를 가장 많이 구매하는 H&M은 한숨을 돌릴 수 있었다. 운 좋게도 이 기업은 재난이 발생한 방글라데시의 공장들한테는 제품을 주문하지 않아도 되었다. 물론 H&M은 오늘날까지도 이 생계 임금이 어느 정도여야 하는지 결정하지 않고 있다.[3] 클린 클로즈 캠페인(Clean Clothes Campaign: 전 세계 섬유 및 의류 산업에 종사하는 노동자의 근론 조건 개선을 위해 일하는 비정부 단체―옮긴이)은 바로 그와 같은 점을 비판하고 있다. 국제노동기구(ILO)와 스웨덴 노동조합이 참가했던 캄보디아 파트너 프로젝트에서도 H&M은 계산 가능한 결과를 제시하지 못했다.[4] 클린 클로즈 캠페인은 2016년 캄보디아 공급업체들의 작업 조건을 대상으로 H&M이 매긴 '베스트 인 클래스(Best in Class)' 등급을 조사했다. 그 결과 H&M이 모범적으로 생산한다고 주장한 공장들 가운데 그 어떤 곳에도 자체적으로 마련한 지속성 지침서를 전달하지 않았다는 사실이 밝혀졌다. 또한 어떤 공장도 여직공이 생계를 이어갈 수 있는 임금을 지불하지 않았다.[5] 2017년 2월 네덜란드의 비정부 단체 SOMO는 군부가 통치하고 있는 미얀마의 노동 조건을 조사해 그 결과를 발표했다. 이곳에서 SOMO는 14세도 안 된 방직공 소녀가 H&M에 납품하는 공장에서 일하는 것을 발견했다. 심지어 국가에서 최저 임금으로 정해놓은 일당 2.48달러라는 형편없는 임금조차 지불하지 않는 경우가 많았다.[6]

또한 화재 예방을 위한 협의(방글라데시 합의)에서 결정한 사항도 H&M(합의에 서명한 200개 업체 중 하나)은 더디게 이행하고 있다. 클린 클로즈 캠페인은 방글라데시에 있는 H&M 공급업체 32곳을 조사했는데, 이들은 H&M과 이른바 골드(Gold) 파트너십 관계에 있었다. 이 대기업에서 특히 지속 가능성을 염두에 두고 사회적으로 평등하게 생산하는 공장을 선별했다는 얘기다. 하지만 클린 클로즈 캠페인은 이들 공급처의 건물에서 안전에 미흡한 점 518가지, 화재에 취약한 점 836가지, 전기 안전상의 문제 650가지를 발견했다. 그런데 H&M은 2014년 지속 가능성 보고서와 웹사이트에 건물 안전 및 화재 안전과 관련한 모든 조치를 기한 내에 모두 시행했다고 선전했다.

H&M은 이미 오래전부터 자사가 화재 예방을 위한 협의에 최초로 서

명한 기업이라고 으스댔다. 하지만 이는 결코 사실이 아니다. 최초로 서명한 회사는 2012년 치보(Tchibo: 독일의 세계적 유통 기업—옮긴이)였다. 심지어 H&M은 수년 동안 협의서에 서명하지 않으려 완강하게 버티다가,[7] 공공연한 압박을 받고 라나 플라자 건물이 무너지는 재난이 일어나자 마지못해 서명했다. 클린 클로즈 캠페인 같은 NGO들이 제시한 최후통첩 기간이 다 지나갈 무렵이었다.[8]

뭔가를 정말 자주 반복하면, 이것이 결국 진실로 받아들여진다. 예전부터 거짓말도 그런 식으로 단순하게 작동했다. 패션 산업이 바다를 구한다는 이야기도 녹색 거짓말에 불과하다. 무엇보다 바다에서 건져낸 플라스틱으로 만드는 운동화는 아디다스가 매년 생산하는 제품(3억 개 이상) 중에서 0.5퍼센트를 차지할 뿐이다. H&M의 경우에는 재활용으로 만든 제품의 수가 더욱 적다. 다른 한편으로, 모두가 알고 있듯 진실은 매우 간단하다. 다시 말해 옷과 플라스틱을 적게 생산하고, 적게 소비하고, 덜 버리면 바다를 쓰레기장으로 만드는 현상과 섬유 산업이 생태계와 사회적 불평등에 미치는 폐해를 멈출 수 있다. 아니, 적어도 아주 많이 줄일 수는 있다.

플라스틱 쓰레기와 패션 사이에는 단 한 가지 분명한 관계가 있다. 요컨대 패션은 순간적이지만 플라스틱 쓰레기는 그렇지 않다. 플라스틱은 500년 동안 사라지지 않는다. 따라서 컬렉션 사이사이에 출시하는 모든 신제품은 미래에 바다의 쓰레기가 된다.

패션 브랜드들은 새로운 트렌드를 점점 짧은 기간에 내놓곤 한다. 대부분 파리와 밀라노에서 본 디자이너들의 옷을 천박하게 복제한 것이다. 이런 옷은 값싸기 때문에 대량으로 팔리고, 또 대량으로 버려진다. 그것도 점점 빨리. H&M이나 자라(Zara) 같은 이른바 패스트 패션(Fast Fashion)은 오늘날 매년 12~24가지 다양한 컬렉션을 내놓는다. 이렇게 하려면 엄청나게 빨리 생산해야 하는데, 2주일마다 새로운 옷(블라우스, 외투, 바지, 티셔츠 등)이 그들의 상점에 걸린다. 즉 예전에는 옷을 하나 디자인해서 판매까지 하려면 2~3개월이 걸렸는데, 요즘은 대략 2주일이면 충분하다. 이는 공급처에 엄청난 압박으로 작용한다. 이런 압박은 특히 제일 밑바닥에서 바느질을 담당하는 여성 노동자들에게 전가된다. 그로 인해 여성 노동자들은 임금에 합산되지 않는 초과 근무를 해야 하는 등 학대를 당하고, 노동조합도 활동에 방해를 받는다. 패스트 패션에서는 노동자들이 생계를 이어갈 정도의 임금을 받거나, 안전한 공장에 투자하는 일도 거의 불가능하다. 옷 한 장(비싸든 싸든 상관없이)당 지불하는 임금은 1퍼센트인 데 반해, 가격의 절반은 패션 브랜드와 소매상이 차지하고 4분의 1은 광고비로 들어간다는 사실을 알면 불가능한 이유를 이해할 수 있을 것이다.

그린피스는 패스트 패션으로 인한 '소비 붕괴'라는 말을 사용한다.[9] 이는 세계 시민이 입을 수 있는 양보다 많은 옷이 유통되고 있다는 얘기다. 우리 독일 사람들만 하더라도 매년 평균 60종의 옷을 구입하고, 그렇게 구입한 옷을 15년 전과 비교하면 절반 정도 기간 동안만 입는다. 독일 가정집에 걸려 있는 52억 장의 옷 가운데 40퍼센트는 드물게 입거나 절대 입지 않는다. 독일 사람들은 매년 130만 톤의 옷을 버린다. 그중 4분의 3이 섬유를 활용하는 곳으로 보내져 대략 절반은 걸레 또는 담이나 벽에 넣는 온널 재료로 가공된다. 버려진 싸구려 옷들은 더 이상 유용하게 쓰이지 않는다.

430만 톤의 오래된 옷을 전 세계에서 거래하고 있다. 오래된 옷을 가장 많이 수출하는 국가는 미국, 독일, 영국, 일본, 네덜란드, 벨기에 그리고 중국과 프랑스다. 하지만 중고 시장은 옷장과 마찬가지로 가득 차 있다. 그 때문에 못사는 국가들은 옷 쓰레기를 수입하지 않으려 한다. 요컨대 아프리카와 아시아 그리고 남아메리카에 있는 42개국이 오래된 옷을 제한적으로 수입하거나 또는 완전히 금지하고 있다. 자국의 섬유 산업을 보호하기 위해서다.

우리가 이렇게 낭비할 수 있는 것은 패션업계가 바다를 구한다며 재활용하는 바로 그 재료, 곧 플라스틱을 사용하기 때문이다. 생산하는 모든 옷의 3분의 2가 폴리에스테르를 포함하고 있다. 이 인조 섬유는 값싸고 언제든 대량으로 사용할 수 있다. 매년 6000만 톤의 화학 섬유를 석유로부터 추출하는데, 그중 80퍼센트가 폴리에스테르다. 2000~2016년 섬유로 사용한 폴리에스테르가 전 세계적으로 157퍼센트 늘어났다. 양으로 치면 800만 톤에서 2100만 톤으로 증가한 수치다. 2000~2014년에만 섬유 생산이 거의 2배로 늘었고, 이와 동시에 패션 산업의 총매출도 1조 8000억 달러로 성장했다.

그린피스의 섬유 전문가 알렉산드라 페르샤우(Alexandra Perschau)는 "폴리에스테르를 투입함으로써 H&M 같은 패스트 패션 체인이 늘어났다"고 말한다. 이는 바다에 그야말로 재난이 아닐 수 없다. 세탁할 때마다 플라스틱 섬유로부터 아주 작은 입자가 떨어져나간다. 이런 마이크로 입자는 정수 설비에서도 전혀 걸러지지 않는다. 매년 153만 톤의 마이크로 플라스틱이 바다로 흘러든다. 국제자연보전연합(IUCN)이 계산한 바에 따르면, 마이크로 플라스틱 중 35퍼센트가 합성 옷감을 세척하고 나온 섬유라고 한다. 이와 같은 마이크로 플라스틱은 바다에서 건진 플라스틱으로 만든 옷에서 나온 것이고, 따라서 이런 마이크로 플라스틱은 점점 더 많은 플라스틱을 바다로 흘러들도록 만들 게 분명하다. 페트병을 재활용하려면 엄청나게 많은 에너지가 필요하다는 사실은 간과하더라도 말이다. 유럽과 미국에서 옷을 실어오는 아시아에서는 특히 심각하다.

마지막 희망으로서 녹색 자이로 기어루스

최상의 바다 청바지는 아직 생산되지 않았다. 이런 진부한 아이디어는 기업이 필요로 하는 스토리, 그러니까 떠들썩하게 세계를 구하고자 하는 스토리에 거의 쓸모가 없다. 낭비를 모토로 내걸고 있는 자본주의적 성장 주도 사회에서는 포기라는 게 없다. 즉 많이 버려야만 많이 구입하기 때문이다.

그러니 바다 패션이라는 콘셉트는 더도 덜도 아닌 그린워싱이다. 다시 말해, 그린 경제(green economy)라는 이데올로기와 관련한 대표적 사례인 셈이다. 그 배후에는 새로운 기술을 이용해 경제 성장과 자연 파괴를 서로 '분리시키려는' 생각이 숨어 있다. 그러면서 이와 같은 분리가 잘 작동하리라 믿는다. 마치 정확하게 손을 놀리면 기관차와 객차를 떼어낼 수 있듯 자본주의의 좋은 효과와 나쁜 효과를 분리할 수 있을 것처럼 말이다. 마치 누군가에게서 뭔가를 빼앗아 '분리'시키면 비록 빼앗겼어도 적게 가진 게 아니라는 듯. 이와 같은 눈속임을 통해 사람들은 본질적으로 착취와 자연 파괴를 마땅으로 하는 하나의 시스템을 지극히 징징이라고 설명한다. 기존 시스템에서 자라난 '혹'이라든지 '이상한 형태의 발전'을 그런 식으로 고칠 수 있을 거라고 말이다.

그동안 이와 같은 '생태와 경제의 화해'는 많은 OECD 국가의 정치적 프로그램이 되었다. 유엔환경계획(UNEP)은 2008년 이른바 〈그린 경제 보고서〉를 내놓았다. 2012년 '리우데자네이루 지속성 회의'에서는 마지막 희망으로서 녹색 성장을 다루었다. OECD는 2010년 '지속적 성장' 계획을 고안한 유럽연합처럼 이것을 널리 홍보하고 있다. 독일 정부 역시 "녹색 경제를 국제적 경쟁력을 가진, 환경과 사회 평등에 유익한 경제의 본보기"로 받아들이기로 했다.

이들에 따르면 낭비는 그 자체로 문제가 되지 않으며, 환경 파괴를 세계를 위한 선행으로 탈바꿈시킬 수 있는 마법의 기술이 부족한 탓이다. 녹색 자이로 기어루스(Gyro Georloose: 월트 디즈니의 캐릭터로, 닭의 모습을 한 발명가—옮긴이)가 그런 기술들을 개발하게 된다면 말이다.

독일 출신의 프로세스 기술자 미하엘 브라운가르트(Michael Braungart)와 미국인 건축가 윌리엄 맥도너(William McDonough)가 바로 그와 같은 녹색 마법사에 속한다. 그들은 '요람에서 무덤까지'가 아니라 '요람에서 요람으로'를 주장한다. 요컨대 모든 제품은 사용한 뒤 다시 완벽하게 재활용할 수 있다고, '지적인' 기술을 사용하면 생물학적인 순환으로 돌아갈 수 있다고 그들은 암시한다. 그러면서 인간을 더 이상 해로운 짓을 하는 해충이 아니라, 과도한 소비 행동을 통해 뭔가 의미 있고 이로운 행동을 하는 주체로 이해해야 한다고 말한다.

미하엘 브라운가르트는 언론에서 인터뷰하고 싶어 하는 인물인데, 서구의 중산층이 듣기 좋아하는 메시지를 전파하기 때문이다. 그는 경제 성장과 과도한 소비는 전혀 문제 되지 않을뿐더러 세계에 좋은 일을 하는 것이라고 주장한다. 포기하지도 말고, 제한하지도 말고, 죄책감도 던져버리라는 게 바로 브라운가르트의 생각이다. 그의 말은 환경보호론자들이 사용을 제한하며 포기하라고 외칠 때 느끼는 양심의 가책보다 훨씬 좋게 들린다. 하지만 성장은 항상 원자재 및 에너지 소비와 연관이 있으며, 사람들이 얼마나 '혁신적이고' 또는 '지적으로' 생산하든 그 사실엔 변함이 없다. 원자재 및 에너지 소비는 자연을 파괴하지 않고서는 이루어질 수 없다. 분리가 진정 가능하다면, 이것이야말로 진정한 의미에서 녹색의 기적일 것이다. 가령 에너지를 소비하지 않고 영원히 작동한다는 가상의 영구 기관(perpetuum mobile)처럼 말이다.

브라운가르트는 예를 들어 먹을 수 있는 비행기 좌석 커버를 개발했다. '요람에서 요람으로'라는 원칙에 따라 저가 패션 체인 C&A는 유기농 면으로 만들어 퇴비로 줄 수 있는 티셔츠를 시장에 내놓았다. 요컨대 티셔츠를 유기농 쓰레기로 사용해도 괜찮다는 것이다. 이로써 C&A는 "대량 시장도 지속 가능성을 가질 수 있다는 사실을 증명"하고자 한다. 따라서 "세계에서 가장 지속성을 지닌 티셔츠"는 사람들이 양심의 가책이 아니라 뿌듯한 마음으로 항상 새롭게 구매하고 내버릴 수 있는 옷인 것이다. 한 장에 고작 7유로만 주면 살 수 있다.

미생물학자 앙케 도마스케(Anke Domaske)도 탁월한 아이디어를 냈다. 그녀는 퇴비로 사용할 수 있는 옷을 고안해냈는데―놀라지 마시라―우유로 섬유를 만들었다. 우유는 사람들이 마시기에 적합하지 않은 것만 사용했다. 낙농업에서 배출된 쓰레기, 송아지를 나은 뒤 젖소에게서 나온 초유와 슈퍼마켓에서 유효 기간이 지난 우유 말이다. 독일의 경우 이런 우유가 매년 200만 톤에 달한다. 이 무슨 낭비란 말인가! 스타트업 회사

QMilch(영어의 'Quality'와 독일어에서 우유를 뜻하는 'Milch'의 합성어—옮긴이)를 창업한 이 여성은 대단한 찬사와 함께 여러 가지 상도 받았다.

물론 이렇듯 어마어마한 양의 '쓰레기 우유'는 너무 많은 우유를 생산하기 때문에 생겨난다. 유럽의 그 어떤 나라도 독일만큼 우유를 많이 생산하지 않는다. 이렇듯 엄청난 우유를 생산하기 위해 소를 체계적으로 가혹하게 다루고 착취한다. (송아지에게 정말 중요한 초유를 인간에게 주려고 송아지가 태어나면 어미와 떼어놓는다.) 낮은 우유 가격은 농부들의 빚으로 고스란히 떠넘겨져 이들을 망하게 만든다.[10] 그런가 하면 세계 다른 지역에서는 우유를 대량 생산하기 위해 열대 우림과 열대 지방의 초원인 사바나를 파괴하고 있다. 그리고 평야에 유전자를 변형한 대두를 심기 위해 원주민을 잔인하게 내쫓는다. 이렇게 재배한 대두를 소의 사료로 사용한다. 그리고 소들은 비좁은 우리에서 몇 년 동안 착취를 당하다 완전히 지치고 병든 채 도살장으로 끌려간다.

이처럼 길고도 긴 파괴의 고리 마지막에 비단처럼 아름다운 옷이 나오면, 이런 불행이 약간은 좋아지는 걸까? 사람들은 이렇게 재난을 미화할 뿐 아니라 합법화한다.

미하엘 브라운가르트가 개발한 식용 비행기 좌석 커버는 비약적인 기술이라는 보도 이면에 정작 중요한 사실을 은폐하고 있다. 점점 늘어나고 있는 항공 교통이 가장 큰 문제라는 사실이 그것이다. 그리고 사람들이 비행기 좌석 커버를 먹을 수 없다는 점을 감추는 게 아니라, 비행기를 타는 행동이야말로 인간이 움직이는 행동 가운데 기후를 가장 많이 훼손하고 자원을 가장 집중적으로 소비하는 것이라는 사실을 은폐한다. 특이하게도 이 좌석 커버는 장거리 비행기인 에어버스 A380의 일등석에서 볼 수 있다. 비행기를 가장 많이 타는 고객들이 — 모순이 아닐 수 없는데 — 하필이면 그린(green) 좌석을 선택하는 셈이다.[11]

녹색 낭비 문화

많은 사람이 자신은 "오래전부터 '녹색 성향'이고 '지속 가능'이나 '기후를 의식하는' 사람이라고 생각함에도, 지속적으로 자원 소비가 늘어나게끔 만드는 문화의 적극적 일부라는" 사실을 인식하지 못하는 이유는 특히 이처럼 말도 안 되는 발명품들 때문이기도 하다. 사회학자 하랄트 벨처(Harald Welzer)는 저서 《스스로 생각하기》에서 '녹색 낭비 문화'에 관해 언급하며 이렇게 주장한다. 실제로 교육을 가장 잘 받고, 소득도 많고, 환경 의식도 투철한 부류가 자원을 가장 많이 소비한다. 이렇듯 녹색 지향적인 쾌락주의자는 실용적이고 시장에 바탕을 두고 있으며, 기술로 세계를 구한다는 아이디어에 열광하는 사람들이기도 하다. 이들은 기꺼이 그와 같은 기술의 선두 주자가 되겠다는 망상에 빠져 있다. 또한 이들은 서구의 복지가 자원을 낭비하고 있음에도 '지속 가능하다'는 말을 듣는 것을 제일 좋아한다. 모든 문제는 그걸 해결할 기술이 있다고 믿는 동안에는, 창의적인 사람 또는 대기업이나 과학자가 어느 날 등장해 지구는 평평하지 않다는 인식을 해결하듯 현재의 문제를 해결하리라 믿는 동안에는 구조적으로 아무것도 변해서는 안 된다. 모든 것이 지금처럼 진행되어도 괜찮으며, 우리는 다만 불가능한 것을 가능하게 만드는 능력을 조금만 더 노력해서 갖추면 그만이라고 믿는다. '인류'가 스스로 불러일으킨 문제를 해결하기 위해 항상 좋은 아이디어를 고안해냈다는 것은 효과적이지만 녹색 자본주의가 들려주는 불가능한 이야기, 즉 동화에 불과하다.

그런데 여기서 순진한 질문을 던져보자. 도대체 '인류'란 누구를 말하는가? '인류'란 존재하지 않는다. 이 개념은 인류세(人類世) 이론으로부터 나왔다. 인류세는 인간이 지구의 생물 및 지리와 대기 환경에 가장 큰 영향을 미친 현재의 지질 시대를 말한다. 이 시기를 설명하기 위해 노벨상 수상자 파울 크뤼첸(Paul Crutzen: 네덜란드 출신의 화학자이자 기상학자—옮긴이)은 2000년 인류세라는 개념을 최초로 끌어들였다. 과학자들은 2016년 남아프리카공화국 케이프타운에서 열린 국제지질학회에서 '인류의 시대'라는 개념의 도입을 옹호했다. 산업화 이후부터 인간의 영향력을 전 세계에서 입증할 수 있고 부분적으로 그 영향력을 다시는 되돌릴 수 없게 되었다면서 말이다. 과학자들에 따르면 인류세 개념은 "행동할 동기를 부여하고, 기후 변화에 맞서 싸우기에 불충분한 노력에 박차를 가하고 자극을 주는 데 기여할 것"이라고 한다. 물론 이 개념은 원주민에게 불을 지르겠다며 위협하고 약탈하는 그 '인류'는 아닐 것이다. 자본주의의 핵심인 북반구에 사는 세계 인구의 소수, 남반구와 비교할 때 어마어마한 원자재와 에너지를 소비하는 사람들일 것이다. 세계 인구의 3분의 2가 산업 사회에서 살지 않는다. 엄청난 원자재와 에너지를 소비한 결과를 떠안는 사람도 '미래 세대' 혹은 '우리의 손주들'은 아니다. 지금 바로 현재 남반구에 사는 사람들이다. 가난, 굶주림, 토지 강탈, 기후 변화, 전쟁과 위기, 생물의 다양성을 잃고 있는 바로 그 사람들 말이다.

사회의 DNA로서 제국주의적 삶의 방식

대부분의 사람은 우리가 미래에도 지금처럼 살 수 없다는 사실을 정확하게 알고 있거나 최소한 예감하고 있다. 그런데도 왜 그토록 많은 사람이 시급한 문제를 끌어안고 있어도 된다고 믿는 것일까? 환경을 위한다는 괴짜나 기업들이 모두를 구해줄 테니까? 이런 믿음은 순진하기만 한 것일까? 무엇을 해야 할지 모르는 무력한 느낌일 뿐인가? 아니면 자본에 의해 움직이는 북반구 사회는 세계의 불행을 인정하고 다만 자기 소유물만 잘 지키겠다는, 이른바 냉소주의인가?

빈 대학에서 국제정치를 가르치는 울리히 브란트(Ulrich Brand) 교수와 베를린 대학의 경제학과 및 법학과에서 사회학을 가르치는 마르쿠스 비센(Markus Wissen) 교수는 그들의 저서 《제국주의적 삶의 방식》12에서 이 질문에 대해 답한다. 요컨대 잘사는 국가에서의 일상은 이미 식민주의 이래로, 다른 나라에 있는 값싼 원자재와 노동력을 체계적이고 과도하게 이용한 덕분이라는 것이다. 우리가 정상이라고 간주하는 만큼의 삶의 수준을 달성하기 위해서 말이다. 물론 이런 수준에 이르는 데 필요한 생태적이고 사회적인 비용은 다른 곳에 떠넘겨버린다. 우리가 어떻게 생산하고 소비하느냐는, 요컨대 우리의 식민주의적 삶의 방식은 일반적인 의식, 일상적인 행동 방식 그리고 인간에게 각인되어 있는 생각에 깊이 뿌리박고 있다고 그들은 설명한다. 이로써 모든 게 이성적이고, 정상적이고, '자연적인' 맥락으로 보인다. 여기서 정상이란 상황이 더 이상 감지되지 않거나 심지어 합법적으로 보이는 것을 의미한다. 특히 다음과 같이 행동할 때 말이다. 즉 고기를 많이 먹고, 자동차를 여러 대 운전하고, 비행기를 자주 타고, 늘 새로운 옷을 구매하고, 계속해서 성능이 좋아지는 스마트폰과 컴퓨터를 사고, 언제든 제일 싸게 모든 것을 구입하는 행동이 그것이다. 이것이 바로 우리 사회의 DNA다. 생태적 비용과 사회적 비용이 보이지 않는 까닭이기도 하다. "우리는 그렇게 할 수 있으므로 비용을 외부에 전가한다. 즉 사회 구조가 그렇게 할 수 있게 만들기 때문이고, 우리를 둘러싼 채 일어나는 일반적 관행이 그렇게 하도록 인정하기 때문이다." 슈테판 레세니히는 저서 《우리 옆에 노아의 홍수》에서 이렇게 쓴다.

따라서 제국주의적 생활 방식은 '좋은' 삶이자 '올바른' 삶처럼 보인다. 나아가 그런 삶의 방식을 폭넓게 수용하고, 사람들은 이를 추구한다. 남반구 나라들도 '우리처럼' 되길 원치 않는가? 그중 몇몇 국가는 우리를 따라오고 있지 않은가?

이것이 바로 다른 사람들을 발전시켜야 한다는 주장이다. 자본주의 시스템을 윤리적으로 안정시키고 동시에 사회에 부담을 덜어주자고 읊어대는 신화다. 그러나 "제국주의적 생활 방식은 외향성에 바탕을 두고 있으며, 자신의 비용을 외부에 있는 다른 사람들에게 전가하는 동안에만 그와 같은 생활 방식을 유지할 수 있다". 브란트와 비센 교수의 말이다. 제국주의적 생활 방식은 자본주의의 결과일 뿐 아니라 전제 조건이기도 하다. 제국주의적 생활 방식은 헤게모니를 쥐려는, 이른바 주도권을 지향한다. '헤게모니'란 한 국가, 연방, 제도 또는 시스템 안에서 타인에 대해 정치적·경제적 혹은 문화적 지배권을 행사하고자 하는 것이다. 다른 사람들에게 폭력이나 협박을 가해서 어떤 것을 할 계기를 마련해주는 대신 그들의 이익에 도움이 될 것이라고 설득하는 것이다. 따라서 헤게모니란 강압이 아니라, 협의를 통해 존속한다고 주장한다. 이렇듯 제국주의적 삶의 방식은 "지배적 위치에 있는 자들의 이익과 대다수 시민 사이에서 사회를 안정시킬 것이라는 합의를 기반으로 한다"고 브란트와 비센 교수는 말한다.

연대감 대신 소비

이와 같은 합의가 이루어진 것은 시스템 안에서 이미 확립되어 있는 행동 패턴으로 뭔가를 바꿀 수 있다는 사람들의 생각에서 나왔다. 즉 계속해서 소비를, 그것도 '윤리적으로' 생산한 제품을 소비하라는 것이다. 시민이 더 이상 저항과 반대 시위를 통해 정치적으로 바꾸지 못하고, 소비자가 투표권을 통해 제품을 선택하는 이른바 소비자민주주의는 절망적인 상황과 자체 책임이라는 신자유주의적 이데올로기에 딱 들어맞는다. 모두가 자신의 운명을 개척해야만 하는 사회에서 한 개인은 적응과 최적화를 통해 다른 개인들과 시장에서 경쟁을 펼쳐야 하는 제품이 된다. 신자유주의는 우리에게 자유를 약속하지만, 이는 쇼핑할 때 개인적으로 선택할 수 있는 자유를 의미할 따름이다. 그것도 세계를 구한다는 목표를 위해서 말이다. '윤리적 소비'에서 언급하는 녹색의 TINA(There Is No Alternative: 영국의 마거릿 대처 총리가 집권 초기에 자신의 경제 정책과 사회 정책을 합리화할 목적으로 반복해서 사용한 용어—옮긴이) 원칙은 사회 운동으로 이끌어주는 것도 아니고, 그렇다고 적극적 항의를 벌이지도 못하게 한다. 우선 환경 친화적으로 생산했다고 주장하는 다양한 대량 제품 중 하나를 선택하는 개인의 행동으로부터 결코 집단적 행동이 나오지도 않고, 잘해봐야 양심에 따른 개별적 결정일 뿐이기 때문이다. 두 번째로 '착한' 소비자가 '나쁜' 소비자에게 자신의 행농이 옳다고 수장하는 윤리적 성쟁에서, 개인이 이웃과 반대되는 것을 선택하면 연대감이 사라져버리는 까닭이다.

"나의 바다를 위해 너는 무엇을 하고 있어?" 이는 G스타의 컬렉션 '바다를 위한 원자재'에서 생산한 바다 티셔츠에 새겨진 문구다. 이 문구가 전달하고자 하는 메시지는 이러하다. 즉 너는 파괴자이고, 나는 구원자다! 바다 패션의 아름다운 스토리는 그걸 입은 사람들을 고상하게 만들어준다. 요컨대 선택할 수 있는 여러 제품 가운데 진짜를 구분하고 자신을 고상하게 만들 줄 아는, 이른바 작은 차이를 아는 사람이라는 의미로 이용된다. 하지만 이는 결국 면죄부를 판매하는 것이다. 다시 말해 구매자는 티셔츠를 입을 때마다 스스로 바다를 위해 행동하는 사람인 것처럼 연출하는 반면, 티셔츠 한 장을 구입함으로써 바다를 오염시켜도 되는 권리를 구매한 셈이다. 이런 식으로 구매자는 '혁명의 주주'가 되는 것이다. 이 개념은 프리드리히 폰 보리스(Friedrich von Borries)의 소설 《RLF》에서 나왔다. RLF는 테오도르 아도르노(Theodor W. Adorno)의 《미니마 모랄리아(Minima Moralia)》에 나오는 "거짓 삶에는 참된 삶이 없다(Es gibt kein richtiges Leven im falschen)"는 말을 축약한 것이다. 보리스는 소설에서, 자본주의를 자신의 무기로 무너뜨리고자 하는 광고업자, 트렌드 발굴자, 예술가와 행동주의자에 대해 이야기한다. 여기서 무기란 바로 눈부신 미모와 광고다. 그들은 까다로운 소비자가 마음에 들어 하는 예술품을 팔아 돈을 모은 다음, 거짓 삶에서 참된 삶을 살 수 있는 섬을 구축하고자 한다. 소설에서 소비의 혁명가라 할 수 있는, 이른바 'RLF 제품'은 구매자를 '혁명의 주주'로 만든다.

그러나 거짓 세계 경제 체계에서 올바른 구매란 존재하지 않는다. 왜냐하면 자본주의는 자체의 무기로 때려눕힐 수 없기 때문이다. 자본주의는 모든 것을 편입시킨다. 심지어 저항과 비판도 마찬가지다. 이런 것들을 소비 가능한 제품으로 만들어버리고, 이로써 자신은 더욱 강해진다. '혁명의 주주'는 오로지 하나의 제품만 선택할 수 있는데, 이것은 다른 사람이 고안해내고 완성해 제공한다. 이는 자주적이 아니라 수동적인 행동이다. 아니, 행동도 아니다. 단지 하나의 반응일 뿐이다. 재수 없을 정도로 외로운 문제인 것이다.

"이는 녹색 소비 운동이 지닌 가장 사악하고 피해를 많이 주는 부분입니다. 즉 사람은 단지 혼자일 뿐이라는 생각을 강화하는 거죠." 라즈 파텔(Raj Patel: 영국의 진보적 생태주의자―옮긴이)의 말이다. 영화를 위해 베르너 부테와 나는 소비를 비판하는 책의 저자이자 텍사스 대학의 연구 교수이고, 반(反)글로벌화 운동의 창립 멤버이기도 한 라즈 파텔을 텍사스주 오스틴에서 만났다. "많은 사람이 오늘날 이렇게 말하죠. 나는 다만 혼자일 뿐인데, 도대체 무엇을 할 수 있지? 이 말은 그가 영향을 미칠 수 있는 자신의 힘을 의식하지 못하고 있다는 뜻입니다. 자신이 혼자가 아니라는 사실을 보지 못한다는 뜻이죠."

특히 슈퍼마켓에서 옳은 선택을 위해 끊임없이 스마트폰을 들여다볼 때 그렇다. 바로 이런 목적으로 앱(App)이 있고, 사람들은 이 앱을 통해 제품들을 스캔할 수 있다. 액정 화면에는 가격 비교, 제품과 생산자에 관한 건강 관련 정보, 윤리 및 생태와 관련한 정보도 나온다. 이런 앱은 지속 가능성 인증을 평가하고, 로컬 상품인지를 보여주고, 식품 첨가물을 설명하고, 어떤 생선을 과도하게 어획했는지 알려주고, 생태학적으로 만든 옷을 사려면 어디로 가야 하는지 말해준다. 이렇게 자신의 생태 발자국(ecological footprint)을 계산할 수 있고, 자신의 라이프스타일을 유지하려면 얼마나 많은 노예를 착취해야 하는지 볼 수 있다. 소비자는 제품이 자신의 윤리 의식 그리고 자신이 생각하는 적정 가격과 어느 정도 일치하는 지를 보고 구매를 결정할 수 있다. 심지어 에코챌린지(EcoChallenge)라는 앱도 있다. 이 앱을 통해 사람들은 일상에서 지속 가능하게 행동함으로써 점수를 모으고, 전 세계에 있는 다른 에코 도전자들과 함께 이를 측정할 수도 있다. 생태 발자국을 가장 적게 남기는 사람들이 이런 게임에 참여할 수 없다는 게 참 바보 같기는 하다. 이런 부류의 사람들은 기술적인 고가품을 구입하거나 사용할 능력이 없기 때문이다. 이런 사람들은 심지어 먹을 것조차 충분하지 않다. 예를 들어 남반구에 사는 이들은 쥐꼬리만 한 임금을 받고 노예처럼 원자재를 캐내는 일을 한다. 그리고 이 원자재는 스마트폰을 조립하는 데 사용된다. 하나의 스마트폰에 들어가는 원자재는 60종에 달하는데, 이것들을 100곳의 광산에서 캐낸다. 그중엔 갈등을 유발하는 광물인 금, 탄탈(tantal), 텅스텐, 주석이 있다. 아프가니스탄에서는 이런 광물 때문에 무장을 한 채 서로 대립하고 있다. 콩고민주공화국, 콜롬비아, 미얀마와 잠바브웨에서는 광산이 정부의 재정을 맡고 있다. 유엔인권고등판무관(United Nations High Commissioner for Human Rights, UNHCHR)에 따르면, 전 세계 인권 침해의 3분의 1 정도가 광산에서 일어난다고 한다. 광고와 선전을 통해 녹색 소비를 하라고 미친 듯이 강요하는, 이른바 녹색 소비 테러 중에서도 가장 광적인 형태가 바로 스마트폰이다. 그런데 정작 이런 소비 테러는 비판받지 않으며 오히려 성공을 축하하고 있다. 윤리적 자본주의라는 따뜻한 외투 속에 숨어서 제기하는 반박과 이의는 마음 내키는 대로 해결해버리고, 갈등과 대립이 생기더라도 조화를 이루어야 한다는 양심의 가책으로 인해 와해된다.

비참함이 상품으로

어마어마한 대재난으로부터 약간 창의력을 발휘해서 뭔가 긍정적인 것을 이끌어낼 수 있다. 가령 난민들이 타고 지중해를 건너오다 해안에서 좌초된 고무보트를 들 수 있다. 베를린의 스타트업 회사 미뮈크리(Mimycri)는 난민들과 함께 이 고무보트로 디자이너 가방을 만들었다. (이 가방은 100유로에 팔 예정이다.) 이런 소식은 정치행동주의자 그룹인 예스멘(Yes Men: '풍자적 사기'로 권리 회복을 추구하는 퍼포먼스 그룹—옮긴이)이나 대기업, 연구소, 또는 정치와 사회를 냉소적으로 폭로하는 곳에서 발표하는 말처럼 들린다. 하지만 미뮈크리를 설립한 유엔 직원 베라 귄터(Vera Günther)와 기업 컨설턴트 노라 아차오위(Nora Azzaoui)는 자신들의 일을 진지하게 생각하고 있다. 이 두 여성을 수익을 올리기 위해서라면 어떤 수단이든 괜찮다고 생각하는 교활한 사업가라고 비난할 수는 없다. 왜냐하면 이들은 스타트업 사업으로 (아직까지는) 돈을 하나도 벌지 못했으니 말이다. 두 사람은 그리스의 키오스(Chios)섬에서 활약하고 있는데, 그곳에 고무보트를 타고 도착하는 난민들에게 옷을 주는가 하면 함께 해변도 청소한다. 그들은 세탁기를 마련해 여기저기 흩어져 있는 옷들을 빤다. 이렇게 함으로써 싸구려 옷을 구입할 필요도 없고, 또한 이 싸구려 옷을 만들기 위해 다른 장소에서 노예 노동을 할 필요도 없게 말이다. 그러고 나자 고무보트만 남았다. "우리는 해변에서 계속 생각했습니다. 이렇듯 거친 재료로 무엇을 할 수 있는지, 이런 고무를 내버리는 게 얼마나 안타까운 일인지 말이죠." 베라 귄터는 이렇게 말했다. 마침내 고무보트로 가방을 만들자는 아이디어가 나왔다. 이는 바나에서 선신 플라스틱으로 정바지를 만드는 것의 정치적 버전처럼 들린다. 즉 사람들은 "스토리를 가진 일상용품을 만들고자 한다. 당신이 어떤 재료를 갖고 있다면, 그것으로 무엇을 하겠는가? 그리고 그것은 무슨 의미인가?"

"새로운 스토리를 쓸 시간이다." 이것은 베를린에 있는 스타트업 회사 미뮈크리가 내건 슬로건이다. 하지만 2000~2014년에는 적어도 2만 3000가지[13] 스토리가 있었다. 이와는 다른 것이자 새로운 스토리란 어떤 것일까? 지중해에서 익사하는 난민은 여전히 존재한다. 2016년 한 해만 하더라도 5000명이 넘는다. 유럽이 자국의 복지를 지키기 위해 난민들에게 빗장을 잠가두고 있기 때문일까? 유럽연합은 합법적이고 더욱 확실한 탈출로를 만들어주는 게 아니라, 난민들이 들어오지 못하는 바리케이드를 설치할 뿐이다. 이는 독재자와 전범자들이 결탁하기 때문일까? 북반구 사람들은 남반구 사람들의 비용으로 잘살고 있으면서도, 그들의 비참한 불행을 멀리하고 싶기 때문일까?

"물론 우리는 지중해에서 일어나고 있는 일에 찬성하지 않아요. 하지만 우리는 창의적인 해결책을 발견하고자 하며, 이로부터 뭔가 좋은 것을 만들어낼 수 있길 원합니다."[14] 베라 귄터의 말이다.

이런 경우는 디자인 제품으로 난민을 통합시키고자 하는 프로젝트와 업사이클링 프로젝트를 동시에 진행하게 된다. 일석삼조인 셈이다. 즉 해변은 깨끗해지고, 난민은 가방으로 생계를 유지하고, 소비자는 직접 개입하지 않고서도 제품을 구매함으로써 난민을 돕는다고 느낄 수 있는 특별한 제품을 구입하는 것이다. 그야말로 오싹한 실용주의가 아닐 수 없다. 왜냐하면 원하든 원치 않든 멋진 디자이너 가방이 생긴다면—특히 난민이 직접 바느질한 것이라면—비참한 불행도 견딜 만하기 때문이다. 비참한 불행이 제품이 되는 것이다. 귄터는 이렇게 말한다. "우리는 우리가 할 수 있는 일을 합니다—그리고 다른 방식으로 정치적 의견을 표현하고자 합니다. 상대에게 잘못했다며 손가락질을 하지 않고서 말입니다. 이로써 우리는 우리 자신이 느끼는, 아무것도 할 수 없다는 허약한 마음과 싸우려 합니다." 기업 컨설턴트 노라 아차오위는 "기업 컨설팅 분야에서 얻은 지식과 속임수를 사회적인 주제에 자주" 적용할 수 있길 원한다. 이 때문에 이 스타트업 회사는 신자유주의적 성향인 헤르티 재단(Hertie Stiftung: 뇌 연구와 민주주의를 강화하는 데 주력하는 재단—옮긴이)으로부터 통합상(統合賞)을 받기도 했다.

녹색으로 소비하면 기분이 좋아지는 쾌감은 반(反)계몽주의적일 뿐 아니라, 비정치적이거나 반정치적이라고 할 수 있다. 왜냐하면 그런 쾌감은 우리가 어떻게 지구에서 옳고 정당하게 함께 살 수 있느냐와 같은 중요한 사회적 질문을 순전히 경제적이고 기술적인 문제로 바꿔버리기 때문이다. 그리하여 세계를 구하고자 하는 노력이 창의적 아이디어 경쟁으로 부패해버리는데, 이러한 경쟁은 많은 아름다운 스토리를 만들어내 결국은 모든 게 좋아진다는 인상을 불러일으킨다.

그들을 어디에서 만날 수 있을까

베르너 부테와 나는 원래 우리 영화 〈더 그린 라이〉를 위해 바다 플라스틱으로 만든 옷을 철저하게 분석하려 했다. 플라스틱은 또한 베르너 부테에게 중요한 주제이기도 했다. 그의 할아버지가 1960년대에 인터플라스틱 도이칠란트(Interplastik Deutschland)의 사장이었기 때문만은 아니다. 상을 받은 다큐멘터리 영화 〈플라스틱 행성〉(2009)을 위해 10년 동안 철저하게 작업을 했기 때문이다. 그는 전 세계의 전문가들과 얘기를 나누고, 활동가들과 함께 플라스틱 해변을 청소하고, 바다에서 물고기를 건져 올렸다. 700편의 연구 논문을 파헤치고, 자신의 혈액에서 비스페놀 A를 확인했으며, 가족과 함께 자신의 집에 있는 플라스틱을 치웠다. 영화를 위해 우리는 바다 패션을 만드는 주인공들과 만나 플라스틱 실을 어떻게 생산하는지 혹은 쓰레기를 바다에서 어떻게 건져 올리는지 알고 싶었다. 이런 것은 그리 어렵지 않을 거라고 생각했다. 〈플라스틱 행성〉이 그사이 유명해졌고, 바다 패션을 만든다는 사람들도 언론을 떠들썩하게 한 주인공이니까 말이다.

하지만 그 누구도 우리와 만나려 하지 않았다. 우리는 몇 달 동안 접촉을 시도해보았다. G스타의 퍼렐 윌리엄스를 비롯한 경영진, 플라스틱 실을 생산하는 회사 바이오닉 얀과 리턴 텍스타일스(Return Textiles), 해양 환경 단체 팔리 포 더 오션스, 시 셰퍼드(Sea Shepherd: 해양 생물 보호를 위해 과격하게 활동하는 환경 보호 단체—옮긴이) 등등. 이 분야 종사자 20여 명에게 우리는 이메일, 전화, 페이스북과 다양한 홈페이지에 소개된 연락처로 계속 접촉을 시도했다. 그런데 대부분의 사람들로부터 대답을 듣지 못했다. 특이한 일이었다. 우리는 미국에서 촬영하는 동안 최소한 뉴욕에 있는 회사 리턴 텍스타일스만큼은 방문해보기로 결정했다. 그 회사의 주소는 오랫동안 노력한 끝에 찾을 수 있었다.

우리는 피어몬트(Piermont)라는 곳으로 향했다. 그곳은 허드슨강 서부의 맨해튼에서 30킬로미터 떨어진 한가로운 작은 마을이었다. 물론 이 마을은 우리가 예상한 것처럼 산업 지역이 아니고, 빌라 형태의 나무집을 곳곳에서 볼 수 있는 언덕 위에 자리 잡고 있었다. 베르너가 주소에 나온 집의 초인종을 누르자 팀 쿰스(Tim Coombs)가 문을 열었다. 그는 리턴 텍스타일스와 바이오닉 얀을 공동 설립한 인물이다. 우리는 여러 번 이 회사들과 연락을 시도했지만 단 한 번도 답을 받지 못한 터였다. 쿰스는 또다시 우리와 얘기를 하고 싶지 않다고 했다. 그러곤 우리에게 이메일을 보내라고 부탁했다. 이미 백번은 더 보냈는데 말이다. 우리가 집으로 돌아왔을 때에야 비로소 그는 후일을 기약해달라는 답장을 보냈다. 기자들과 얘기를 나눌 필요는 없다고 거절하면서 말이다. 이미 바이오닉 얀과 바다청바지에 관한 영상이 있으므로 우리와 접촉하고 싶지 않다는 얘기였다. 그가 말한 필름이란 바로 광고였을 것이다. 이런 방식으로 그 회사는 스스로를 통제하고 있었다. 이런 행동을 과도한 선전, 다시 말해 프로파간다(propaganda)라고 부른다. 과도한 선전이 존재하는 이유는 사람들을 자신이 원하는 방향으로 통제하고 비판을 방해하기 위함이다.

"사람들은 제안한 내용이 좋을 수도 있다는 점을 인식해야 합니다. 예를 들어 플라스틱 봉지를 포기하는 것은 좋지요. 바다가 온통 플라스틱으로 가득 차 있으니까요." 놈 촘스키는 이렇게 말했다. "하지만 막강한 조직이나 단체가 어떤 제안을 하면서 그것이 얼마나 좋은 생각으로부터 나온 것인지 설명하면, 당신은 그걸 거절해야 합니다. 제안은 인정하되 프로파간다는 받아들여선 안 됩니다." 언어학 교수로 일하다가 퇴임한 촘스키는 수십 년 전부터 집중적으로 프로파간다를 다루고 있다. 미국 정치와 대기업의 권력을 비판하는 사람들 가운데 가장 저명한 인물인 그를 우리는 케임브리지에 있는 MIT에서 만났다. 바다를 구하겠다는 다른 고상한 사람들과 달리, 우리가 이메일을 보내자 몇 시간 만에 인터뷰에 응하겠냐는 답을 보내주었기 때문이다.

삼류 극장
어떻게 산업계와 NGO가 종려유를 위한 산림 파괴를 환경 보호라고 미화하는가

"문화와 산업의 발전은 오래전부터 산림을 파괴하는 일을 하고 있는 바, 그것들이 산림의 보존과 생산을 위해서 해왔던 모든 일과는 정반대로 나아가고 있다. 그야말로 엄청나게 낭비하는 수준으로 말이다."
-카를 마르크스, 《자본론》 2권

검었다. 모든 게 숯처럼 검정색이었다. 사방을 둘러봐도 마찬가지였다. 먼 곳으로 시선을 옮기면 새까맣게 타버린 땅에서 나무들이 하늘로 솟은 모습이 보이기는 했다. 이들 나무 사이로 짙은 안개보다 엷은 연무가 걸려 있었다. 이런 장면은 너무 비현실적이어서 마치 누군가가 목탄으로 회색의 지평선에 어두운 선을 그어놓은 것처럼 보였다. 짓누르는 듯한 침묵. 그야말로 완벽에 가까운 고요가 우리를 둘러싸고 있었다. 걸음을 옮길 때마다 바스락거리는 소리가 들렸다. 숯이 된 나무토막, 뿌리와 가지가 신발에 닿아 먼지와 가루로 부서지는 소리였다. 우리는 수마트라섬의 잠비(Jambi)에 있었다. 우리가 촬영 작업을 하기 바로 전 이곳은 완전히 불타버렸다. 2015년 가을 인도네시아에는 이 나라 역사상 가장 끔찍한 산불이 일어났다. 불길은 그리스 크레타섬의 2배나 되는 땅과 숲을 몽땅 삼

컸다. 갓난아이, 아동 그리고 노인을 포함해 20명이 질식사했다. 이는 공식적으로 보고된 수치다. 하버드 대학과 컬럼비아 대학의 연구팀은 불길에서 나온 연기로 인해 인도네시아, 말레이시아, 싱가포르 국민 가운데 수십만 명이 죽었을 것이라 믿는다. 인도네시아에서만 9만 명이 사망한 것으로 추정한다.[1] 약 50만 명이 연기를 마셔 병원에서 치료를 받아야 했다. 새들이 하늘에서 떨어져 죽었고, 오랑우탄은 최소 수천 마리가 죽어 멸종 위기에 처했다. 그 밖에 셀 수 없이 많은 동물이 불길과 연기로 인해 죽었다. 국립공원 10퍼센트가 불탔다. 그곳에 있는 특이한 종들―둥근귀코끼리(*Loxdodonta cyclotis*), 코뿔소, 호랑이―의 서식지도 사라졌다.

화재는 몇 달 동안 맹위를 떨쳤다. 특히 보르네오와 수마트라에서 그랬다. 수만 명의 소방관, 군인 그리고 경찰을 동원했으나 불길을 잡을 수 없었다. 헬리콥터와 비행기를 투입했지만 소용없었다. 연기가 너무 짙어서 발화점을 발견할 수 없었다. 완전히 탄화하지 못한 석탄의 일종인 이탄(泥炭)을 함유한 땅에 불이 붙어 불길이 엄청난 면적의 땅 밑으로 번져나갔다. 여기에 더해 엘니뇨 현상이 그해따라 극심했다. 2~7년마다 남아메리카 서부 해안에 있는 바다의 온도가 높아진다. 이로 인해 캘리포니아, 남아메리카와 미국 남부에 허리케인과 노아의 홍수 같은 엄청난 비가 내린다. 엘니뇨는 또한 오스트레일리아, 남아시아, 남동아시아에 가뭄과 폭염을 몰고 온다. 이와 같은 '슈퍼엘니뇨'가 인도네시아에 재난을 일으켜 오랫동안 가뭄이 이어졌다. 11월 초 마침내 빗방울이 떨어지자 불길은 점차 잡히기 시작했다.

우리가 있는 망가진 이 세계는 베를린에 있는 호수 반제(Wannsee)의 3배가량 된다. 얼마 전까지만 해도 이탄 습지 우림이 있던 자리다. 페리 이라완(Feri Irawan)이 우리를 이곳으로 안내했는데, 그는 잠비주의 주도(州都) 잠비에서 소규모 NGO 녹색 운동을 이끌고 있는 인물이다. 무연탄색을 띤, 묵시록에나 나올 법한 곳으로 가는 길은 험난하기만 했다. 우리가 탄지프들은 계속 잿더미에 바퀴가 박혀 번갈아가며 다른 차를 끌어내야만 했다. 공기는 뜨겁고 건조했다. 바람에 재가 묻어왔다. 재가 닿자 피부가 가렵고 눈이 따끔거렸다. 잠비에서만 6만 명이 병에 걸렸다고 한다. "우리는 종려유를 삼킨 세상이 잠비에 사는 사람들과 자연을 포기했다는 느낌이 들었어요." 이 지역에서 비정부 단체를 이끌고 있는 페리가 말했다.

두둑한 노획물

종려유는 매년 6000만 톤이 소비되는, 세계에서 가장 많이 사용하는 식물성 기름이다. 값이 가장 싸기 때문이다. 슈퍼마켓에서 판매하는 제품 두 가지 중 하나에는 반드시 이 기름이 포함되어 있다. 인스턴트 수프와 냉동 피자, 아이스크림과 초콜릿 그리고 마가린, 차를 마실 때 사용하는 작은 초, 화장품과 세제 등등. 유럽연합은 식물성 연료로 사용하기 위해 종려유를 수입한다. 종려유 소비는 지난 20여 년 동안 2배 넘게 늘어났다. 인도네시아는 세계에서 종려유를 가장 많이 생산하는 나라다. 세계 생산량의 절반을 차지할 정도다.

다른 한편, 인도네시아의 우림은 세계에서 가장 중요한 숲 가운데 하나다. 이 우림에는 지구상 모든 종류의 식물과 포유류 그리고 소류 15퍼센트가 살고 있다. 하지만 1990년부터 인도네시아는 채벌과 산불로 인해 독일 면적에 해당하는 31만 제곱킬로미터나 되는 땅을 잃었다. 그리고 그 중 절반가량의 땅에 종려나무를 심었다. 1990년만 해도 인도네시아 땅의 3분의 2가 숲으로 덮여 있었는데, 2015년에는 그 면적이 절반으로 줄었다. 그중 50퍼센트가 사람의 발길이 닿지 않은 원시림이다. 한때 95퍼센트나 차지했던 보르네오의 숲도 이제 절반으로 줄었다. 수마트라에서도 제지 산업, 펄프 산업, 종려유 산업이 숲의 4분의 3을 파괴했다. 페리의 고향 잠비에서는 우림의 절반이 사라졌다. 이곳에서는 카나리아제도의 가장 큰 섬인 테네리프(Teneriffe)보다 2배나 넓은 면적에서 종려나무를 재배하고 있다.[2]

우리는 자카르타에서 잠비로 향하는 비행기 안에서 밖을 내다봤다. 밑에는 끝도 없이 동일한 형태의 녹색이 펼쳐지고 있었다. 바로 종려나무를 심은 농장들이었다. 가로와 세로로 모래를 깔아놓은 활주로가 농장 중간 중간에 보였다.

우리가 잿더미로 변한 이곳에서 느낀 상실감, 비애감, 공허감은 정말 무자비할 정도로 끔찍했다. 이런 대학살은 바로 값싼 원자재와 상관이 있었다. 전 세계가 탐욕스럽게 원하는 재료가 그것이다. 완전히 타버린 숲은 종려유 회사 PT RKK(Ricky Kurniawan Kertapersada)의 사업 구역에 있었다. 가는 길에 우리는 회사 이름이 적혀 있는 간판을 지나갔는데, 거기서 멀지 않은 곳 바닥에 종려나무 묘목이 놓여 있었다. 이곳에서 벤진(benzine: 석유를 증류하고 정제해 얻는 공업 휘발유—옮긴이)이 들어 있는 깡통을 발견한 페리는 PT RKK를 방화 혐의로 고소했다. 수사에 나선 경찰은 회사 관리자 한 명을 체포했다. "당신들이 이곳에서 보는 것은 단 하나의 기업이 만든 작품에 불과합니다." 페리가 무미건조하게 말했다. 잿더미로 변한 들판 한 곳을 보는 것만으로도 이미 참을 수 없는 지경이었다. 얼마나 어마어 마하게 파괴되었는지 상상할 수조차 없었다.

사업 구역을 불법적으로 확장하기 위해 숲을 불태우는 것은 간단하고 도 값싼 일이다. 하지만 누가 불을 질렀는지 증명하는 것은 불가능하지는 않더라도 대체로 매우 힘들다. 2015년 초의 위성사진은 13만 건(!!!)의 발 화점을 보여준다. 그중 매우 심각한 산불에 해당하는 3만 1825건은 개간 을 위한 화재라고 볼 수 있다. 세계산림감시(Global Forest Watch)는 화재가 발생한 후 위성사진과 지도를 평가했다. 그 결과 화재가 일어난 면적의 41퍼센트는 바로 제지 산업과 펄프 산업의 사업 구역이었다. 그리고 54퍼 센트는 종려유 산업이 사업하는 구역이었다.[3] 불이 번지는 동안, 경찰은 20여 개 회사에서 120명 이상을 조사했다. 정부 보고서에 의하면 100개 기업이 화재와 관련이 있는 것으로 알려졌다. 하지만 이들 기업의 이름은 정확하게 밝혀지지 않았다. 정부가 기업의 이름을 머리글자만 공개했기 때문이다.

인도네시아의 NGO 왈히(Walhi) 역시 위성사진과 사업 지도를 평가했 다. 그 결과 시나르 마스(Sinar Mas) 소속 19개 농장에서 불이 난 것을 확 인했고, 월마 그룹(Wilmar Group) 소속 27개 농장에서도 화재를 발견했 다.[4] 월마 인터내셔널은 세계에서 가장 큰 종려유 대기업이다. 인도네시 아에 있는 대부분의 농장은 바로 이 대기업 소속이다. 전 세계에서 거래 하는 종려유의 절반가량을 차지한다. 본사는 싱가포르에 있고 소비재를 판매하는 대기업 네슬레, 프록터 앤드 갬블(Procter & Gamble), 유니레버에 종려유를 공급한다. 이들 대기업 역시 인간이 저지른 환경 재난에 책임이 있다고 페리는 말했다. 그는 인도네시아산 종려유를 사용하는 회사들이 공급처의 범죄에 책임을 지는 투명한 법을 요구했다. 하지만 그와 같은 법은 종려유의 붐이 끝나길 바라는 것과 마찬가지로 가능성이 별로 없다.

종려유 산업 복합 시설

알록달록한 조명이 비치는 무대. 반짝이는 복장을 한 발리의 여자 무용수들이 커다란 종려나무 부채를 흔들었다. 그들이 추는 '종려나무 춤'이 인도네시아에서 열리는 종려유 회의의 시작을 알렸다. 산불이 난 2015년 종려유 산업 관계자들은 관광의 섬 발리 남쪽에 위치한 누사두아(Nusa Dua)에서 만났다. 이곳은 화려한 호텔과 몰(mall) 그리고 스파(spa)가 거대한 골프장을 둘러싸고 있다. 종려유 산업 관계자들의 만남은 참으로 고급스럽고 은밀하기까지 했다. 회의가 있던 날, 완벽하게 무장한 경찰차들이 누사두아 컨벤션센터 앞에 있는 주차장에 진을 치고 있었다. 허가증을 받았음에도 우리는 촬영팀 신분으로 회의장 안에 입장할 수 있을지 걱정해야 했다. 주최 측에 비판적인 질문은 하지 않겠다는 다짐을 한 후에야 베르너 부테와 나는 회의장 안으로 들어갈 수 있었다.

이 회의는 거대 종려유 대기업의 후원을 받는다. 그중엔 무심 마스(Musim Mas), 부미타마 구나자야 애그로(Bumitama Gunajaya Agro), 윌마 그리고 시나르 마스의 자회사 스마트(Smart)가 있다. 이 모든 대기업은 수년 전부터 불법적인 우림 개간, 토지 약탈, 인권 침해 때문에 공개적 비난을 받고 있는 상태다. 그 가운데 몇몇은 산불과 연관이 있기도 하다. 하지만 종려유 기업은 자신들도 희생자라며 불만을 터뜨렸다. 산불이 수확량의

30퍼센트를 망쳐놓았다면서 말이다. 그런데도 GAPKI(인도네시아 종려유 농장 사업자 연합―옮긴이) 회장 조코 수프리요노(Joko Supriyono)가 종려유 회사들이 스스로 불을 냈다는 말은 비논리적이지 않느냐고 외치자 박수갈채가 터져나왔다. 그는 기업이 책임질 일은 없으며, 종려유 회사는 시민과 함께 불을 끄려 노력했다는 주장을 펼쳤다. 시민에게 수백만 개의 일자리를 제공했다면서 말이다!

그는 엘니뇨 때문에 재난이 일어났다고 했다. 그리고 누군가가 불을 질렀다면, 그것은 소농들의 짓일 거라고 비방했다. 그러자 이에 동조하는 사람들이 박수를 쳤다. 하지만 회의장에 있는 사람은 누구나 이 땅에 종려유 농장이 들어서지 않았다면, 불이 그토록 무섭게 번져나가지 않았으리라는 걸 알고 있었을 것이다. 농장을 위해 나무를 마구 베어내고 배수 시설을 설치하는 바람에 땅이 메말랐다. 그 때문에 산불은 더욱 빠르게 번져나갔을 수 있다. 다른 한편, 빚더미에 앉은 소농들은 종려유 산업의 노예나 다름없다. 소농들은 이렇게 착취를 당하지만 기업은 자신에게 그들이 매우 소중하다며, 농장 중 3분의 1에 그들이 입주해 산다고 강조한다. 물론 소농들은 이른바 '누클레우스 플라스마 시스템'에서 일을 하고 있다. 이런 시스템의 이면을 들여다보면, 합법적인 토지 약탈이며 이는 결국 착취로 귀착된다. 즉 소농들은 자신의 땅에 대한 권리를 종려유 회사에 넘기고, 그 대신 농장(Nukleus) 가장자리(Plasma)에 종려나무를 심은 땅 2헥타르와 0.5헥타르의 집과 정원을 받는다. 소농들은 그렇게 스스로 먹고살아야 하며, 지극히 협소한 농장을 통해 돈을 벌어야 한다. 하지만 나무가 다 자라서 수확을 하려면 3~4년이 걸리고, 그때까지 소농들은 신용 대출을 받아야 한다. 대출은 회사에서 해주는데, 물론 이자가 터무니없이 비싸다. 그 밖에 소농들은 비료와 제초제를 직접 돈을 주고 구매해야 한다. 종려나무 묘목도 직접 구입해야 할 때가 많다. 대부분의 소농은 결국 빚더미에 앉게 되고, 평생 종려유 회사에 종속된 채 살아야 한다. 계약을 통해 말도 안 되는 가격을 받고 회사에 종려나무를 제공하는 것이다. 소농들은 힘든 노동을 하면서도 1년에 받는 임금은 약 500달러에 불과하다.[5] 그런데 이런 소농들이 100년에 한 번 있을까 말까 한 산불에 책임이 있다고?

종려유 산업과 GAPKI를 가장 두둔하는 사람은 잘사는 북반구의 나라들과 마찬가지로 높은 위치에 있는 정치가들이다. 인도네시아 정부와 종려유 산업은 서로 밀접하게 연계되어 있다. 즉 종려유는 가장 중요한 수출 품목에 속하며 이 나라에 외환을 벌어다준다. 심지어 몇몇 정치인은 직접 종려유 사업을 하고 있다. 회의 개막식 연설에 초청받은 인도네시아 부통령 유수프 칼라(Jusuf Kalla)도 마찬가지다. 그의 대기업 칼라 그룹은 2003년까지 술라웨시(Sulawesi)에 자체 종려유 농장을 갖고 있었다. 대기업 보소와(Bosowa)는 칼라의 매형 것이고, 보소와 애그로 인더스트리스(Bosowa Agro Industries)는 종려유 사업을 하고 있다. 칼라는 인도네시아에서 가장 부유한 남자에 속하며, 한때 독재자 수하르토(Suharto)가 지배하던 군사 정권에서 여당이던 골카르(Golkar)당의 총재였다. 원래는 칼라 대신 1년 전 새로운 대통령으로 선서를 한 조코 위도도(Joko Widodo)를 강연자로 초대할 계획이었다. 하지만 산업계에서 위도도 대통령을 그다지 환영하지 않았다. 산불이 일어난 동안 위도도 대통령이 종려유 인증을 일시적으로 중지하겠다는 모라토리움을 발표했기 때문이다. 종려유 회사들을 수사하고, 산불이 난 지역에 종려유 재배를 금지한 것이다.

그해 3월 칼라는 매년 산불이 나서 발생하는 연기에 불평을 터뜨린 말레이시아와 싱가포르에 거만한 태도로 쏘아붙였다. "당신네들은 11개월 동안이나 인도네시아의 좋은 공기를 향유하면서 한 번도 고맙다고 말하지 않았습니다." 그러곤 가을에 독성을 띤 구름이 몰려온 필리핀 수도 마닐라에서 했던 냉소적인 발언을 반복했다. "문제는 바람입니다. 우리는 바람을 통제할 수 없습니다. 바람은 10개월 동안 우리 이웃 나라들에 인도네시아의 좋은 기후를 전해줍니다. 그렇다고 해서 우리가 그 대가로 돈을 요구하지는 않죠."[6] 물론 칼라는 연설 도중 종려유 산업의 무죄를 확실하게 언급했다. 아무도 의도적으로 농장에 불을 지르지 않았다고 말이다. 그는 종려유 산업이 시민을 위해 지금보다 많은 기여를 하게 되길 희망한다고 말했다.

"인도네시아는 오늘날 우리의 미래를 더 좋게 할 많은 일을 하고 있습니다. 내 생각에는 종려유 산업이 이 나라에 기여하는 것은 이례적이라고 봅니다. 200억 달러! 이건 적은 돈이 아니라 많은 돈이지요! 인도네시아는 분열해서는 안 되고 하나로 뭉쳐야 합니다. 그런데 NGO들이 우리한테 규칙을 정해주려 한다지요?" 그러자 루훗 빈사르 판자이탄(Luhut Binsar Pandjaitan) 내무장관[7]이 무대에서 시끄럽게 쿵쿵 소리를 냈다. "NGO들은 침팬지를 걱정합니다. 하지만 검은 머리를 가진 우리 원숭이들은 어떤가요?"

회의장에서는 웃음소리가 크게 들렸고, 4성 장군을 역임한 그를 위해 기립 박수 비슷한 게 나왔다. 사람들이 부통령의 무지(인도네시아에는 오랑우탄은 있어도 침팬지는 없다. 아울러 오랑우탄은 종려유로 인해 거의 멸종 위기에 처해 있

다) 때문에 즐거워하는지, 아니면 환경보호론자들에 대한 그의 공격 때문에 기뻐하는지 알 수 없었다. "NGO들에게 이곳은 모든 종류의 원숭이로 가득 찬 세상입니다. 우리에겐 2000만 명의 노동자가 있고, 시끄럽게 구는 원숭이는 20~30종에 불과합니다. 내 얘긴 그 동물들을 보살피지 않겠다는 뜻이 아닙니다. 하지만 인도네시아 사람들의 행복이 제일 중요하지요. 이 점을 분명히 해야 합니다." 당연하고도 당연하다! 판자이탄 내무장관(현재는 해양장관을 맡고 있다)이 회장으로 있는 대기업 PT 토바 세자트라(Toba Sejahtra)[8]에도 종려유 농장이 있으니 말이다.

GAPKI 컨퍼런스는 종려유 산업 복합체가 어떤 힘을 갖고 있는지 보여준다. 본(Bonn)에 있는 프리드리히 빌헬름 대학의 남동아시아학 연구소에서 일하는 올리버 퀴에(Oliver Pye)는 종려유를 생산하는 대기업과 정부 사이에 얽혀 있는 밀접한 관계를 언급했다. 이 분야는 말레이시아, 인도네시아 그리고 싱가포르 국적의 소수이지만 막강한 대기업 그룹이 지배하고 있다. 국가 자본과 국제적 은행들로부터 투자금을 받고 세계은행(WB)의 신용 대부 지원을 받은 이들 기업은 무엇보다 인도네시아에서 왕성하게 활동하고 있다. 군대와 경찰은 그들의 농장에 걸림돌이 되거나 빼앗긴 땅을 되찾으려는 토착민과 운동가 그리고 토지 소유자를 폭력으로 제압함으로써 종려유 산업을 지원한다. 인도네시아에는 최소 5000건의 미해결된 토지 문제 갈등이 있다. 나는 종려유 산업과 이들의 앞잡이가 어떤 식으로 잔인하게 행동하는지 잠비에서 조사 활동을 할 때 체험했다. 《통제된 남벌(Aus kontrolliertem Raubbau)》을 쓰기 위해 나는 1년 전 보르네오와 수마트라에서 종려유 재배의 추악한 현실을 연구한 적이 있는데, 실제로 2014년 3월 경찰과 군인 그리고 비밀 요원들이 저항하던 농민 푸지

(Puji)를 죽였다. 다른 남자 7명도 병원에서 치료를 받아야 할 정도로 심하게 얻어맞았다. 페리 이라완은 푸지의 시체를 병원에서 훔쳐냈다. 종려유 회사 PT 아시아틱 페르사다(Asiatic Persada)가 그의 시체를 몰래 빼내가려 했기 때문이다. 페리는 증거를 모아 범죄를 신고했고, 목격자들과 함께 며칠 동안 숨어 지내야 했다. 푸지 살해 사건은 30년 동안 지속된 종려유 회사와 붕쿠(Bungku) 지역의 마을 수쿠아낙달람(Suku Anak Dalam) 주민의 잔인한 갈등이 빚어낸 최악의 사례다. 그들은 뮌헨 면적만 한 종려유 농장을 만들기 위해 이 지역의 숲을 불법적으로 남벌했다. 윌마 인터내셔널도 책임을 져야 하는 기업 중 하나다. 이 대기업 또한 100가지 넘는 토지 분쟁을 일으켰다. 2013년까지 PT 아시아틱 페르사다는 윌마 인터내셔널의 자회사였다. 갈등이 고조되자 윌마의 창립자 마르투아 시토루스(Martua Sitorus)는 형의 회사에 PT 아시아틱 페르사다를 팔아버렸다. 그것도 NGO들이 세계은행에 조정위원회를 마련하도록 투쟁하고 있는 사이에 말이다. 나는 당시의 일을 결코 잊지 않을 것이다. 살해당한 농부 푸지의 아내와 5명의 아이는 끔찍한 모습으로 농장에서 지냈다. 종려유 회사가 그들을 마을로 돌아가지 못하게 했기 때문이다.

"이 나라는 종려유 회사와 이들을 위해 일하는 용병은 보호하지만, 희생자들은 보호하지 않습니다." 페리는 이렇게 말했다. 겁 없는 이 투사는 계속해서 위험에 노출되었다. 비밀경찰의 감시도 받아야 했다. 우리가 3주 동안의 촬영을 마쳤을 때, 그의 사무실이 습격을 당했다. 페리가 침입자들을 보고 놀랄 새도 없이 복면을 쓴 남자들이 총을 쏘았다. 다행히 그는 다치지 않았다. 5월에는 NGO 사위트 워치(Sawit Watch) 소속의 조피 페란지난진(Jopi Peranginangin)이 군인의 손에 찔려 죽었다. 내가 2014년 조사를 벌일 때 알게 된 조피는 죽기 전 종려유 산업의 부패에 관한 책을 쓰고 있었다.

베르너와 나는 회의가 열리는 건물의 홀을 쭉 둘러보았다. 건물은 아시아 양식으로 지었으며, 너무 거창하게 계획한 사원 같은 인상을 풍겼다. 불에 타버린 잠비의 들판에서 내가 느꼈던, 그런 옥죄는 느낌이 몰려왔다. 이곳 역시 사람들의 고통을 바탕으로 지어졌을 것이다. 수하르토 장군이 1965년부터 시작한 반공주의의 대학살로 발리에서만 10만 명이 살해당했다. 땅 없는 농부들은 그곳에서 공산당의 지원을 받으며 토지 개혁을 위해 싸웠다. 좌파와 좌파를 자처하는 사람들이 물러나자, 섬을 대대적인 관광지로 개조하는 길이 열렸다.[9] 누사두아에서는 1990년대 초반 엄청난 호텔 부지를 확보하기 위해 사람들이 쫓겨났다. 발리 사람들에게 의미 있고 오래된 사원들을 파괴 혹은 더 이상 구경할 수 없게 폐쇄해버렸다. 오늘날 또다시 반대 운동이 일어나고 있다. 발리와 중국의 투자자들이 베노아(Benoa)만에 인공 섬을 만들고 거기에 부자들을 위한 거대한 리조트를 세우려 하기 때문이다.[10] 아울러 관광 산업으로 말미암아 발리 사람들 절반이 깨끗한 물을 먹을 수 없게 되었다. 호텔과 골프장이 어마어마한 양의 물을 소비해 우물들이 말라버렸기 때문이다. 종려유로 백만장자가 된 부자들은 종려유 산업 회의를 개최하기 전날, '발리 내셔널 골프 클럽'에서 전통적인 행사인 GAPKI 골프 게임을 즐겼다.

지속 가능한 종려유라는 말을 고안하다

회의장 입구에서 우리는 프란스 클라센(Frans Classen)을 만났다. 이 네덜란드인은 유럽의 종려유 로비 조직인 유럽종려유연합(EPOA)의 회장이다. EPOA는 "종려유를 둘러싼 논쟁과 영양의 균형을 맞추는 것"을 표방한다. 다시 말해, 종려유는 멋지며 지속 가능하다고 사람들을 설득하는 것이다. EPOA는 '지속 가능한 종려유를 위한 원탁회의(RSPO)'의 회원이기도 하다. "언론에서는 종려유가 부정적이라는 이미지를 내보는 경우가 많지만, 원탁회의가 인증한 회사들은 의무적으로 산불 개간을 하지 않습니다." 클라센이 말했다. 그리고 네덜란드에서 사용하는 종려유는 100퍼센트 지속 가능한 것으로 인증받았으며, 전 세계에 이런 종려유가 20퍼센트 정도 된다고 자랑했다.

원탁회의는 2004년 유니레버와 세계자연기금 그리고 종려유 산업이 나서서 창립했다. 유니레버는 매년 150만 톤의 종려유를 소비한다. 전 세계의 생필품 대기업 가운데 가장 많은 양이다. 이렇게 기업들은 종려유 붐이 가져올 파괴적 결과를 비판하는 목소리에 대처했다. 이렇듯 다양한 이해 당사자들의 모임인 원탁회의는 "사람, 지구, 이익"이라는 듣기 좋은 슬로건을 내걸고 "제품을 생산하는 전 과정에서 지속 가능한 종려유의 성장과 이용"을 촉구하는 과제를 자발적으로 제안했다. 그런데 이와 같은 제안을 한 배후에는 자신들의 수익을 보호하고, 이를 위해 그린워싱을 하는 산업 클럽이 숨어 있다. 전 세계적으로 정회원은 1561개 회사다. 그중 727곳은 생필품 회사, 174곳은 종려유 생산자, 529곳은 종려유 가공자, 65곳은 거래를 담당하는 대기업, 그리고 14곳의 은행 및 투자 회사로 이루어져 있다.[11] 여기엔 알디(Aldi), BASF, 바이엘, 카길(Cargill), 코메르츠 은행(Commerzbank), 크레디트 스위스(Credit Swiss), 페레로(Ferrero), 마르스(Mars), 맥도날드, 프록터 & 갬블, 레베(Rewe), 유니레버, 월마트 그리고 매우 큰 논란의 대상이 되고 있는 종려유 대기업 부미타마 애그리(Bumitama Agri)와 윌마 인터내셔널이 있다. 이들과 반대편에 있는 환경 보호 단체와 개발 단체는 고작 52곳 뿐이다. 이들 대부분은 동물학회 또는 열대우림연맹과 세계자연기금처럼 서구의 대단위 자연 보호 단체이며, 대기업과 협업한다는 이유로 비판을 받고 있다.

페리 이라완이 이끌며 종려유 단작을 거부하는 지역 NGO들, 토착민과 노동조합은 이 원탁회의에 앉을 수 없다. 이 회의는 산업이 지배적 위치를 점유해 이사진만 해도 산업계 소속 12명과 NGO 회원 4명으로 이뤄져 있다. 회장단은 유니레버의 경영자 비스와란잔 센(Biswaranjan Sen), 종려유 회사 유나이티드 플랜테이션즈의 경영자 칼 베크닐센(Carl Bek-Nielsen)이 맡고 있다. 회원들이 자발적으로 지켜야 한다는 원탁회의의 기준이 극단적으로 밋밋하고 느슨하다는 사실도 그다지 놀라울 게 없다. 이탄 지역에 종려나무를 재배하는 것도 금지하지 않는다. 대신 가능한 한 이탄 지역을 피하거나 잘 관리하면 된다고 주장한다. 파라콰트 같은 독성 제초제의 사용도 금지하지 않고 있다. 대신 이 제초제의 사용을 줄여야 하며, 언젠가는—자발적으로!—폐기해야 한다고 말한다. 벌목도 허용한다. 다만 보호할 가치가 있는 숲의 벌목은 금지하고 있다. 하지만 2005년 이전에 개간한 숲은 종려유를 심고 인증을 받을 수 있다. 그런데 숲 대부분을 바로 2005년 이전에 개간했기 때문에 회원들로서는 불이익을 받을 게 없다. 2015년에는 이런 제한도 느슨해졌다. 만일 2007년 이후에 보호 가치 있는 숲을 남벌했다면, 기업들은 위생 및 배상 과정을 통해 직접 인증을 받아

야 한다. 그리고 이를 위해 '배상 계획서'를 제출하면 그만이다.[12]

전 세계에 있는 256개 환경 단체와 인권 조직은 2008년 원탁회의를 그린워싱이라며 반대했다. 왜냐하면 지속 가능한 종려유란 특히 원탁회의 소속 회원사처럼 생산하고 가공할 경우 존재할 수 없기 때문이다.

지속 가능한 종려유를 위한 원탁회의는 지난 13년 동안 숲의 대대적인 파괴를 제대로 막지 못했다. 이 원탁회의는 녹색의 망토를 두르고 있을 뿐이다. 세계산림감시에 따르면, 원탁회의를 결성한 후 인도네시아의 숲은 더 많이 훼손되었다. 2015년에는 7350제곱킬로미터에 달했다. 이는 2004년(5000제곱킬로미터)에 비해 25퍼센트 늘어난 수치다. 한편 2012년에는 약 1만 제곱킬로미터나 벌채했다.[13] 정부가 2011년 중요한 숲과 이탄 지역의 개간을 일시적으로 중지시키는 모라토리움을 발표했는데도 말이다.

지구의 벗(Friends of the Earth)·그린피스·사위트 워치 같은 NGO, 녹색연합(Perkumpulan Hijau)과 세이브 아워 보르네오(Save Our Borneo) 같은 작은 단체들은 원탁회의 소속사들이 기준을 어기고 기존의 법조차 위반하는 증거를 규칙적으로 제시하고 있다. 불법적인 남벌, 인권 침해 그리고 농장에서의 아동 노동이 그것이다.

'세이브 아워 보르네오'에서 일하는 우딘(Udin)과 내가 2014년 5월 칼리만탄(Kalimantan)섬 중앙에 있는 국립공원 탄중푸팅(Tanjung Puting)을 방문했을 때, 우리는 대기업 부미타마 애그리가 저지르는 짓거리를 목격할 수 있었다. 이들은 국립공원 가장자리에서 숲을 벌채하고 있었다. 우리는 국립공원 안에서도 부미타마 애그리가 파괴한 숲을 발견했다. 국립공원 안은 물론이고 그 주변에서도 벌채는 금지되어 있다. 법을 무시한 이 회사는 원탁회의의 회원이다. 부미타마 애그리는 수년에 걸쳐 불법적으로 숲을 개간해왔다. NGO들은 원탁회의에 이와 같은 일을 고발했다. 그러자 원탁회의는 이 회사에 사건이 해명될 때까지 모든 활동을 중단하라고 요구했다. 그러나 부미타마 애그리는 아랑곳하지 않고 불법적으로 계속 산림을 남벌하고 있다. 이로 인해 지금까지 이 대기업에 내린 조치는 아무것도 없다. 원탁회의 내에서 공동 제재 같은 것은 거의 없다. 그렇다고 기업이 스스로에게 벌을 내릴 리도 없다! 13년 동안 원탁회의에서 축출된 대기업은 3곳이다. 2016년 4월 원탁회의는 수년 동안의 처리 과정을 거친 후 말레이시아 'IOI 그룹'의 인증 기관 자격을 박탈했다. 이 말레이시아 대기업은 끊임없이 칼리만탄섬 서부 지역에서 소중한 삼림을 훼손하고 지역 주민의 권리를 심각하게 침해해왔다. 지금은 IOI 그룹이 원탁회의를 고소한 상태다. 이런 소동 때문에 이 대기업과 일하던 마르스, 네슬레, 유니레버가 거래를 중단했다. 만일 원탁회의가 자원을 파괴하는 모든 회사를 이처럼 다루었다면, 아마 원탁회의 자체가 더 이상 존재하지 않을지도 모른다. "많은 종려유 생산자를 조사해보니―예를 들어 윌마 같은 곳 말입니다―아무도 지속 가능성을 염두에 두지 않았습니다. 원탁회의는 유럽에 있는 소비자에게 이곳에서의 모든 일은 법을 따르고 있다는 외양만 전달하기 위해 존재할 뿐이죠. 그러니 아무것도 변하지 않습니다." 페리의 말이다.

우리가 회의장에서 유럽 종려유 로비 조직의 회장 프란스 클라센을 만나 지속 가능한 종려유를 위한 원탁회의는 무용지물이라고 말하자 그는 이렇게 대답했다. "지속성이란 결코 경직된 기준이 아니라, 지속적으로 개선되는 연속적인 과정입니다. 먼 길을 가는 작은 걸음이죠. 그 어떤 다른 원자재를 보더라도 종려유의 경우처럼 많은 발전을 찾아보기는 힘듭니다."

나는 그와 같은 진부한 말을 들으면 피로가 몰려와 쓰러질 것만 같다. 내가 들어본 허튼소리 가운데 최고였다. 내가 기업들이 환경 운운하면서 내뱉는 약속과 실제 행동 사이의 간극에 대해 얘기하면, 대부분 그런 헛소리만 듣곤 했다. 종려유에 대한 조사가 그런 경우다. 나는 종종 이런 의문이 들었다. 기업가는 자신들의 망발을 정말 믿는 것일까? 아니면 밤에 잠을 자려고 이런 멍청한 주문으로 스스로를 진정시키는 것일까?

분노가 솟구쳐 올라왔다. "지속 가능한 종려유가 있다는 증거는 하나도 없어요. 그 누구도 지금까지 그게 도대체 무엇인지 설명할 수 없었습니다. 도대체 지속 가능한 종려유가 뭔가요? 제발 설명해주세요." 나의 말에 클라센은 약간 주춤했다. 그러더니 다음과 같은 선전 문구를 들려주었다. "지속 가능한 종려유란 자연을 존중하며 산불 개간을 하지 않고 생산하는 것입니다. 생산자는 공정하며, 사람들에게 숙박과 의료 서비스를 제공합니다. 이윤이 중요하지만 농장에서 일하는 사람들이 적정한 임금을 받는 것도 중요하지요."

나는 하마터면 웃을 뻔했다. 클라센이 묘사하는 농장 중 한 곳의 상태가 기억났기 때문이다. 작년에 책을 쓸 때 활동가 헤르윈 나수티온(Herwin Nasution)이 나를 PT 림바 무주르 마코타(Rimba Mujur Mahkota)가 수마트라 북부에서 운영하는 농장으로 안내해주었다. 이곳도 원탁회의 인증으로 품질 보증을 받은 농장이었다.[14]

우리는 단작만 하고 있는 농장 깊숙이 들어가야 볼 수 있는 노동자들의 슬럼을 방문했다. 나부도 시는 조라하기 싹이 없는 사선물도, 그 뒤에는 똥구덩이가 있었다. 거기엔 제대로 된 화장실도, 깨끗한 물도 없었다. 며칠 전에는 오두막 뒤에 있는 강물에서 몸을 씻던 여자 2명이 악어에 물려 사망했다. 그곳의 여자 노동자들은 농장의 잡초를 없애는 데 쓸 독극물을 운반했다. 90킬로그램이나 되는 제초제를 말이다. 그중엔 독성이 강해서 지극히 위험한 파라콰트도 있었다. 여자들은 제초제를 담은 무거운 양철통을 어깨에 짊어지고 운반하는 일로 일당 3유로를 받았다. 많은 여자들이 고통을 호소하며, 호흡 곤란과 피부 발진이 있다고 말했다. 오두막에는 의료 서비스가 있기는 했지만, 간호사 한 명과 산파 한 명이 전부였다. 그것도 여자들이 일하는 농장에서 최소 1시간 거리에 있었다. 우리가 오후 4시에 이곳을 찾았을 때, 간호사와 산파는 이미 퇴근하고 없었다. 어쩌면 인증서를 교부하는 사람들은 농장 깊숙한 곳까지 와보지는 않는 듯싶다. 헤르윈은 나중에 조사를 담당하는 사람들이 노동자가 아니라 기업 소속의 어용 노동조합원들하고만 얘기를 나눴다는 사실을 알아냈다.[15] 그렇지 않았다면 우리가 직접 목격한, 위험하게 착취당하는 미성년자의 노동을 발견했을 텐데 말이다.

우리는 다시 주제로 돌아왔다. "미성년 노동이라고요? 아뇨. 나는 종려유 농장에서 아이들에게 일을 시킨다는 증거를 알지 못합니다. 지난 15년 동안 농장에서 아이들에게 일을 시킨다는 보고는 하나도 없었어요. 카카오 농장에서는 예, 아주 많다고 하더군요. 하지만 종려유는 아닙니다. 나는 확신해요." 프란스 클라센이 말했다. 하지만 당연히 증거는 있다. 2013년 인도네시아의 NGO 사위트 워치가 워싱턴에 있는 '국제 노동 권리 포럼'과 함께 보고서를 발간했는데, 원탁회의에서 인증을 내준 농장의 아동 노동 및 강제 노동 그리고 인신매매를 증명하는 내용이었다.[16] 내가 그 얘기를 하자 종려유 로비스트는 '아니'라고 고집을 부렸다. "나는 그런 보고서를 알지 못하고, 그런 게 있다는 것도 믿지 않아요. 소농이 그 자식들을 이용했는지는 몰라도 대규모 농장에서는 그런 것 없습니다." 그렇다! 이번에도 사악한 소농들이다.

팩트는 이러하다. 요컨대 노동자와 농부가 그렇듯 인정사정없이 착취당하지 않는다면, 종려유는 세상에서 가장 싸지도 않고 갈망의 대상이 되지도 않을 것이다. '세상을 위한 빵'에 따르면, 오늘날 이런 농장에서 일하는 노동자들의 임금은 식민지 시대보다 낮다고 한다.[17] 이렇듯 극단적으로 낮은 임금은 회사를 신속하게 팽창하게 하고, 투자자에게는 짧은 시간 안에 정상을 벗어난 수익을 안겨준다. 종려유가 인간에게 복지와 일자리를 제공하고 가난도 물리친다는 말은 이렇듯 지저분한 산업이 하는 최고로 엄청난 거짓말이다. 종려유 산업은 가난을 유발할 뿐 아니라, 가난으로부터 먹고산다. 이 산업에는 가난이 가장 중요하고 지속적인 원자재인 것이다.[18]

헤르윈과 내가 농장 밖에 있는 개인 집에서 만난 노동자들은 종려나무 열매 수확하는 일을 하고 한 달에 약 100유로를 받는다고 말했다. 하지만 이런 쥐꼬리만 한 임금도 확실하게 보장된 것은 아니다. 기업은 노동자에게 매일 수확할 양을 할당한다. 만일 그 목표를 달성하지 못하면 임금도 줄어든다고 했다. 가령 하루에 60개를 수확해야 하는데, 이런 목표치는 그 누구도 혼자서 달성할 수 없다. 종려나무 열매는 50킬로그램에 달하는 경우도 있어 하루에 달성해야 할 목표를 모두 계산하면 무려 3톤에 이른다. 그 때문에 노동자는 아내와 자식들에게 도움을 청한다. 당연히 이들은 전혀 돈을 받지 못한다. 이처럼 강제 노동을 할 수밖에 없게 만드는 비열한 시스템이 종려유 농장에서는 비일비재하다. 그렇다. 서류상으로 '자발적' 미성년 노동은 없다. 그러나 시스템이 미성년 노동을 할 수밖에 없도록 만든다는 사실은 2016년 11월 국제사면위원회(Amnesty International)의 연구에서도 확인되었다. 인도네시아 종려유 농장에서의 착취, 인권 침해, 아동 노동 및 강제 노동에 관한 연구가 그것이다. 이는 특히 원탁회의 회원사인 윌마 인터내셔널을 조사한 결과였다.[19]

기후 보호를 위한 남벌

어떤 산업 분야에서도 찾아볼 수 없을 만큼 말로는 지속 가능을 외치며 이루어지는 종려유 생산에는 녹색 거짓말이 시스템 안에 근거를 두고 있다. 유럽의 기후 보호도 여기에 책임이 있다. 2003년 유럽의회는 2009년부터 재생 에너지 표준은 바이오 연료로 나아갈 것이라고 발표했다. 이 표준은 2020년까지 연료 소비의 10분의 1을 재생 에너지에서 가져올 것을 정했다. 바이오 연료를 사용함으로써 교토 의정서에 따른 이산화탄소 배출을 줄일 수 있다는 것이다. 유럽연합은 2006년 바이오 연료 5퍼센트를 혼합한 연료를 사용할 것을 의무 조항으로 정했다. 이로써 유럽연합은 많은 보조금을 지원하면서 유럽의 농업을 활성화하고자 했다. 하지만 연료를 자국 경작지에서 생산하려던 계획은 제대로 이행되지 않았다. 즉 5퍼센트에 불과하지만 유럽에는 연료로 사용할 옥수수, 유채, 순무를 심을 땅이 없었던 것이다. 그래서 남반구로부터 수입하는 방향으로 나아갔다. 이로써 유럽연합은 종려유를 가장 많이 수입하는 세 번째 고객이 되었다.[20] 독일 자연보호협회(NABU)와 NGO '무역과 환경'이 실시한 조사에 따르면, 유럽연합에서 종려유를 혼합해 만든 바이오 연료를 사용한 2010년부터 2014년까지 종려유 소비가 7배 늘어났다고 한다. 즉 45만 6000톤에서 320만 톤으로 증가했다.[21]

식물성 연료가 연소할 때는 이산화탄소를 식물이 공기로 내뿜는 만큼만 방출할 것이라고 참으로 단순하게 생각했던 것이다.

유감스럽게도 이런 생각은 주먹구구식 계산에 불과하다. 숲과 이탄으로 이루어진 땅이 파괴됨으로써―종려유 농장이 있는 나라의 기후 훼손을 고려하면―식물성 기름 80퍼센트로부터 뽑아낸 바이오 디젤 연료는 화석 연료보다 많은 이산화탄소를 배출한다. 종려유를 기본으로 하는 연료는 심지어 기후를 3배나 많이 훼손한다. 유럽연합이 2013년 연구 조사를 의뢰한 글로비옴(Globiom)이 내놓은 결과다. 하지만 정작 이 결과를 유럽연합이 공식적으로 발표하기까지는 몇 달이 걸렸다.

이런 방식으로 종려유 그린워싱은 유럽연합의 치명적 바이오 연료 정책과 나란히 진행되었고, 이 정책은 자동차 운전자들의 개별적 참여가 늘어남으로써 또 다른 그린워싱이 되었다.

숲과 이탄토를 파괴함으로써 인도네시아는 이미 과거에도 전 세계에서 가장 많은 이산화탄소를 배출했다.[22] 2015년 가을의 산불로 17억 톤의 이산화탄소가 발생했다. 이는 독일이 매년 배출하는 양의 2배에 해당한다. 심지어 이 섬나라가 매일 배출하는 온실가스는 미국과 비교해 한 달에 26일이나 많았다. 만일 이탄이 많은 숲과 땅에 불이 붙으면, 식물이 불에 타는 경우에 비해 50배나 많은 이산화탄소가 발생한다. 이처럼 엄청난 양의 이산화탄소뿐 아니라 메탄도 배출된다. 메탄은 이산화탄소보다 25배나 더 기후를 훼손한다.

유럽의 바이오 연료를 위해 종려나무를 재배하는 면적은 휴양지 마요

르카(Mallorca: 지중해 서부에 있는 에스파냐령 섬─옮긴이)보다 6.5배나 넓다.[23] 유럽연합 자체가 인도네시아의 산림 훼손에 박차를 가한 것이다. "법적으로 연료의 혼합 비율을 발표하는 행동 하나만으로도 인도네시아에 종려유 농장을 폭발적으로 늘어나게 했습니다." 독일 환경 단체 '우림을 구하라(Rettet den Regenwald)' 소속 마리아네 클루테(Marianne Klute)는 이렇게 말했다. 1980년대 중반 인도네시아에서 종려유 재배 면적은 5000제곱킬로미터였다. 그리고 오늘날 종려유만 단작하는 면적은 15만 7000제곱킬로미터에 달한다. 무려 30배 넘게 늘어난 수치다.

게다가 유럽연합은 늘어나는 수입 원자재에 대한 지속 가능성 기준을 규정했다. 그 기준으로 유럽연합은 무엇보다 지속 가능한 종려유를 위한 원탁회의의 인증을 수용했다. 유럽연합을 위해 '원탁회의 레드', 즉 RSPO-RED를 개발한 것이다. 이는 공급업체에 속하는 종려유 생산자 및 가공업자와 관련해 과거보다 많은 요구 사항을 포함한 표준, 요컨대 재생 에너지에 대한 유럽연합 가이드라인의 지속 가능성 요구에 부합하는 원탁회의의 원칙 및 기준을 말한다. RSPO-RED에 따르면, 종려유는 2008년 이후 숲을 개간했거나 늪지대 또는 습지의 물을 빼고 농장으로 만든 곳에서 생산할 수 없다. 이렇게 함으로써 유럽의 바이오 연료를 위해 소중한 생물 다양성의 파괴를 차단한다는 것이다. 물론 유럽에 종려유를 공급하는 농장 대부분은 2008년 이전부터 존재했다. 그들은 2008년 이전에 발생한 환경 훼손과 인권 침해를 무시하는 데 그치지 않았다. 원탁회의 인증이 침해와 훼손을 인정함으로써 유럽연합은 이와 같은 파괴를 합법화한 셈이다.

유니레버의 녹색 인스턴트 수프가 일으킨 기적

"1분마다 축구장 36개에 해당하는 면적의 숲이 파괴되고 있다." 오래된 나무 한 그루가 우림에 있는 자신의 고향땅에서 뽑혀 도시로 가고 있다. 감성적인 배경 음악이 깔리자 이 나무는 고통스럽게 얘기한다. "170년을 살았지만 나는 한 번도 이렇게 멀리 오게 되리라고 생각지 못했습니다. 냉소적으로 들릴지 모르지만, 나는 우림보다 도시에서 더 안전할 거라고 믿어요. 여러분은 나를 도와줄 수 있는 유일한 생명체입니다. 내가 여러분의 얼굴을 보게 되면, 여러분이 나를 도와주리라는 걸 알게 될 것입니다."

영국-네덜란드의 생필품 기업 유니레버가 내보내는 광고다. 광고 마지막에 세계자연기금의 유명한 마스코트 '판다'가 나타난다. 이 광고는 우림을 보호하려는 공동 프로젝트의 일부다. 광고는 브라질과 인도네시아의 정부 프로그램을 지원하고 수백만 그루의 나무를 구하겠다고 약속한다. 나아가 숲의 훼손을 반대하는 목소리를 내달라고 소비자들의 마음에 호소한다. 유니레버가 라마(Rama, 마가린), 크노르(Knorr, 인스턴트 수프), 다이어트 중일 때 먹어도 된다는 '먹어도 돼 시리즈', 레노르(Lenor, 섬유유연제) 같은 불필요한 제품을 팔고 있는 바로 그 소비자들에게 말이다.

유니레버는 세계에서 가장 큰 생필품 대기업 중 하나다. 매년 400개의 브랜드로 출시하는 1700여 종의 제품을 판매하며 총매출액은 533억 유로에 달한다. 홈페이지에 따르면, 190개국에서 25억 명이 매일 유니레버 제품을 이용한다. 이런 제품을 생산하기 위해 유니레버는 매년 최소 800만 톤의 농업 원자재를 구매한다. 그중 종려유, 대두, 소고기가 대부분을 차지한다. 오로지 이것들을 위해 전 세계의 숲 절반을 파괴하고 있는 것이다.[24] 유니레버는 모든 생필품 대기업 가운데 종려유를 가장 많이 소비한

다―매년 150만 톤으로, 전 세계 수확량의 2.6퍼센트에 달한다.[25]

"가난이나 기후 변화를 합법화하는 것은 사업 전략이 아니다."

"기후 변화가 큰 역할을 하는데, 기온이 변함으로써 고통을 받는 것은 가난한 사람들이기 때문이다."

"기업은 사회에 긍정적 기여를 해야 한다. 그렇지 않다면 존재할 이유가 무엇인가? 사람들이 왜 그런 기업을 허용하겠는가? 기업이 다른 사람들을 돕기 위해 자신이 무슨 일을 하는지 설명할 수 없다면, 가장 먼저 무엇 때문에 존립하는지를 자문해봐야 한다."

위의 문장들은 환경에 관해 프란치스코 교황이 연설한 내용이 아니다. 이는 개인적인 구세주로부터 나왔다. 유니레버는 2010년 파울 폴만을 회장으로 선임하며, 이구동성으로 위와 같은 슬로건을 외쳤다. 왜냐하면 폴만이 녹색의 기적을 약속했기 때문이다. 유니레버의 '지속 가능 리빙 플랜'이다. 그 계획에 따르면 이 대기업은 2020년까지 쓰레기·물 소비·온실가스 배출을 절반으로 줄이고, 공급처의 인권을 개선하며, 모든 농산품을 100퍼센트 '지속 가능한' 제품으로 구매해야 한다.[26] 아울러 같은 시기까지 총매출을 800억 유로로 2배나 올려야 한다. 이렇게 어려운 과제를 달성하려면 강력한 믿음이 필요하다. 왜냐하면 총매출을 2배로 올리려면, 더 많은 제품을 팔아야 하기 때문이다. 그리고 당연히 문제 많은 원자재도 더 많이 소비해야 한다. 그 때문에 유니레버는 전통적 수법인 그린워싱을 훨씬 능가하는 정교한 전략을 따르고 있는 것이다.

유니레버는 2015년 유엔 기후정상회의가 파리에서 열릴 때 '슬퍼하는 나무'에 관한 광고를 내보냈다. 그 전에 인스턴트 수프를 만드는 이 대기업은 뉴욕에서 적극적인 활동을 펼쳤다. 2014년 9월 기업 친화적인 반기문 유엔 사무총장은 기후 특별정상회의를 위해 유니레버를 뉴욕으로 초대했다. 이틀 전에는 30만 명이 '사람들의 기후 행진(People's Climate March)'에 참여했다. 유니레버 역시 최소 100명의 노동자를 거리 시위에 참가시켰다. 그중엔 유니레버의 지속성 부문 수장 제프 시브라이트(Jeff Seabright), 커뮤니케이션과 지속 가능한 삶 프로그램 부문 부사장 조너선 애트우드(Jonathan Atwood)도 있었다. 이들은 유니레버가 변기 세제와 세탁비누를 통해 개발도상국에 도움을 줄 수 있다는 광고를 할 때 사용한 슬로건 '밝은 미래'가 적힌 피켓을 들고 있었다.[27] 이 세계적 기업은 이런 방식으로 시민 활동가이자 기후 보호를 위해 행동하는 기업이라는 이미지를 연출했다. 이는 범인과 희생자가 완전히 뒤바뀐 상황이 아닐 수 없다. 미국의 유명 아이스크림업체 벤 & 제리스(Ben & Jerry's)의 설립자 제리 그린펠드(Jerry Greenfeld)는 둥근 아이스크림 형태로 녹아내리는 지구를 둘러싼 비닐을 끌고 가는 직원과 한 블록 떨어진 곳에서 행진을 했다. 직원들이 들고 있는 현수막에는 벤 & 제리스의 슬로건이 적혀 있었다. "만일 이것이 녹으면, 폐허가 될 것입니다." 직원들은 하나같이 아이스크림 비닐의 주제와 슬로건이 찍혀 있는 티셔츠를 입고 있었다. 벤 & 제리스는 유니레버의 녹색 무화과 잎(가리고 싶은 음부―옮긴이)이다. 요컨대 이 아이스크림업체는 공정 무역으로 거래하는 초콜릿을 구매하며, 제품에 종려유 사용을 배제하고 있다.

시위를 광고 이벤트로 이용하는 기업은 유니레버뿐만이 아니다. 숲을 벌목했다는 이유로 늘 비판받는, 쓰레기 가구 제국 이케아(Ikea)의 사상이었던(그사이 예스페르 브로딘(Jesper Brodin)으로 교체되었다) 페테르 앙네피엘

(Peter Agnefjäll)도 시위에 참여했다. 사회적 책임을 의식하는 다양한 기업과 로비 단체는 소비자뿐 아니라 다른 기업에도 전례 없는 대규모 시위라고 주장하며 여기에 참여할 것을 독려했다. 그중엔 'We Mean Business', 'Business-NGO-Ceres', 'Climate Group'도 있었다. "나는 뉴욕의 지하철에서 광고하는 시위행진을 결코 본 적이 없다. 월스트리트 은행가들에게 지구를 구하는 행진에 참여하라는 포스터를 제작하는 비용으로 22만 달러를 들였다니." 알자지라(Al Jazeera)와 〈가디언(Guardian)〉에 기사를 쓰는 아룬 굽타(Arun Gupta)는 미국 온라인 잡지 〈카운터펀치(Counterpunch)〉에 이런 의아해하는 글을 올렸다.

'사람들의 기후 행진'은 정치적 요구를 하지 않았다. '윗분들'이 기후 변화를 막는 시도를 해야 한다는 진부한 외침 외에는 말이다. 하지만 '윗분들'도 직접 이런 시끌벅적한 행사에 참여했다. 이를테면 반기문 총장은 당시 유엔 기후보호담당관이던 크리스티아나 피게레스(Christiana Figueres) 옆에서 산책을 했다. 그 어떤 연설도 없고, 적(敵)도 없고, 바리케이드도 없었다. 시위는 유엔 본부 근처에도 가지 않았다.

모두가 동의할 수 있고, 누구도 아프게 하지 않는 시위는 시위가 아니다. 이런 시위는 이의를 제기하고 저항하고자 하는 행동의 의미를 흐려놓기만 한다. 다음 날 열린 '플러드 월스트리트(Flood Wallstreet)'를 봉쇄하기 위해 모인 사람은 3000명이었다. 그들은 "자본주의를 중단하라. 기후 위기를 끝내라"라는 구호를 외치며 금융 구역을 점령했다. 그리고 100여 명이 체포당했다.

기업들이 자신의 이익을 위해 공공연한 시위에 나서는 것을 일컬어 '꾸며낸 시민운동(Astroturfing)'이라고 한다. 이는 시민이 주체가 되어 정치적이고 사회적인 제안을 하는 풀뿌리 운동의 반대 개념이다. 아스트로투르프(Astroturf)는 인조 잔디의 브랜드 이름이다. 탈정치적인 '사람들의 기후행진'에는 환경 단체와 반자본주의 행동가들도 참여했다. 하지만 이들은 산업계와 정치계가 퍼뜨릴 선전을 강화하기 위해 참여했을 뿐이다. 요컨대 소비자·대기업 그리고 정치계가 하나 되어 기후 변화에 반대하는 투쟁을 하며, 기후를 위해 한마음으로 뭉치고 있다는 선전 말이다. 그리하여 뉴욕에서는 세계자연기금이 내건 슬로건도 볼 수 있었다. "모든 것을 바꾸기 위해 우리에겐 여러분이 필요합니다."

이렇게 유엔은 파괴의 주범인 대기업에 세상을 보호하는 골을 넣을 수 있도록 골문을 활짝 열어주었다. 뉴욕에서 열린 기후 특별정상회의에서 유엔의 위임을 받은 칼데론(Calderón)위원회는 '기후 친화적' 경제 성장을 위한 일종의 마스터플랜을 제출했다. 이 위원회는 멕시코 전 대통령 펠리페 칼데론(Pelipe Calderón)과 당시 세계은행 경제부문 수석이던 니컬러스 스턴(Nicholas Stern)이 이끌었다. 그리고 이들은 그다지 놀랍지 않은 결론을 내렸다. 즉 경제 성장과 기후 보호는 반대 개념이 아니며, 서로에게 조건이 된다는 것이었다. 서구 자본주의 사회의 시민들은 아무 말도 듣고 싶지 않았다. 하지만 주요 언론에서는 환영하는 보도가 쏟아져 나왔다. 녹색 칠을 하고 평상시처럼 비즈니스를 계속할 수 있다며 환호했다. 이 위원회의 '전문가 팀'에는 종려유 대기업에 투자하는[28] 도이치 은행과 홍콩상하이 은행(HSBC) 외에 유니레버의 사장 파울 폴만도 있었다. 이 생필품 대기업 유니레버는 뉴욕 산림 보호 선언에 서명한 회원이기도 하다. 반기문 전 사무총장이 개최한 특별정상회의에서 이 '세계적 리더'는 선언서에 의거해 "자연 산림의 훼손을 2020년까지 절반으로 줄이고, 2030년까지 더 이상 손실되지 않도록 할"[29] 의무를 졌다. 이 말은 전혀 좋게 들리지 않는다. 2030년까지는 계속해서 남벌을 할 수 있다는 의미니 말이다. 유니레버 외에 서명을 한 기업은 산림을 가장 많이 훼손하는 당사자들이었다. 아시안 펄프 & 페이퍼(PT APP), 카길, 도이치 은행, 맥도날드, 네슬레, 프록터 & 갬블, 월마트, 종려유 대기업 아시안 애그리, 무심 마스, 윌마 인터내셔널 등등. 인도네시아에서 숲이 불타는 동안, 유엔은 종려유 산업과 종려유 구매자에게 숲을 구하는 역할을 부여했다. 그리고 이들은 자발적으로 "산림 벌채를 하지 않겠다는 약속"을 했다.

"산림을 전혀 훼손하지 않겠다는 의무를 이행하면서도 포르투갈 면적에 해당하는 농장들에서 얻은 종려유의 총생산량은 지난해에 60퍼센트 상승했다. 이렇게 늘어난 종려유의 가치는 총 500억 달러의 수익을 올리는 산업에서 300억 달러를 차지한다. 이로써 매년 배출되는 이산화탄소의 양을 4억~4억 5000만 톤 줄일 것이며, 이 수치는 2020년까지 20억 톤에 이를 것이다." 선언서의 내용이다. 이것은 순전히 비현실적인 계산으로, 예를 들면 대기업 월마가 거듭해서 깨뜨리는 약속에 불과하다.[30] 유니레버의 주요 공급처인 월마에게서 건네받은 자료를 기초로 유엔 산림 보호 선언서가 이런 황당한 계산을 한 것이다.

인스턴트 수프의 구세주 폴만은 심지어 유엔기후변화협약(UNFCCC)에 참가하기도 했다. 유니레버는 또한 400개 이상의 다른 대기업—에어버스, BASF, 바이엘, 코카콜라, 이케아, 마르스, 맥도날드, 네슬레, 리오틴토, RWE, 지멘스(Siemens), 다우 케미컬(Dow Chemical) 등등—이 소속되어 있는 유엔의 '기후 사업 포럼을 위한 배려(Caring for Climate Business Forum)'에도 참여하고 있다.[31] 이 포럼의 파트너로는 슈테판 슈미트하이니(Stephan Schmidheiny)가 1995년에 만든 '세계지속가능발전기업위원회 (World Business Council for Sustainable Development)'도 있다. 스위스 출신 기업가 슈미트하이니는 유엔의 환경 및 개발과 관련해 1992년 리우에서 열린 정상회의의 경제 및 산업 부문 컨설턴트였다. 특히 그는 이탈리아에 있는 자신의 석면 공장에서 2000명 넘는 노동자와 주민이 사망한 사건으로 유명하다. 석면 누출에 대한 안전 조치가 터무니없이 미비했던 것이다. 이탈리아 투린(Turin) 검찰청이 9000만 유로의 배상금과 18년의 징역형을 내렸지만 슈미트하이니는 이의를 제기하는 데 성공했다. 세상을 구하겠다는 이 세련된 포럼에는 또한 파울 폴만이 앞장서고 있다. 유니레버를 맡기 전 네슬레와 프록터 & 갬블에서 일한 적이 있는 폴만은 '2015년 이후의 개발 어젠다(Post-2015 Development Agenda)'에 참여하기도 했다. 바로 이 개발 어젠다에서 이른바 '지속 가능 개발 목표(SDG)'라는 것이 나왔다. 유엔의 SDG는 2015년 실패한 밀레니엄 개발 목표를 분리했다. 폴만은 목표를 2030년까지 달성할 수 있도록 유엔이 지원하는 SDG 옹호자 그룹에 속한다.[32] 유니레버는 이 개발 목표를 실행에 옮기는 것이라는 황당한 이유를 대면서 핵심 사업을 하고 있다.[33] 무엇보다 유엔환경계획은 인스턴트 수프를 만드는 이 기업의 주인한테 2015년 '지구의 챔피언'이라는 자리를 내주었다. 따라서 그린워싱은 약속의 형태로 로비 활동을 펼침으로써 성공한 셈이다. 즉 유니레버는 남반구 국가들을 위한 행사에 적극 나섬으로써, 그곳에서 아무런 문제없이 원자재를 구매하고 동시에 자사의 상표를 확장하는 데 성공했다. 유니레버는 총매출의 절반 이상을 이른바 신흥 공업국(개발도상국은 아니지만 그렇다고 선진국도 아닌 국가. 예를 들면 인도네시아, 말레이시아, 중국, 인도 등)에서 올리고 있다. 그것도 '개발 원조'라는 구실로 회사의 과잉 제품 가운데 약간을 가난한 사람들에게 저렴하게 판매하는 방식으로 말이다. 이는 이런 국가들에 어마어마한 쓰레기 문제를 안겨준다. 2017년 9월 필리핀의 그린피스 활동가들은 수도 마닐라 인근 해변에서 5만 4000개 이상의 플라스틱 쓰레기를 수집했다. 쓰레기 대부분은 네슬레, 유니레버, 프록터 & 갬블로부터 나온 것이었다.

유니레버는 100퍼센트 지속 가능한 종려유를 구매한다고 광고한다. 그런데도 이 대기업은 자사의 제품에 더럽고 불법적인 종려유가 포함되는 것을 배제할 수 없다. 왜냐하면 유니레버는 이른바 북 & 클레임(Book & Claim) 시스템을 통해 원자재의 4분의 3을 조달하기 때문이다.[34] 즉 유니레버는 자사에 필요한 양의 종려유에 대한 지속 가능 인증서만 구입한다. 이는 세계 어딘가에서 자사가 인증서를 구입한 만큼 지속 가능한 종려유를 생산했다는 사실만을 보장해줄 뿐이다. 유니레버가 사용하는 종려유 가운데 30퍼센트만이 인증을 받았다. 그런데 이 30퍼센트 중 대부분은 탱크에서 인증받지 못한 종려유와 섞여 만들어진다. 그러니 아주 소량의 종려유만이 인증을 받지 못한 지역과 구분될 뿐이다. 따라서 유니레버는 자사가 사용하는 대부분의 종려유가 어디에서 왔는지 알지 못한다. 추적 가능한 종려유를 정말 생산했다면, 이는 지극히 특별한 경우일 뿐이다.

산업의 녹색 원조자로서 NGO

지속 가능한 종려유를 고안해내는 데 특별한 역할을 한 것은 바로 세계자연기금, 곧 WWF다. 많은 NGO에 따르면(특히 지역에서 일하는 비정부 환경 단체 소속 활동가 페리에 따르면), 지속 가능한 종려유를 위한 원탁회의가 환경을 위해 일한다는, 이른바 '녹색'이라는 믿음을 심어준 것은 바로 원탁회의의 공동 설립자 WWF다. 3억 달러 이상의 자본,[35] 5000명의 직원과 500만 명의 기부자를 거느린 WWF는 세계에서 규모가 가장 큰 환경 보호 단체다. WWF 인터내셔널의 수입 4퍼센트는 기업으로부터 들어온다. "WWF는 중요한 경제 수장들과의 전략적 협조를 통해 생태학적으로 지속 가능한 경제 활동을 지원하도록 영향력을 행사한다. 우리는 기업을 바꾸기 위해 그들과 함께 일한다. 경제계는 WWF를 능력 있고 신뢰할 수 있는 독립적 파트너로 간주한다. WWF가 중요한 문제에 대해 언급하고 혁신적 해결책을 제시하기 때문이다." WWF는 산업과의 협조를 이렇게 설명한다.[36]

WWF는 민간에서 생겨난 조직이 아니다. 1961년 귀족이자 맹수 사냥꾼인 백만장자 사업가가 인간의 발길이 닿지 않은 자연 낙원을 보호하기 위한 명목으로 설립했다. WWF는 국립공원을 조성하기 위해 그곳의 원주민을 내쫓았다. 이는 이 조직을 따라다니는 불명예스러운 역사가 되었고, 이를 만회하려 노력하고 있음에도 오늘날까지 이데올로기적으로 영향을 미치고 있다. WWF는 1996년 기본권 성명서에서 토착민의 권리를 인정한 바 있다.[37] 그런데 이 성명서에는 다음과 같이 독특한 문장도 포함되어 있다. "WWF는 종(種)이나 생태계를 위해 지속 가능하지 않은 일을 하는 활동가, 위험하거나 위협적인 종들(……)에 대해 WWF의 정책과 일치하지 않는 단체의 활동가를 지원하지 않거나 배제할 권한을 갖는다. 활동가들이 토착민으로 구성되어 있다고 해도 마찬가지다."[38]

즉 토착민이 WWF의 생각과 다르게 행동하면, 생태계의 균형에 나쁘다는 얘기다. 하지만 제지, 목재, 대두, 육류, 종려유를 생산하고 구매하는 모든 대기업의 99.9퍼센트가 지속 가능하지 않은 행동을 한다. 심지어 WWF와 함께 원탁회의를 하는 기업들도 그러하다. 토착민과 농부의 범죄에 대해 잘사는 서구인은 자신들의 우위를 보여준다. 어느 정도의 자연이 어디에서, 누구에 의해 그리고 누구를 위해 보호받아야만 하는지를 결정하는 것도 역시 서구인이다. 그야말로 녹색식민주의가 따로 없다.

2017년 1월 NGO 서바이벌 인터내셔널(Survival International)은 경제협력개발기구, 곧 OECD에 WWF의 만행을 호소하는 의견을 전달했다.[39] WWF가 카메룬 정부를 자극해 카메룬 남동부에 야생 보호 구역을 설치하게끔 했다는 것이다. 피그미족의 의지와 반대되는 결정임에도 말이다. 서바이벌 인터내셔널에 따르면, WWF가 교육시키고 재정 지원도 하는 야생동물 보호 단체 에코 가드즈(Eco Guards)는 이 토착민 거주지에서 사냥 금지를 강제로 실행했다. 바카족(Baka)은 폭력을 당하고, 도둑을 맞았다. 살고 있던 오두막도 무너졌다. 공공의 유익을 위해 행동하는 조직이 처음으로 OECD가 소집한 재판정에 섰다. 흥미로운 점은 이 재판정에서 OECD가 내세운 근거였다. 즉 WWF의 사업 자체는 상업적 성격이 없다는 것이다. 하지만 다양하게 펼치고 있는 이 단체의 경제 활동은 고충을 해결하는 게 아니라 방치하고 있다.

'브랜드는 종의 다양성을 유지하는 데 어떤 도움을 줄 수 있나?' 제이슨 클레이(Jason Clay)가 2010년 TED 강연[40]에서 했던 강의 제목이다. 클레이는 WWF 인터내셔널에서 식량, 농업 및 세계 시장 분야를 담당하고 있는 인물이다. 그는 만일 중요한 100개 기업에 지속 가능성을 설득할 수 있다면, 국제 시장이 바뀌어서 "우리의 소비가 이미 감당 못할 만큼 커져 있는" 이 지구를 보호할 수 있을지 모른다고 말한다. 바로 이와 같은 이유로 WWF가 이들 기업을 '포용하려' 한다는 얘기다.

이는 신자유주의적 이데올로기다. 이런 이데올로기에 따르면 대기업들과의 협조는 대안이 없는, 그야말로 피할 수 없는 결정이다. 지구를 구하려면, 신식민주의적 '환금 작물 체제(돈으로 바꿀 수 있는 작물을 재배하도록 하는 체제-옮긴이)'를 인정할 수밖에 없듯이 말이다. 더 이상 대안이 없다고 주장하는 TINA 원칙은 체계적으로 자연을 남벌하는 기업들에 지속 가능성 인증을 내주는 원탁회의에서 실제로 이뤄지고 있다. WWF는 이런 구상을 고안해냈고, 기업들과 함께 원탁회의 외에도 지극히 문제 많은 원자재에 대해 일련의 인증 제도를 만들었다. 요컨대 지속 가능하게 산림을 운영하면 산림관리심의회에서 FSC(Forest Stewardship Council) 인증, 지속 가능한 어업을 하면 해양관리협회에서 MSC(Marine Stewardship Council) 인증, 물고기와 새우를 지속 가능하게 양식하면 양식업관리심의회에서 ASC(Agriculture Stewardship Council) 인증을 내주는 식이다. 원탁회의가 소고기에 GRSB(Global Roundtable on Sustainable Beef) 인증, 대두에 RTRS(Roundtable on Responsible Soy) 인증을 내주고, 더 나은 목화를 위해 힘쓸 경우 BCI(Better Cotton Initiative) 인증을 내주듯 말이다.

이런 인증은 원자재의 축소를 위해 봉사하지 않으며, 오히려 생산량이 늘게 만든다. 이는 대기업의 브랜드를 강화하고, 원자재를 얻을 수 있는 기회를 제공하고, 수십억 달러의 확실한 수익을 얻도록 하고, 이로써 대기업의 힘을 더욱 막강하게 만든다. 그 때문에 이처럼 석극식으로 인증을 해주는 방식은 비판을 받고 있다. 이를테면 독일 킬(Kiel) 대학의 해양연구소에서 실시한 다양한 조사에 따르면, MSC 인증을 받은 물고기도 남획한 어장에서 잡았다고 한다.[41] 벌목과 불법적 개간으로 획득한 나무가 FSC 인증을 받고,[42] 책임 있는 대두 생산과 더 나은 목화 생산을 위해 원탁회의가 교부한 인증이 오히려 유전자 조작 종자를 사용할 수 있게끔 허락한다.

2012년 《추악한 WWF, 판다를 상징으로 삼는 어두운 사업》이라는 책을 쓴 빌프리트 후이스만(Wilfried Huismann)은 〈판다와 맺은 조약〉이라는 영화를 찍기도 했다. 그는 WWF를 "녹색 경제의 세계적 권력"이라고 부른다. WWF는 그의 책과 영화에 법적 대응을 했다. 그리고 저자가 이 문제에 대해 오류를 범했다고 비난함으로써 책에서 20개의 문장을 검정색으로 지우게 만들었다. 하지만 WWF는 자신에 대한 근본적 비판에는 이의를 제기할 수 없었다.

"WWF는 자신만의 방식으로 전 세계를 통제하는 시스템의 일부다. 이 시스템에 의해 세계 농업 질서를 유지하려 한다." 후이스만은 책에서 이렇게 적고 있다. 가난한 남반구 국가들은 순전히 원자재를 공급하는 나라로 전락했다. 또한 대기업이 이런 나라를 개발하고 착취할 수 있는 이유는 특별하게 마련한 '보호 구역'이라는 걸 통해 합법적으로 행동할 수 있기 때문이다. 하지만 핵심은 산업에 자원을 제공하는 공급처이지 지역 주민의 이익은 아니다. 바로 이런 점이 지극히 반민주적이다. "우리 세계에서 국립공원과 농장을 분할 지정하고, 국민을 단순하게 무시하는 생태계 신디케이트라고 할 수 있죠." 페리 이라완은 이렇게 비판했다.

WWF는 1997년 세계은행과 함께 '숲을 유지하고 지속 가능하게 사용하기 위한 연맹'을 결성했다. 이것이 지향하는 목표는 적어도 전 세계에 있는 숲의 10퍼센트를 유지하고, 이를 위해 보호 구역을 마련하는 데 있다.[43] 분명한 사실은 이와 같은 목표를 실행하는 데 있어 숲에서 살거나 숲을 통해 먹고사는 사람들과 협의를 보지 않았다는 것이다. 녹색식민주의는 지역 주민의 사회적 정의와 생태적 정의에 대한 정치적 요구를 무시할 뿐만 아니라, 종려유 마피아에 대항해 투쟁하는 주민을 방해하기까지 한다.

"종려유를 전혀 사용하지 않는 것도 해결책은 아니다." 이와 같은 슬로건으로 WWF는 2016년 8월 〈종려유의 자취를 찾아서: 종려유가 없는 세상에 대한 예측〉이라는 연구를 내놓았다.[44] 만일 제품을 생산할 때 종려유가 아닌 다른 기름으로 대체한다면, 가령 코코아·대두·해바라기와 평지 씨 기름으로 대체한다면 경작에 필요한 땅이 더 많아야 하고, 그러면 온실가스 배출이 늘어나 더 많은 생물의 다양성이 위기에 처한다는 것이다. 그것도 (WWF가 요구했듯) 유럽연합이 바이오 연료를 사용하지 않은 채 소비 행태를 바꿔 종려유 사용을 절반으로 줄일 경우 이런 현상이 더욱 심각해진다고 한다. 오로지 열대 지역에서만 재배 가능한 종려유가 기름을 추출하는 다른 식물에 비해 수확을 많이 할 수 있다는 건 맞는 말이다. 그런데 알고 보면—종려유를 포기하는 것도 해결책이 아니라는 주장은 착각 중에서도 착각인데—종려유는 엄밀히 따져서 사람들에게 반드시 필요한 제품을 만들기 위해 사용되지 않는다. 즉 바이오 디젤을 만드는 데 사용하며, 이 바이오 연료는 기후를 전혀 보호하지 않는다. 대량 사육하는 가축의 사료로도 사용하는데, 이 또한 어마어마한 고통과 환경 훼손을 유발한다. 화장품을 만들 때도 사용한다. 그리고 먹으면 살이 찌고 병들게 하는, 공장에서 만들어 플라스틱으로 출시하는 제품을 만들 때도 사용한다. 가장 최근의 연구에 따르면, 심지어 가공식품에 들어간 종려유는 암을 유발할 수 있다고 한다.[45]

하지만 WWF의 조사―무엇보다 이에 대한 발표―는 종려유를 "사소한 해악"으로 여겼다. 심지어 다른 식물에 비해 환경에 좀더 친화적인 대안이라며 지속 가능한 종려유를 위한 원탁회의가 해결책이라는 의견을 내놓았다. 산업계는 이런 '종려유 없이는 안 돼'라는 메시지를 감사하게 받아들였다. 예를 들면 유니레버가 그렇다. 이 대기업은 WWF의 조사 이후 종려유의 대량 사용을 합리화했고, 이로써 지속 가능성을 위한 활동에 적극 참여한다는 광고를 하고 있다.[46]

실용주의의 덫에 걸린 그린피스

"누텔라(Nutella)를 먹는 것을 중단해야 합니다." 프랑스 환경부 장관 세골렌 르와얄(Ségolène Royal)이 2015년 6월 페레로에서 생산하는 '누스 누가 크림(Nuss Nougat Cream)'에 대한 보이콧을 선언했을 때, 언론에서는 대대적으로 반응했다. 빵에 발라 먹는 누텔라에는 어마어마한 양의 종려유가 들어가 있으며, 이런 제품을 만들기 위해 숲을 파괴하고 있다면서 말이다. 그런데 이틀 후, 이 여성 장관은 사과하며 보이콧을 거둬들였다. 무슨 일이 일어났던 것일까?

이탈리아 정부는 프랑스 환경장관에게 아주 큰 소리로 불평을 터뜨렸다. 이탈리아의 제과 회사 페레로 역시 경보를 울렸다. 제과업계의 거물은 하필이면 그린피스로부터 보호를 받았다. 이 NGO는 보이콧을 했더라도 문제를 해결하지는 못했을 것이라고 주장했다. 그 밖에 페레로는 오로지 인증받은 종려유만 구입하기 위해 야심적인 전략을 펼치고 있다는 말도 덧붙였다.

놀라운 반응이었다. 설립 이후 그린피스는 지속 가능한 종려유를 위한 원탁회의를 줄곧 비판하기만 했다. 원탁회의 소속 회원들의 위반 사례, 은행과 종려유 회사 그리고 소비재 회사들이 복잡하게 얽힌 커넥션에 대해 수많은 연구를 발표하고 대기업을 공개적으로 낙인찍곤 했다.

'네임 앤드 셰임(Name and Shame: 이름과 수치심—옮긴이)'이라는 구상으로 그린피스는 캠페인을 벌였다. 이 NGO는 브랜드 회사들의 범행을 입증하고, 이들을 협상의 자리로 불러내기 위해 자극했다. 그린피스가 월마의 고객들을 대상으로 벌인 캠페인은 '프록터 & 갬블의 더러운 비밀'이었고, 40만 명의 고객 역시 깨끗하지 못한 종려유의 구매를 반대한다는 이메일을 프록터 & 갬블에 보냄으로써 이를 지원했다. 이 대기업은 자신들의 산림 보호 방침을 소개하며 "더러운 종려유를 2020년까지 완전히 추방할 것"이라고 말했다. 그린피스는 2013년 250개 생필품 대기업이 "더 나은 방식으로" 종려유를 구매하도록 독려했다. 프록터 & 갬블 외에 페레로, 마르스, 네슬레, 유니레버는 앞서 발표한 기업과 비슷하게 듣기 좋은 종려유 전략을 공개했다.[47] 그린피스는 종려유 캠페인을 통해 소비재 대기업뿐 아니라, 인도네시아에서 논란을 일으키고 있는 많은 제지 및 종려유 대기업들이 남벌을 절대 하지 않겠다는 '노(no) 벌채' 서약을 하게끔 했다. 그리하여 그린피스는 인도네시아의 아시안 펄프 & 페이퍼와 협력을 했는데, 이 기업은 혼자서 2만 제곱킬로미터의 열대 우림을 파괴한 것으로 알려진 종려유업계의 거물 시나르 마스의 자회사다. 그리고 역시 시나르 마스의 자회사인 골든 애그리 리소스(Golden Agri Ressources)와도 협력 관계를 맺었다. 2013년 12월 대기업 월마는 "노 벌채, 노 토탄(peat),[48] 노 착취"를 공표했다. 이에 대해 그린피스 인터내셔널은 "너는 해냈어!"라고 환호하며 "인도네시아 숲을 위해 엄청난 이득을 가져다줄 것이다"고 말했다.

"만일 어떤 회사가 더러운 종려유는 우리 공급처에서 추방해버릴 의무가 있다고 말하면, 우리는 우선 이런 행동을 높이 인정해줍니다. 그다음 단계로 우리는 이 회사가 정말 약속대로 실천하고 있는지를 보죠. 그 때문에 우리는 앞으로는 좀더 많은 약속의 이행을 추적할 생각이며, 어디에 회사의 책임을 면해줄 요인이 있고, 또 누가 면책을 해주는지도 밝혀낼 것입니다. 그래야 무슨 일이 생겼고, 누구에게 책임이 있는지 분명하게 알 수 있죠." 그린피스 소속 여성 산림 전문가 게셰 위르겐스(Gesche Jürgens)는 이렇게 말했다.

그린피스는 지속 가능한 종려유를 위한 원탁회의를 바탕으로, 2013년 산업계와 함께 직접 일종의 다른 원탁회의를 설립했는데, 그게 바로 '종려유 혁신 그룹(Palmoil Innovation Group, POIG)'이다. 이 단체에는 페레로, 다농(Danone), 로레알(L'Oréal) 그리고 종려유 대기업인 무심 마스, 애그로팔마(Agropalma), 다본(Daabon) 그리고 WWF도 속해 있다.

"POIG는 산업이 높은 수준의 기준을 세우고 실천함으로써 벌채, 인권 침해, 토지권과 노동권 침해 사이의 연관성을 깨부술 수 있다는 걸 증명할 것이다."[49] 회칙엔 이런 내용이 적혀 있다. 실제로 원탁회의의 기준보다 발전한 POIG의 기준은 훨씬 더 엄격하다. 하지만 이것 역시 기업들이 자발적으로 지켜야 하는 기준에 불과하다. 원탁회의도 바로 이 부분으로 인해 실패했다. 원탁회의가 지정한 최소한의 기준조차 지키지 않는 종려유 대기업들이 무엇 때문에 그것보다 더 엄격한 기준을 자발적으로 지키려 하겠는가?

"만일 우리가 그렇게 말하면, 종려유가 사라질지도 모른다고 믿는 것은 착각이라고 생각합니다. 우리는 종려유를 반대하는 게 아니라, 아직 남아 있는 숲과 이탄을 유지할 가능성을 찾고 있습니다." 산림 전문가 위르겐스는 이렇게 말한다. 이는 WWF의 주장과 다르지 않다. WWF가 지속 가능한 종려유를 위한 활동에 적극 참여함으로써 '성공'을 보여주고자 하는 NGO들을 압박할 수 있는 것이다. 또한 이는 그린피스를 전 세계적 단체로 만든 많은 기부자들이 실용적이고 기술적인 해결책에 마음을 열며 돈도 잘 버는 중산층이라는 사실과 연관이 있을 수 있다.

종려유를 지속 가능한 방식으로 생산할 수 있다는 예로서 그린피스는 도산(Dosan)이라는 마을에 아주 작은 농장을 운영하고 있다. 지속 가능한 종려유를 위한 원탁회의 역시 수마트라 남부의 리아우(Riau)에 이런 작은 마을을 마련해놓고 전시용 프로젝트로 사용한다. 협력 농장인 붕고 탄중(Bungo Tanjung)은 7제곱킬로미터 규모의 농장을 운영한다. 그린피스에 따르면, 이곳에서는 농장을 확대하기 위해 숲을 벌채하는 일이 없고, 농부들은 개선된 재배 방식을 활용해 생산성을 향상시킨다. 그 밖에도 이들 농부는 불을 질러 숲을 개간하는 일을 결코 하지 않을 것이라 맹세했다고 한다. 대대적인 수요가 있는데 그 같은 소규모 농장은 결코 좋은 모델이 아니다. 유럽연합이 바이오 연료를 사용하지 않는다 하더라도(그린피스가 오래전부터 이를 위해 투쟁하고 있지만) 말이다. 왜냐하면 유니레버에서 필요한 종려유만으로도 4000제곱킬로미터의 농지가 필요하기 때문이다. 이는 도산에 있는 농지의 570배, 독일 면적의 10퍼센트에 해당한다. 이런 협력 농부들이 동일한 면적에서 2배 많은 기름을 생산하는 데 성공할지라도, 이 정도 수확량으로는 유니레버 같은 기업 하나의 수요도 충족시킬 수 없다.

오늘날의 전시 프로젝트에 관한 역사는 물론 종려유를 생산하는 나라의 다른 역사처럼 잔인하다. 즉 도산 마을은 한때 소중한 이탄 숲과 늪 지역으로 둘러싸여 있었다. 1980년대 인도네시아 정부는 이 지역을 개척했다. 그것도 어마어마한 규모로 벌채하고 이탄토를 바짝 말려버렸다. 그리고 이곳에 종려유만 단작하는 농장을 만들었다. 마을 사람들은 가난에 내몰렸다. 그들은 더 이상 벼를 심지도 못하고, 물고기도 잡을 수 없었다. 땅과 물이 빠르게 오염되었기 때문이다. 2000년 지방정부는 토질이 떨어진 이 땅을 '소농을 위한 종려유 프로젝트'를 위해 사용하라며 떠맡겼다. NGO들과 심지어 유엔환경계획도 종려유 재배를 지원했다.[50] 한때 숲 덕분에 살았던 농부들은 종려유를 생산하는 것 말고 달리 방도가 없었다. 이런 것이 진정 지속 가능한 종려유인가? 아니면 파국적 자본주의가 범하는 녹색 버전의 재난에 불과한가?

"국제적인 NGO들은 지름길 전략을 추구하고 있어요. 그들은 현지에 있는 정치엔 영향을 전혀 주지 못하고, 공급처를 통해 뭔가를 바꾸려 시도합니다. 어떤 기준에 맞게 실천하도록 의식 있는 구매자와 기업을 압박하려는 생각은 원탁회의와 똑같죠." 동남아시아 전문가 올리버 퓌에는 이렇게 비판했다. "내부에서부터 뭔가를 바꿀 수 있다는 이런 생각은 자신에게 아무런 힘이 없을 때 생겨납니다. 하지만 NGO 시각에서 보면 탁월하지요. 그들은 권력을 가진 자들과 책상에 앉아서 자신이 중요하게 생각하는 문제를 털어놓죠. 지속 가능한 종려유를 위한 원탁회의가 제기한 원칙 속에는 NGO들이 하고자 하는 게 모두 포함되어 있습니다." 퓌에는 이런 원칙이 틀렸다고 생각한다. "이것은 문제 있는 부분에 이의를 제기하는 게 아니라, 하향식 전략입니다. 경영자들이 착취하는 행동을 바꿀 수 있도록 그들과 대화를 한다는데, 이런 것은 국제적으로는 물론 지역의 사회 운동이 채택할 만한 전략이 아닙니다." 국제적 또는 지역적 운동은 오히려 숲을 보존하고 토지에 대한 권리를 위해 투쟁한다. 산림 보호와 토지 권리를 보호하기 위해 찾은 증거를 법정에 가져감으로써 이런 운동은 영업 허가를 받은 많은 농장에서 더 이상 채벌이 일어나지 않도록 하는 데 성공했다. 이렇게 함으로써 실제로 숲을 구할 수 있었다. 어쩌면 대규모 NGO 모두가 이뤄낸 것보다 많은 성과를 얻었을지도 모른다.

페리 이라완 역시 그렇게 함으로써 대성공을 거두었다. 숲에서 일하는 농부의 아들이자, 학교에서 토목과 측량을 공부한 그는 수마트라의 카랑 멘다포(Karang Mendapo) 마을에서 대기업 시나르 마스가 2003년 빼앗은 땅을 돌려받았다. 이 종려유 대기업은 단 하루 만에 숲을 개간해 종려유 단작에 돌입했었다. 하지만 페리와 마을 사람들은 이에 저항했다. 이제 한때 종려나무가 있던 곳에 다시 산림이 들어섰고, 호랑이들도 숲으로 돌아왔다.

녹색 폭탄 세례

베르너와 나는 발리에 있는 누사두아 컨벤션센터의 전시장을 어슬렁거리며 돌아다녔다. GAPKI의 종려유 회의가 열리는 동안 이곳에서는 종려유 회사, 농기구 생산자 그리고 다우 케미컬 같은 비료 및 제초제 생산자를 소개했다. 입구에 있는 부스 하나가 눈에 띄었다. 나무 조각으로 커다랗게 장식을 해서 그런지 인도네시아의 전통 가옥을 연상케 했다. 작은 연단 위에서는 민속 의상을 입은 늙은 다야크족(Dayak) 할머니가 머리를 깃털로 장식한 아이들과 함께 춤을 추고 있었다. 악사 한 명이 현악기로 토착 음악을 연주했다. 악기에서는 새 지저귀는 소리와 원시림에서 나는 소리가 들렸다. 벽에는 오랑우탄과 아름다운 숲 그리고 행복하게 미소 짓고 있는 원주민의 사진들이 걸려 있었다. 그리고 사진들 밑에는 '가난을 번영으로'라는 표어가 붙어 있었다. 마치 규모가 큰 NGO의 광고처럼 보였다. 한쪽 벽에는 미국의 인증 단체 '열대우림연맹'의 녹색 개구리 상징이 번쩍거렸다. 우리는 종려유 대기업 마킨 그룹(Makin Group)의 부스에 있었다. Makin은 Matahari Kahuripan Indonesia의 줄임말로, 여기서 Matahari는 '태양'을 의미한다. "마킨 그룹은 인간성과 생산성 그리고 환경이 조화롭게 작용하는 기업으로, 인간을 위해 더 나은 삶을 구축하겠다는 꿈을 안고 설립되었다." 종려유로 그렇게 하겠다는 말인데, 종려유가 아니면 또 무엇으로 그렇게 할 수 있겠는가. 마킨 그룹은 인도네시아의 GAPKI를 후원하는 기업이기도 하다.

크리스 이츠산(Chris Ichsan)이 '균형'과 '조화'에 대해 우리에게 한창 열변을 토하는 가운데, 베르너가 중간에 끼어들었다. "산불은 어떻습니까? 당신네 회사는 이것과 관련이 있지 않습니까?"

"아뇨. 우리는 산불과 전혀 상관이 없습니다. 그런 일은 결코 없습니다!"

"당신은 지금 조화에 대해 설명하고 있는데, 그건 당신들의 포커페이스를 보여주는 것 아닌가요?"

"만일 그걸 밝혀내고 싶다면, 마을과 농장을 방문해보십시오. 구획 정리가 잘된 땅에 가봐야 합니다."

우리는 이 착한 남자한테 이미 그곳엘 다녀왔다는 말을 하지 않았다. 재로 변한 잠비의 들판에 대해 말이다. 환경 활동가 페리 이라완은 종려유 회사 PT RKK를 화재 혐의로 고발했고, 그로 인해 경영자가 구속되었다. 마킨 그룹은 바로 이 PT RKK의 자회사다. 그리고 마킨 그룹과 PT RKK 는 월마에 종려유를 납품한다.

　월마는 이 종려유를 유니레버에 납품하고, 유니레버는 100퍼센트 지속 가능한 종려유로 만들었다며 제품을 판매한다.

국가의 그린워싱
정치가 어떻게 기업을 보호하고 인권을 침해하는가

"장사할 자유를 많이 승인하면 할수록, 이런 장사로 인해 희생된 사람들을 위한 형무소를 더 늘려야 한다."

—에두아르도 갈레아노(Eduardo Galeano), 《수탈된 대지, 라틴아메리카》

남자는 머리카락을 쥐어뜯으며, 눈을 동그랗게 뜨고 입도 크게 벌린 모습이었다. "이런 세상에, 인증!" 말풍선에 있는 내용이다.[1] 정부는 온라인 포털 www.siegelklarheit.de에 지나치게 절망한 표정을 짓고 있는 소비자 사진을 광고로 사용하고 있다. 이렇게 함으로써 대기업이 환경과 사회 평등을 위해 약속한 사항을 투명하고도 진실하게 보여줄 수 있도록 하기 위함이다. 정부는 아마 알아차렸을 것이다. "다양한 인증을 불투명하게 남발하면 할수록 그린워싱의 위험이 오히려 더 많아진다는 것"을 말이다. 중앙정부에서 '지속 가능성 품질'을 인정하고자 하는 이 프로젝트에는 25만 유로가 투입되었고 앞으로도 매년 3만 유로가 들어갈 예정이다. 이 온라인 포털에서는 전문가늘이 옷, 나무, 생빌품, 세제, 송이에 발부한 환경 인증과 사회적 의식 인증을 평가한다. 요컨대 이런 인증이 얼마나 신뢰할 수 있고 추천할 만한지 말이다. 실제로 그동안 상상할 수도 없을 만큼 많은 인증서를 소비재에 발부했다. 심지어 소비자 보호 단체조차도 전반적 상황을 파악할 수 없을 정도다. 소비자 단체들은 현재 발부된 라벨과 인증이 족히 1000개는 넘을 거라고 예상한다.

따라서 독일의 경제개발부(BMZ)와 국제협력부(GIZ)가 인증 포털을 도입한 것은 새로운 아이디어라고 할 수 없다. 발부한 라벨이 정글처럼 뒤죽박죽 섞여 있어 제대로 된 방향을 가르쳐주겠다고 약속하는 온라인 포털과 앱이 이미 다수 있으니 말이다. (예를 들어 소비자 단체의 www.label-online.de는 다양한 부처에서 재정 지원을 받고 있다.) 주의를 끌기 위해 정부는 초기에 이 자체 프로젝트의 우수성을 스스로 칭찬했다. 즉 정부는 지속 가능 개발을 위한 국무장관 위원회〔총리실의 페터 알트마이어(Peter Altmaier) 실장 소속〕가 이 데이터뱅크를 '2015년 지속 가능 개발을 위한 등대 프로젝트'로 선택하며 "최초로 국가적 차원에서 그리고 다수 부서에서 공동 참여해 환경과 사회적 측면을 고려할 때 무엇이 신뢰할 수 있고 수준 높은 인증인지를 확정지었다"고 자찬했다. 이 포털의 목표는 소비자, 단체, 정부가 공적인 구매를 좀더 투명하게 하자는 데 있다. 이를 위해 200명가량의 전문가들이 각종 인증을 400가지 넘는 다양한 기준으로 검증한다. 정부는 산업의 녹색 거짓말과 진지하게 전쟁을 하겠다고 선언한 것일까?

개발부 장관 게르트 뮐러(Gerd Müller)는 우리보다 더 잘 아는 사람처럼 우리를 가르치려 한다. "소비자는 직물을 직접 결정할 수 있습니다. 인간성을 존중하는 제품, 생태와 사회적 평등을 고려해 생산한 제품을 직접 고를 수 있는 것이지요." 이렇게 함으로써 정치는 기업에 질서를 부여하고 생태와 사회적 평등에 적합한 경제를 강요해야 하는 자신의 과제를 다시급 벗어던진다. 그 대신 소비자에게 책임을 떠넘긴다. 소비자는 앞으로 소비하기 전에 정보를 얻고(자발적으로!) 생태와 사회적 평등에 대한 약속을 지키겠다는 기업의 말을 기준으로 계속 소비하면 된다는 것이다. 기업의 돈을 받고 활동하는 로비스트들이 모든 정부 정책을 방해할 수 있는데도 말이다.

인증은 신뢰성, 환경 친화성 그리고 사회적 책임을 기준으로 평가한다. 이 세 가지 기준이 내거는 최소한의 조건 가운데 두 가지만 채우면 '좋은 선택'이라는 인증을 받고 청록색 스마일이 붙는다. 만약 이런 최소한의 조건을 넘어 신뢰성이나 환경 혹은 사회라는 기준을 70퍼센트 이상 충족하면 '매우 좋은 선택'이라는 인증을 받는다. 그러면 암록색 스마일이 소비자에게 미소를 지어 보인다.

둘 중 하나, 요컨대 환경이나 사회 중 한 가지면 충분하다. 환경 보호를 하는 대신 인권과 노동권은 침해해도 좋다는 의미다. "구매할 때 이런 점을 고려하는 사람은 기업이 전 세계적으로 지속 가능한 생태와 사회적 책임을 지면서 상품을 생산하는 일이 점점 더 많아지도록 하는 데 기여할 수 있다." 독일 정부는 이렇게 주장한다. 사회적 최소 기준이나 생태적 최소 기준 모두를 충족하지 않더라도 인증은 '매우 좋은 선택'으로 간주될 수 있다. 예를 들면 생계를 보장할 수 없는 임금을 지불하거나 노동 재해 방지가 충분하지 않더라도 말이다. 혹은 비료와 제초제의 사용에 대해 항의를 받더라도 말이다. 복잡하고, 애매하고, 불투명하게 들리지 않는가? 인증이라는 게 원래 그렇다. 더 끔찍한 것은 국가의 인증 검사 기준은 제품 인증 때의 기준보다 낮을 때가 훨씬 낮다는 점이나.

직물 분야에서는 목화에 대해 '좋은 선택'의 인증에 두 가지 종류가 있다. 산업계에서 이런 인증을 내주는데, 심사 기준이 낮은 것으로 알려져 있다. 하나는 대기업 오토(Otto) 무역재단의 도움을 받아 시작된 코튼 메이드 인 아프리카(Cotton made in Africa, CmiA) 인증이고, 또 다른 하나는 아디다스·H&M·이케아·WWF가 만든 베터 코튼 이니셔티브(Better Cotton Initiative, BCI) 인증이다. 두 가지 인증의 경우 유기농도 아니고 공정 무역에 의해 생산한 목화도 아니다. 다만 대량 시장을 위한 전통적 재배 방식을 좀더 향상시켰을 뿐이다. 그러니까 생산성이 더 좋아진 목화라는 의미다. 이런 목화의 시장 점유율이 올라가는 데 반해, 생태적으로 재배한 목화는 정체되어 있다. CmiA는 비료와 제초제의 사용에 약간 제한을 두긴 하지만, 목화를 재배하는 농부는 환경 친화적으로 생산하더라도 프리미엄을 받지 못한다. BCI는 유전자 조작 종자의 사용을 일체 금지하지 않는다. 이런 종자는 특히 많은 제초제를 뿌려야 하고, 농부는 종속적 처지에 있다. 왜냐하면 특허받은 종자와 제초제를 매년 새로 구매해야 하기 때문이다. 높은 가격을 받고 목화를 팔 수 있는 것도 아니다. 농장에서 일하는 노동자가 생계 임금을 받지 못하더라도 두 가지 인증을 모두 교부받을 수 있다. 세계에서 두 번째로 큰 농산물 거래 기업 카길은 두 가지 인증 프로젝트에서 모두 그들의 파트너다.

하지만 이와 같은 결점을 투명한 인증을 위한 사이트에서는 의도적으로 은폐한다. "우리는 포털을 통해 인증과 그 인증을 교부할 때의 기준이 점차 향상되도록 자극을 주고자 한다. 따라서 특정 시스템에 벌을 내리는 게 목표가 아니며, 투명한 설명을 통해 소비자가 상품을 선택 및 비교하는 데 도움을 주고자 한다. 우리는 소비자가 확신을 갖고 구매할 수 있도록 하고 싶다—이는 제품의 생산 과정에 중요한 신호를 보내게 될 것이다." 국제협력부는 이렇게 말한다. 하지만 결점과 부정(不正)에 침묵하는 것이야말로 투명성과 완전히 반대된다. 어쩌면 정부에는 CmiA의 목화가 특별히 좋아 보이도록 하는 게 중요할지도 모른다. 자세히 들여다보면 경제개발부는 공적·사적 파트너들에게 2000만 유로를 투자했고, 국제협력부도 이러한 파트너에 속한다. 아울러 이 둘은 인증 포털에서 평가위원 자리를 차지하고 있다.

그들은 '투명성', '지속 가능' 혹은 '책임' 같은 듣기 좋은 말을 인스턴트 수프에 적혀 있는 '품질' 같은 단어처럼 사용한다. 이런 단어를 강조하면 할수록 의심은 더욱 깊어진다. 실제로 정부도 이를 인정한다. "우리의 분석은 오로지 서류 심사로만 이루어진다. 우리는 현장에 가서 검사하지 않는다. 이 말은 우리가 현장에서 어떤 효과를 목표로 삼고 있는지 말할 수 없다는 의미다." 특히 정부는 생태적·사회적 관점에서 끔찍하고, 공급 과정에서 제품이 어떻게 만들어지는지 아무도 모르는 제품에 대해 안심 인증을 내어줄 필요가 있다. 예나 지금이나 사회 및 환경 기준이 중요하지 않은 국가에서 생산하는 제품이 이윤을 훨씬 많이 남긴다. 이런 인증 단체에서 만일 개별 기업이 얼마나 수준 높은 약속을 자발적으로 했는지 판단한다면—약속을 실제로 어떻게 실행에 옮기는지, 그리고 약속한 효과를 내는지로 판단하는 게 아니라—포털 www.siegelklarheit.de는 국가에서 재원을 대는 그린워싱이 아닐 수 없다.

그런데 인터넷 사이트는 그다지 주목을 끌지도 못한다. 시민들 가운데 5200명이 이 앱을 다운로드했고, 2015년에는 이 사이트를 방문한 사람이 매달 2000명 조금 넘었을 뿐이다.[2] 이는 진실 중 극히 일부에 불과하다. 거칠고 조야한 평가 기준이 세금으로 구입하는 공공 물품 조달의 기초를 형성하고 있기 때문이다. 사무용품, 근무복, 공원 벤치, 사내 식당의 커피는 물론 버스를 구매하는 데 정부는 매년 2600억 유로를 지불한다. 지속 가능한 공적 물품 조달은 국가적 지속 가능 전략의 일부이며, 이러한 국가적 지속 가능 전략은 또한 독일 정부가 유엔의 지속 발전 요구 사항을 충족시키려는 의지인 셈이다.[3] '지속 가능 품질 체크'는 그 초석일 뿐이다.

법률 대신 자발성

독일 정부는 다른 많은 자본주의 국가처럼 자발적 기업 책임제, 이른바 CSR(Corporate Social Responsibility)를 도입하고 있다. CSR는 기업이 경제 성장과 더 나은 경영을 통해 사회적이고 환경적인 문제를 해결해야 한다는 것이다. 스스로 선택한 기업의 '초법적' 이니셔티브로서 말이다. 여기에는 경제 친화적 NGO와의 협력, 행동 규약, 생태 및 사회 프로젝트, 자체 인증 시스템, 정치계 및 NGO와 기업이 속한 원탁회의에 참여하는 일 등이 포함된다. 바로 핵심 사업을 제한하지 않고 이윤을 줄어들게 하지 않는 모든 행위다. CSR는 윤리적 도구로서, 기업은 이것이 문제 해결사인 것처럼 연출하고 정치와 사회의 사선(射線)으로부터 빠져나온다. 모든 대규모 기업에 CSR 부서가 있다는 건 놀라운 일이 아니다. 바로 이 부서의 마케팅 및 광고 전문가들이 환경을 의식하고 사회적 책임감이 있는 회사라는 이미지를 만들어내고 있다. 이런 작업을 하면서 기업은 정부, 유럽연합 그리고 유엔으로부터 지속적으로 지원을 받는다.

세계에서 가장 큰 CSR 계획은 바로 유엔의 글로벌 콤팩트(Global Compact)다. 당시 유엔 사무총장이던 코피 아난(Kofi Annan)이 1999년 국제적 사회 윤리와 환경을 개선하기 위해 다보스에서 열린 국제경제포럼 때 기업들과 맺은 협약이다. 그동안 전 세계 9454개 기업이 이 협약에 가입했다. 회원은―당연히 자발적으로―열 가지 원칙을 준수해야 할 의무가 있다. 그중엔 인권을 침해하지 않고, 단체 교섭 및 직원의 권리를 인정하고, 강제 노동을 배제하고, 아동 노동을 폐기하고, 부패에 반대하고, 환경을 훼손하지 않겠다는 원칙이 있다. 회사가 져야 하는 단 한 가지 의무는 매년 자사가 얼마나 '발전'했는지 보고서를 제출하는 것이다. 2년 동안 이러한 보고를 하지 않으면 기업은 회원 자격을 박탈당하지만, 새롭게 또 가입할 수 있다. 그 밖에 다른 제재는 없다. 유엔인권고등판무관, 국제노동기구, 유엔환경계획과 유엔개발계획(UNDP)이 속해 있는 글로벌 콤팩트는 기업 보고의 진실성을 검증하지도 않고 그들의 유별난 행동을 조사하지도 않는다. 아울러 이런 것을 판단하지도 않는다. 그러므로 심각한 환경 파괴와 인권 침해로 비난받는 대기업조차 유엔이라는 외투 밑에서 자신들의 핵심 사업을 즐겁게 계속하고 있는 게 놀라운 일은 아니다. 예를 들면 종려유 대기업 월마, 석유 대기업 셸과 BP, 거대 건축 자재 회사 BHP 빌리턴(Billiton)·글렌코어·리오 틴토·베일(Vale), 유전자 기술 분야의 거대 기업이자 제초제 글리포세이트(glyphosate)를 생산하는 몬산토 등이 있다. 이들 기업은 모두 글로벌 콤팩트의 회원사다.

 OECD도 다국적 기업을 위해 행동 규범을 세웠다. 전 세계에 적용되는 OECD 기본 노선에 46개국이 서명했고, 그중 12개국은 OECD 비회원국이다. 서명한 국가들은 자국에 연락처를 설치해야 할 의무가 있다. 만일 어떤 대기업이 기본 노선에 반하는 행동을 하면, 누구든 고충을 제기할 수 있다. 대체로 노동조합과 NGO가 그렇게 한다. 2000년 이래 벌써

435건이 접수되었다. 하지만 이 가운데 1퍼센트만이 긍정적 변화를 이끌었다.[4] NGO가 제기한 고충 처리 중 절반은 국내에 있는 연락처에서 기각되고 만다. 연락처는 대부분 각국의 경제 부처에 마련되어 있다. 이로 인해 구조적으로 관심사를 놓고 대립이 발생한다. 독일에서는 이 연락처가 경제부 산하 대외무역처의 외국 투자와 채무 면책 및 개발 은행을 담당하는 과(課)에 속해 있다. 이들이 맡은 과제는 독일 기업이 외국에 투자하도록 후원하는 데 있지, 독일 기업을 처벌하거나 이들과 반대되는 입장을 표명하는 데 있지 않다.[5] 따라서 이 기본 노선이라는 것도 법적으로 구속력이 없고 위반하더라도 어떤 제재조차 받지 않는다. 또한 '중재' 대(對) 고충 메커니즘은 언제라도 중단될 수 있다.

2001년 유럽연합은 '유럽연합 기업들의 사회적 책임을 위한 유럽 기본 조건 녹색서(CSR)'라는 것을 내놓았다. 유럽연합위원회는 여기서 CSR를 "기업들이 이런 구상을 기초로 기업 활동을 자발적으로 할 때는 물론 주주와의 상호 관계에도 사회와 환경의 중요성을 통합할 수 있도록" 이용하기 위한 것이라고 정의했다. 10년 뒤 유럽연합은 CSR 전략을 갱신했다. (물론 근본적으로 수정하지는 않았다.) "현대적인 이해"에 따르면 CSR는 "기업이 사회에 미치는 영향에 책임"을 지는 것이다. 이런 조건을 통해 사람들은 "기업이 자발적으로 사회적 책임을 다할 수 있는 장(場)을 마련하고자" 한다는 것이다.

독일에서는 정치와 경제에 지속 가능한 발전을 권하는, CSR를 위한 고문단이 일하고 있다. 정부로부터 위임을 받은 15명의 고문단은 산업계와 정치계 그리고 시민으로 이뤄져 있다. 독일 복음교회에서 고문을 맡고 있는 마를렌 티메(Marlehn Thieme)가 회장을 맡고 있으며, 자연 보호 단체의 회장으로 있는 올라프 침프케(Olaf Tschimpke)가 그녀의 대리인 역할을 한다. 독일 총리 앙겔라 메르켈(Angela Merkel)이 3년마다 지명하는 회원 중에는 화학산업동맹 소속으로 가장 활발하게 사업을 펼치고 있는 베르너 슈나파우프(Werner Schnappauf), 화학업계의 대기업 헨켈의 카트린 멩게스(Kathrin Menges)도 포함되어 있다. 특히 지속 가능 고문단에는 베르텔스만 재단, 코카콜라, 플라스틱을 가공하는 산업 전체, 헨켈 그리고 레베가 속해 있다. 이들은 독일 정부의 지속 가능 전략 중 하나인 '독일 지속 가능성상(DNP)'을 운영하는 기업이기도 하다. '지속 가능성상'이란 독일 정부가 생각하기에 "사회적 책임과 환경을 보존하면서 경제적 성공을 이뤄내고 지속 가능한 행동을 지속적 경제 성장에 이용한 것으로" 보이는 기업한테 수여하는 것이다. 예를 들면 환경을 적극적으로 훼손하는 BASF, 바이엘, C&A, 다임러 벤츠, 제너럴 일렉트릭, 헨켈, 프록터 & 갬블, 푸마, 레베, 지멘스, TÜV 라인란트(Rheinland), 유니레버, 폴크스바겐은 모두 한 번쯤 수상자 명단에 올랐거나 상을 받은 적이 있는 기업이다. 몇몇 기업, 가령 유니레버는 여러 차례나 받았다. 특히 2012년 유니레버가 수상자 명단에 올랐을 때는 큰 논쟁이 일었다. 그 전해에 윌마 인터내셔널의 자회사이자 유니레버에 종려유를 공급하는 회사가 수마트라 붕쿠의 토착민 거주지에 경찰기동대 브리몹(Brimob)을 출동시켰다. 기동대는 총을 쏘며 수쿠아낙달람 마을의 토착민을 내쫓고 83채의 집을 무너뜨렸다.[6] '우림을 구하라'와 '로빈 우드(Robin Wood)' 같은 NGO는 지속 가능성상 심사위원들에게 유니레버에 상을 주지 말라고 호소했다. 하지만 심사위원들은 문서를 통해 유니레버가 "고충과 비성상을 추석하고 매우는 효파로 심는 노력을 할 것이라는, 믿을 수 있는 답변을 내놓았다"[7]고 밝혔다.

아, 그렇군. 배우는 효과야 기업에 당연히 있겠지. 다시 말해, 그런 것을 배웠으니 유니레버가 앞으로 인권 침해를 범하면, 직접 나서서 스스로에게 상을 주게 될 테니 말이다. 이 대기업은 종려유를 공급하는 월마에서 무너진 집을 다시 세우기로 약속했다고 말했다. 그런데 정말 그렇게 했는지에 관한 보고서는 제출하지 않았다. 집을 다시 건축하지 않았기 때문이다.

종려유와 카카오 같은 수입 원자재를 위해 독일 정부는 원탁회의를 개최하고, 산업계와 상업계는 여기서 정치가와 NGO를 만난다. 가령 '지속 가능한 종려유 포럼(FONAP)'은 독일 소비재 산업과 함께 "공동으로 종려유 분야에서 실행 방법의 개선을 위해 감당할 수 있는 해결책"을 마련하고, 소비재 산업이 100퍼센트 지속 가능한 종려유를 구매하도록 지원하기 위해 만들었다. 예를 들면 이론이 분분한 RSPO 인증을 받은 종려유 말이다. 이와 같은 원탁회의를 사람들은 좀더 향상시키려 한다. 회원으로는 WWF(유일한 NGO) 외에 의심을 받고 있는 기업, 이를테면 종려유를 점점 더 많이 구매하고 싶어 하는 독일식량업협회, 에데카(Edeka), 페레로, 헹켈, 레베, 유니레버 등이 있다. 레베와 유니레버 그리고 WWF는 이 포럼의 이사진으로 있으며, 운영비의 4분의 3을 세금에서 충당한다. FONAP가 발족한 지 4년이 되었지만 그동안 어떤 긍정적 효과가 있었는지—참여 기업들이 국가에서 재원을 지원하는 플랫폼을 그린워싱 목적으로 이용하는 것 말고—아직 불투명하다.

'지속 가능한 카카오 포럼(FONAK)'도 비슷하다. 이 포럼의 회원으로는 알디, 바이엘 크롭 사이언스(Bayer Crop Science), 카길, 페레로, 리들, 린트

(Lindt), 마르스, 몬델리즈(Mondelez: 미국의 생필품 체인—옮긴이), 네슬레와 레베, 독일제과업연맹, 공정 무역을 추구하는 NGO 인코타(Inkota), 열대우림연맹(논란이 되는 카카오 인증을 내주고 있다), 쥐트빈트(Südwind: 오스트리아의 비영리 단체—옮긴이) 등이 있다. 이들은 함께 카카오 재배 농부의 삶을 향상시키고 생물 다양성을 보호하고자 한다. 회원들은 자사 제품에 지속 가능성을 고려해 재배한 카카오의 비중을 더 많이 늘릴 의무가 있다.[8] 물론 카카오 농사를 짓는 농부들에 대한 보고서['코코아 바로미터(Cocoa Barometer)']에 따르면, 온갖 계획이 생겨났지만 그들의 상황은 전혀 향상되지 않았다. 2009~2015년 인증을 받은 카카오의 시장 점유율이 2퍼센트에서 16퍼센트로 늘어났음에도 여전히 아프리카에 사는 대부분의 카카오 농부는 찢어지게 가난한 생활을 하고 있다. 상아 해안(Ivory Coast)에서 이들 농부는 평균 일당 50센트라는 비참한 임금을 받고 일한다.[9] 독일에서 소비하는 카카오의 4분의 3이 바로 이곳에서 들어온다. 몇몇 소수 기업—그중 네슬레, 마르스, 페레로, 몬델리즈는 모두 카카오 포럼 회원이다—이 전 세계 카카오 거래의 80퍼센트를 통제하고 있다. 이들 기업 소속 로비스트들은 이미 국가로부터 통제를 받지 않는 데 성공했다. 하지만 지금은 이들도 문제를 안게 되었다. 곧 카카오 콩이 사라질 위기에 처했기 때문이다. 대기업들이 가격을 지나치게 압박하는 바람에 서부 아프리카의 농부들이 농사를 포기하고, 그들의 후손은 더 이상 가난한 이 사업에 관심이 없는 까닭이다. 무엇보다 지속 가능성이라는 계획이—정부의 지원을 통해—기업에 카카오라는 원자재를 탐욕스럽게 더 많이 수입하는 길을 확보해주고 있기 때문이다. 기업은 생산성을 올리는 데 몰두한다. 오늘날 전 세계 경제 수장들 모두가 지속 가능성 없는 성장은 불가능하다는 사실

을 맹세한다면, 이는 거짓말이 아니다. 그와 같은 맹세에는 사회적 정의와 생태적 정의가 중요한 게 아니라, 인간과 자연을 가능한 한 오랫동안 착취하는 데 필요한 만큼만 보호해야 하는 게 중요하다.

섬유연맹: 아주 작은 바늘구멍 정책

2014년 6월, 인도에서 라나 플라자 건물이 붕괴되고 족히 1년이 지난 시점에 기민당의 게르트 뮐러 개발부 장관은 잠시나마 마치 시장에 질서를 부여하려는 것처럼 보였다. 그는 직물인증제를 실시하겠다고 발표했는데, 이는 의류 산업이 사회적이고 생태적인 기준을 지키는 의무를 수행해야 한다는 뜻이었다. 만일 이것에 성공하지 못하면 법을 제정할 것이라는 뉘앙스도 있었다. 수년 전부터 남아시아와 동남아시아의 직물 공장에서 일하는 많은 노동자가 죽음을 당하면서—2005년부터 방글라데시와 파키스탄에서만 화재와 공장 건물의 붕괴로 2000명 넘게 사망했다—유럽연합 차원에서 그와 같은 법을 진작부터 만들 필요가 있었다.

뮐러 장관은 '지속 가능한 섬유연맹'에 60개 참여 단체를 모집하는 데 성공했다. 여기엔 크리스천 이니셔티브 로메로(Christian Initiative Romero: 중앙아메리카에서 노동법과 인권을 위해 일하는 단체—옮긴이)·그린피스·펨넷(Femnet: 여성의 경제, 사회, 문화를 위해 일하는 단체—옮긴이)·'깨끗한 옷을 위한 캠페인'·옥스팜·노동조합 같은 NGO, 아디다스·알디·C&A·H&M·KiK·리들·메트로·오토·푸마·치보 같은 기업, 상거래연합과 섬유연합도 참여했다. 이들은 공동으로 65쪽에 달하는 행동 강령을 마련했다. 내용은 야심적이었다. 즉 공급 과정 전반에 걸쳐, 이를테면 목화밭에서부터 옷을 완성할 때까지 안전하게 노동하고 생계를 유지할 수 있는 임금을 지급하며, 아동 노동과 강제 노동 및 성적인 부담이나 차별을 금지하고, 단체를 결성할 자유를 부여하고, 독성 강한 화학 제품을 친환경 제품으로 대체한다는 내용이었다.[10] 이런 목표를 2020년까지 달성한다고 했다.

2014년 10월 뮐러 장관은 연맹 설립을 언론을 통해 알리려 했다. 하지만 발표하기 얼마 전 기업들이 장관을 버렸다. 독일상공회(HDE), 직물 및 의류 산업 전국연맹(t+m), 독일패션협회, 독일소매업무역연합(AVE), 아디다스, 오토, 푸마, 치보 같은 대기업이 대거 이탈하며 연맹에 가입하지 않겠다고 한 것이다. 행동 강령이 '비현실적'이고, 결정을 내릴 만큼 충분히 성숙하지 않았다는 의견이었다. 뮐러 장관은 산업 앞에서 꺾이고 말았다. 이후 몇 달 동안 그는 산업이 행동 강령에서 발을 빼는 것을 허용해야 했다. 우선 연맹의 목표를 설정하고 확정짓는 과제를 맡았던 개발부의 하부 조직 소속 도미니크 칠러(Dominik Ziller)를 해임해야 했다. 산업 및 협회와 맞서 적극적으로 행동하는 그를 시민들은 칭찬했는데 말이다. 하지만 협회 대표자들에게 그는 무서운 사람이었다.[11] 기업들이 연합해 원래 합의했던 행동 강령을 해체하는 동안, NGO와 노동조합들은 거의 아무런 역할도 못하는 자리를 배정받았다. 〈슈피겔(Spiegel)〉의 보도에 따르면, 오토 그룹의 지속 가능 부서 관리자 요하네스 메르크(Johannes Merck)는 행동 강령을 해체할 목적으로 자회사 '시스테인 컨설팅(Systain Consulting) 주식회사'를 활용했다고 한다. CSR 고문 회사는 아디다스, KiK, 치보, GIZ 같은 거대 의류 회사, 그리고 섬유연맹으로 모여 있는 무역협회와도 함께 일한다. 6개 기업이 아무런 방해도 받지 않고—장관 없이—독일무역협회에서 회동을 가졌다.[12] 2015년 3월 이들은 12쪽으로 줄어든 행동 강령을 소개했다.[13] 새롭게 마련한 이 행동 강령에는 시기에 관한 계획도 표기하지 않고, 가입 기준도 없고, 그 어떤 구속력도 없었다. 대신 연맹의 기준과 목표를 달성하기 위한 과정을 함께하자는 제안만 있을 따름이었다. 애매하기 짝이 없는 이 강령은 그야말로 아무것도 하지 않는 연맹임을 보여주었다. 기업들은 이른바 '로드맵'을 제출해야 하는데 여기에 스스로 어떻게 그리고 언제까지 어떤 사회적 및 환경적 발전을 실천에 옮기고자 하는지를 적으면 그만이었다. 로드맵은 우선 개연성에 따라 평가를 내리고 2018년부터 공개한다고 했다. 기업들은 목표를 동일한 수준으로 정할 필요도, 동일한 시기에 달성할 필요도 없었다. 이렇듯 수준이 낮아지자 기업들은 대대적으로 이 발의에 참여했다. 비평가들은 이를 의류 산업의 승리라고 해석했다. "새로운 행동 강령은 기업들이 미래에도 지금까지 해오던 방식대로 해도 된다는 무임승차권이지요." 메디코 인터내셔널(Medico International: 프랑크푸르트에 있는 인권 및 원조 단체─옮긴이)에서 일하는 토마스 자이베르트(Thomas Seibert)는 이렇게 비판했다. "섬유연맹을 통해 기업에 자사를 설명할 수 있는 무대를 제공하는 것은 희생자를 조롱하는 일입니다."

섬유 산업이 자신들의 공급처에 오물을 뒤집어씌우고 있다는 사실은 독일패션협회가 회원들에게 일괄적으로 보낸 편지에서 분명하게 드러난다. "참으로 중요한 것은 우리가 2015년 3월 13일 직물 및 의류 산업 전국연맹 및 무역협회와 함께 돌파구를 마련했으며, 문제 되는 모든 사항을 행동 강령에서 협상 가능한 조항으로 만들었다는 데 있습니다. 더 이상 책임은 없으며, 문제를 일으키는 모든 목표는 협상 가능하고 고려해볼 만한 사항으로만 남을 것입니다. 나아가 모든 결정은 만장일치라는 원칙을 통과해야 하는데, 이를 통해 경제의 관심과 반대되는 결정을 내릴 수 없도록 하는 쾌거도 이루어냈습니다. (……) 물론 회원이 되면 장점이 있는데, 이로써 광고하기도 좋고 정부라는 보호막 아래서 일할 수 있습니다."[14]

만일 섬유연맹이 결성된 후 이런 일이 일어났다면, 독일의 개발부도 더 이상 이 연맹에 개입하지 않았을지 모른다. 그런데 오토의 기업 컨설팅 업무를 맡고 있는 시스테인 컨설팅이 그러한 과제를 맡아 했다. 뮐러 장관은 이와 같은 뻔뻔스러운 행동을 거절했다. 하지만 그럼에도 사정은 나아지지 않았다. 오늘날 섬유 산업의 무책임은 정부라는 보호막 아래서 합법화되었다. 그리고 자신을 윤리 의식 강한 사람으로 연출하는 뮐러 장관은 이 연맹을 성공적 사례라며 축하했다. 그사이 회원들이 다시 빠져나갔는데도 말이다.

섬유연맹은 산업계과 정치계를 도와 9·11 사건 이후 방글라데시 대중의 마음을 진정시켜주었다. 이로써 뮐러 장관은 냄비에서 압력을 빼내는 일을 했을 뿐이다. 어쩌면 정치가 경제에 질서를 부여해주는 전환기를 만드는 데 기여할 수도 있었겠지만 말이다. 그러나 사회와 NGO의 거센 압박으로 인해 200개 무역 회사가 화재 방지 및 건물의 안전에 합의(방글라데시 합의)한다는 문서에 서명하도록 할 수 있었다. 이 합의문에 서명함으로써 기업들은 해당 지역의 노동조합이 참여한 가운데 안전 대비와 수리를 하고 이에 대한 비용을 지불해야 할 의무가 있다. 그러나 라나 플라자 재난 희생자와 그 가족들에게 지급하는 자발적 보상금 펀드도 충분하지 않았는데, 이마저도 국제노동기구가 마련했다. "매년 쌓이는 수익이 200억 달러에 달하는 기업들이 3000만 달러를 모금하는 데 2년이 걸렸고, 그로 인해 공개적으로 상당한 압박을 받았다는 점은 기업이 자발적으로 사회적 책임을 진다는 게 뭔지 보여주는 사건입니다." 여성을 위해 일하는 비영리 단체 펨넷의 기젤라 부르크하르트(Gisela Burckhardt)는 이렇게 비판했다. 라나 플라자에서 제품을 생산한 모든 기업이 돈을 낸 것도 아니다. 이런 수치스러운 기업 중에는 섬유연맹 회원사인 아들러(Adler)와 NKD(저가의 일상복과 스포츠 의류를 생산하는 회사—옮긴이)가 있다.

우습게도 국제노동기구는 펀드에 돈을 낸 기업을 '기부금 명단'[15]에 올려놓았다. 토마스 자이베르트는 이 명단에 대해 다음과 같이 말한다. "1127명의 사망자와 2438명의 부상자에 대해 간접적으로 책임이 있는 자들, 혹은 다카 인근의 산업 지역 사바르(Savar)에 사는 수많은 주민의 목숨을 오래전부터 지배했고 앞으로도 지배할 악몽에 책임이 있는 자들의 명단."[16] 이런 자발적 '기부금'으로 대기업은 아량 있는 기부자처럼 보였고, 반대로 희생자들은 이런 기부금을 달라고 요구하는 처지로 전락했다. 자이베르트에 따르면, 이 3000만 달러로는 부상자와 가족들이 적절한 의학적 및 심리적 치료를 받기에도 충분치 않다. 게다가 많은 사람에게 이런 도움은 너무 늦게 찾아왔다. 그들의 훼손된 건강은 그사이 돌이킬 수 없게 악화했다. 많은 기업이 너무 오랫동안 배상금 지불을 거절했기 때문이다. 그러는 동안 방글라데시 공장에서 일하는 사람들이 때 이른 죽음을 맞이했다. 라나 플라자가 무너지고 반년 후 의류 공장에서 발생한 화재로 10명이 사망한 것이다. 포장 공장—고객 중에는 네슬레도 있었다—에서는 폭발로 인해 34명의 노동자가 사망했다. 재활용 공장에서도 화재로 13명이 사망했다.

화재 방지 합의—오로지 섬유 공장에만 해당된다—는 3년을 더 연장했다.[17] 새로운 조항에 서명한 기업들은 노동조합의 자유를 강화해야 했다. 물론 지금까지 공장의 관리는 더디게 발전하고 있지만 말이다. 화재 방지 합의와 방글라데시의 노동자 안전을 위해 미국 섬유 산업이 만든 연합체가 2016년 4월까지 조사한 3425개 공장 가운데 8곳만이 안전 등급을 받았다. 10만 개 이상의 결함을 발견했는데, 그중 절반이 아직도 처리되지 않고 있다. 화재 방지 합의의 경우, 61개 공장이 수선을 완료했고 나머지 400개 공장은 90퍼센트가량 완료했다고 한다.[18]

뉴욕 대학의 조사에 따르면, 이는 빙산의 일각에 불과하다. 즉 방글라데시 합의와 섬유연맹의 통제는 방글라데시에 있는 섬유 공장 가운데 직접 수출하는 겨우 27퍼센트에만 적용 가능하다. 요컨대 이들의 하청업체에 속하는 공장은 통제할 수 없다는 얘기다. 이로써 거의 300만 명에 달하는 노동자가 안전을 보장받지 못하고 있다.[19] 2015년 5월 다카 북쪽 가지푸르(Gazipur)에 있는 디그니티 텍스타일스 밀스(Dignity Textiles Mills) 공장이 불에 타 무너지고 말았다. 이 공장은 방글라데시 합의에 의거해 검사를 받았지만, 문제점을 해결하지 않은 터였다. 다행히 아무도 다치지는 않았다. 점심시간에 불이 났기 때문이다.

남녀 노동자들이 매일 공포와 무자비한 착취, 폭력과 억압 속에서 옷을 만들고 있는 상황은 거의 변하지 않고 있다. 임금은 여전히 터무니없이 낮다. 국가에서 최저 임금을 월 67미국달러로 올렸음에도 먹고살기조차 힘들다. 방글라데시의 섬유 산업 노동자들이 라나 플라자가 무너진 뒤 몇 달에 걸쳐 시위와 데모를 통해 얻어낸 게 바로 그 정도의 임금이었다. 많은 공장에서는 이보다 낮은 최저 임금조차 받지 못하고 있다. 아울러 활동가와 노동조합은 괴롭힘을 당했다. 2016년 12월부터 2017년 1월 사이 방글라데시에서 34명의 노동자와 활동가들이 짓지도 않은 죄를 덮어쓰고 체포되었다.

"우리 같은 NGO에 섬유연맹은 옵션 B일 따름입니다. 우리는 수년 전부터 옵션 A를 따르고 있는데, 바로 법적인 규정이지요. 옵션 A는 보이지 않는데, 바로 그 때문에 지금까지 규모가 가장 큰 계획에 참여하지 않는 게 불가능했을지 모릅니다. 그렇지 않았다면 순전히 산업연맹으로 남아 있었겠지요." 크리스천 이니셔티브 로메로 소속 마이크 플라움(Maik Pflaum)은 이렇게 말했다. 만일 섬유연맹이 신뢰를 잃는다면 물론 NGO들은 탈퇴할 생각이었다. "우리는 몇 가지 물 타기 작전을 방해할 수 있었습니다. 하지만 나는 이런저런 고민으로 갈팡질팡했지요. 그건 믿을 수 없을 정도로 느린 과정이었습니다." 사람들을 상대로 캠페인을 벌여야 할 NGO들이 아까운 시간만 허비한 것이다. 이는 권력이라는 덫이 무엇인지를 보여준다. 다시 말해 기업은 직원을 해고할 만큼 충분한 돈이 있고, 컨설턴트와 변호사는 배후에서 힘이 되어준다. "그것은 악마와 같은 구조입니다. 왜냐하면 우리는 당연히 우리의 요구 사항을 충족할 때까지 투쟁해야 하기 때문입니다." 마이크 플라움은 섬유연맹이 해결책이라고는 믿지 않는다. "하지만 이런 연맹을 통해 이뤄낼 수 있는 것도 있지요. 지금까지 기본적 발전조차 무시했던 많은 패션 기업이 책임을 완전히 회피할 수는 없다는 의미에서 말입니다."

이후에는 기업들이 언급한 목표를 실행에 옮겼는지, 그 증거를 기업들이 어떻게 제출할 수 있는지에 대해 투쟁할 것이라며 플라움은 말을 이었다. "그러면 섬유 산업이 업계에서 통용되고 있듯 헛소문이나 내고 회계를 바탕으로 그린워싱을 하는 산업으로 여전히 남아 있는지, 아니면 공장에서 어떤 상황이 벌어지고 있는지, 여직공의 처우를 개선하고 있는지, 투명하고 신뢰할 수 있게 관리하고 있는지 알 수 있겠지요."

희생자들이 일어서고 있다

2012년 9월 KiK에 물건을 공급하는 파키스탄의 공급처 알리 엔터프라이즈(Ali Enterprises)에서 화재가 발생해 260명이 사망했다. 2013년 1월에는 KiK와 C&A를 위해 일하는 타즈렌 패션(Tazreen Fashion) 공장에서 화재가 발생해 117명이 죽었다. 그런데도 KiK와 C&A는 오랫동안 화재 예방 협의에 서명하길 거부했다. 방글라데시에서 역사상 가장 끔찍한 재난이 일어나기까지 말이다.

2013년 4월 24일의 라나 플라자 붕괴 사건은 이윤을 인간의 생명보다 우선시하는 파렴치한 패션 산업의 상징이 되었다. 이 사건으로 약 40명의 방글라데시인이 고소를 당했다. 하지만 그중 단 한 사람, 소헬 라나(Sohel Rana)만이 지금까지 형무소에 있다.[20] 정작 이 공장에 바느질을 시킨 서구의 거대한 패션 브랜드—그중엔 베네통, C&A, KiK, 망고(Mango), 프라이마크(Primark)도 있었다—는 그 누구도 책임을 지지 않았다. 왜냐하면 수년 전부터 섬유 산업은 자신들의 계획을 통해 법을 막는 데 성공했기 때문이다. 기업의 사회적 책임 계획(Business Social Compliance Initiative, BSCI)이 바로 그것인데, 2003년 유럽 무역협회 FTA(Foreign Trade Association)가 만든 윤리 경영 원칙을 말한다. FTA는 독일 소매업무역연합의 상부 조직으로 아디다스, C&A, 메트로, 오토, 푸마, 치보 같은 회원사를 거느리고 섬유연맹에 결정적 영향을 미친다. BSCI는 1900개에 달하는 회원사를 위해 행동 강령을 개발했으며, 회원사에 물건을 공급하는 공장을 관리하는 이른바 '사회적 감사(Sozialaudit)'도 운영한다. 그러나 몇 년 전부터 NGO 들은 이런 감사도 아무런 효과가 없다는 사실을 증거로 내놓고 있다. 사회적 감사는 대체로 공장 소유자들이 미리 특별히 감사를 대비하거나, 감사 담당자에게 홍보용 공장을 보여주는 것으로 끝나기 때문이다. 그 밖에 공장 노동자들은 사장이 옆에 있을 때 자기 의견을 말해야 한다. 솔직한 대화를 할 수 없다는 뜻이다. 대부분은 관리자들에게 질문을 한다. 노동 시간, 아동 노동과 임금을 숨기거나 부풀리는 가짜 서류를 제출하는 주인 공들 말이다. 이런 형태로 정보를 얻는 사회적 감사는 노동자에게조차도 이해할 수 없는 내용뿐이다.[21]

건물이 무너지기 4개월 전 TÜV 라인란트는 BSCI 회원들의 주문을 받아 라나 플라자에 있는 공장 팬텀 어패럴(Phantom Apparel)을 감사했다. 그런데 감사를 위임받은 회사는 건물의 하자를 전혀 발견하지 못했다. 불법으로 3층이나 더 증축했다는 걸 한눈에 알아볼 수 있었음에도 말이다. 또한 아동 노동, 노동조합에 대한 압력, 여성에 대한 폭력, 거의 일상적으로 일어나는 과도한 초과 근무에 관한 사항도 보고서에 전혀 언급하지 않았다. TÜV 라인란트는 건물에 대한 하자도, 건축물 성분에 대한 감정도, 건물의 안전성도 자신들이 감사할 대상은 아니었다고 주장할 뿐이다. 이보다 더 놀라운 점은 보고서에서 심지어 건물의 상태를 '좋음'으로 평가했다는 것이다. 펨넷, 메디코 인터내셔널, 방글라데시의 노동조합들, '유럽의 헌법적 권리 및 인권 센터(European Center for Constitutional and Human Rights, ECCHR)' 등의 NGO는 OECD에 TÜV 라인란트가 감사 기준을 소홀히 했다며 이의를 제기했다. 이 감사 조직은 인권 훼손에 공동 책임이 있다고 볼 수 있기 때문이다. 아울러 공장과 건물의 소유자뿐 아니라 이곳에서 섬유를 수입하는 서구의 거래상들도 감사 보고서만 믿고 열악한 상황을 개선하는 데 소홀했기 때문이다.[22]

파키스탄의 카라치(Karachi)에 있는 알리 엔터프라이즈 공장 역시 화재 발생 몇 주 전에 감사를 받았다. 알고 보면 파키스탄은 유럽과 미국으로 섬유 수출을 네 번째로 많이 하는 국가다. 노동자의 3분의 1 이상이 섬유산업에 종사하고 있지만, 노동 조건은 방글라데시와 마찬가지로 열악하기 짝이 없다. 그런데도 인증서 교부처인 '국제사회책임(Social Accountability International, SAI)'은 이 공장에 SA 8000을 교부했다. 국제 안전 기준, 노동 보호와 건강 보호 기준을 모두 충족하고 있다는 의미다. 몇 개 없는 비상구조차 열리지 않고 창문에 창살을 붙여두었다는 사실조차 감사관들은 간과했다. 그 결과는 끔찍했다. 2012년 9월 11일 5층 건물의 1층에서 화재가 일어났다. 10여 명의 노동자가 위층 창문을 통해 뛰어내렸다. 겨우 35명만이 살아남았는데, 그중 몇몇은 심각한 부상을 입었다. 지하에서 일하던 노동자들은 불이 덮치기 전에 질식해서 사망했다. 창살을 붙여놓고 빗장을 걸어둔 모든 공장이 화마에 휩쓸렸다.

KiK—알리 엔터프라이즈 공장에 많은 주문을 해온 고객—는 즉각 피해를 입은 사람들을 돕겠다며 100만 달러를 냈고, 화재가 발생하고 4년 후에는 NGO와 파키스탄 그리고 국제노동조합이 추가로 요청한 손해 배상 500만 달러를 지급했다. 독일 개발부의 뮐러 장관은 이 추가 배상 협상에도 참여했는데, 여기서 나온 결과를 자신의 섬유연맹이 이뤄낸 '성공'이라고 홍보했다. KiK는 물론 법적 책임을 거절했다. 파키스탄의 공장들은 거의 KiK의 저가 제품 브랜드만을 위해 옷을 만들었는데 말이다. 뭔가 정상이 아니라는 사실을 아무도 알아차리지 못한 걸까? 게다가 이 공장은 2007~2011년 네 번이나 화재 안전 검사를 받았다.

사회적 감사는 TÜV 라인란트 같은 민간 감사업체에 좋은 장사가 된다. 이를테면 감사를 의뢰하는 기업이 법적 책임을 지지 않도록 하는 것이 민간 감사업체의 이익에 부합한다고 할 수 있다.

그런데 파키스탄에서 재난을 입은 당사자들이 스스로를 보호하기 위해 나섰다. 그들은 더 이상 어쩔 줄 몰라 하며 침묵하는 익명의 희생자로 머물지 않으려 한다. 기업들이야 그렇게 해주길 진심으로 바라겠지만 말이다. 희생자들은 선심 쓰듯 주는 몇 푼에 입을 다문 채 살려 하지 않는다. 그들은 정의를 원한다. 이제 그들은 법정에서 자기 이야기를 들려준다. 화재로부터 살아남은 사람 한 명과 3명의 유가족이 독일 도르트문트 법정에서 KiK에 맞서 싸우고 있다. 사에다 카톤(Saeeda Khaton), 압둘 아지즈 칸 유수프 자이(Abdul Aziz Khan Yousuf Zai), 무하마드 자비르(Muhammad Jabbir), 무하마드 하니프(Muhammad Hanif)가 그들이다. 이들은 알리 엔터프라이즈 공장에 화재가 발생한 데 책임이 있다며 KiK를 고소했고, 각자에게 3만 유로를 배상하라고 요구했다. 이들이 고작 4명에 불과한 것은 독일에서는 집단 고소를 허용하지 않기 때문이다. 그런데도 이들은 화재에 희생된 모든 사람의 이름으로 싸우고 있다. 요컨대 그들은 카라치의 산업 지역 발디아(Baldia)에서 화재로 피해를 입은 사람들의 연합체인 '발디아 공장 화재 피해자 연대'의 회원이다. 여기에 소속된 회원은 150명이 넘는다. 그들은 노동조합과 연계해 해당 지역에서 데모나 시위를 조직한다.

고소를 받아들인 도르트문트 지방법원은 고소인들에게 재판 과정에 필요한 도움을 제공했다. 아울러 메디코 인터내셔널과 '유럽의 헌법적 권리 및 인권 센터'의 지원을 받고 있다. 이들 NGO는 남반구 국가에서 인권 침해를 자행하고 있는 기업과 법적인 싸움을 할 수 있도록 전력을 다한다. 이처럼 외국인이 독일 기업을 상대로 고소한 민사 사건은 독일에서는 처음이다. 만일 피해자들이 이 사건에서 승소한다면, 아마도 더 많은 기업이 재판정에 설 가능성도 있다. "나는 더 이상 어떤 가족도 그런 상실을 겪게 하고 싶지 않아요." 고소인 사에다 카톤은 이렇게 말했다. 남편을 잃고 혼자 살아온 이 여성은 화재로 인해 단 하나뿐인 아들마저 잃고 말았다. "독일 회사가 책임을 지도록 확실히 해두고 싶어요. 그리고 앞으로는 기업을 기소하는 규칙을 만들어야 해요. 그래야 다시는 그런 재난이 일어나지 않죠."

경제에는 권리, 사람에게는 부정

독일 기업들은 인권 침해와 관련해 전 세계에서 5위를 차지하고 있다. 2015년 네덜란드의 마스트리히트(Maastricht) 대학이 실시한 연구에 따르면, 인권 침해로 인정된 1800개 사건 가운데 87개가 독일 기업이 저지른 것이었다.[23] 그런데도 독일에는 오늘날까지 노동권, 인권, 환경권을 위반한 기업을 기소할 규정이 없다. 심지어 독일은 유럽에서 기업에 대한 형벌권조차 없는 소수의 국가에 속한다. 유럽연합위원회가 이를 권장하고 있음에도 말이다.

공급처와 관련해서도 기업들은 국제적으로는 물론 유럽 내에서도 기소되지 않는다. 이와 반대로 기업의 이윤은 법적으로 가장 잘 보호해주고 있다. 요컨대 국제법적으로 연계된 자유 무역 및 투자 보호 협약은 기업의 경제적 이윤과 수익성을 확실하게 보호한다. 투자자와 대기업에 이와 같은 협약은 방해를 받지 않고 원자재, 값싼 노동력, 새로운 판매 시장을 구축할 수 있다는 의미다. 180개국 넘는 나라가 이와 같은 종류의 협약을 총 3200가지나 맺었다. 이런 협약에 명시한 보호 조항을 갖고 다국적 대기업은 국가를 상대로 고소할 수 있다. 만일 국가가 기업이 기대하는 이윤을 줄이는 노동, 건강, 환경, 소비자 보호를 위한 법안 따위를 도입하려 할 경우에 말이다. 이처럼 손해 배상(수백억 달러에 달할 수도 있다)을 청구할 수 있다는 위협만으로도 대기업은 가난한 남반구의 국가들을 마음대로 조종할 수 있다.

만일 대기업이 자국의 국민을 보호하려는 국가를 방해할 수 있다면, 이는 민주주의를 죽이는 행위다. 기업은 국내에 있는 법원이 아니라, 중재재판소에 고발할 수 있기 때문이다. 비판적인 사람들은 이를 그림자 법정이라고 부르기도 한다. 다시 말해, 방청객을 입장하지 못하게 한 상태에서 완전히 자유로운 판사가 아니라 개인 변호사들이 중재를 맡기 때문이다. 이들은 국회로부터 민주적 통제도 받지 않고, 그럼에도 판결은 법적인 효력을 갖는다.[24] 기업으로부터 인권을 침해받았다고 생각하는 사람은 곧장 중재재판소에 갈 수 없다. 인권의 유지는 국가의 의무이므로 오로지 국가만이—대기업은 안 된다—헤이그에 있는 국제재판소나 스트라스부르에 있는 유럽인권재판소에 소를 제기할 수 있다. 자유 무역 및 투자 보호 협정은 대기업과 투자자에게 의무는 부여하지 않은 채 많은 권리만 인정한다. 인권과 환경 보호 의무조차 부여하지 않는다. 이 두 가지는 물론 협약의 서문에 등장한다. 하지만 법적인 효능은 없다. 이미 모든 대륙에서 많은 나라가 기업들로부터 고소를 당하고 있다. 국가가 나서서 비흡연자를 보호하고, 독성 지닌 화학 약품을 금지하고, 특히 환경과 건강을 해치는 건축 자재를 제한했기 때문이다.[25] 지난 20여 년 동안 이와 같은 고소가 폭발적으로 증가했다. 이를테면 1995년에는 단 3건뿐이었는데, 현재는 최소 700건에 달한다. 특히 가장 가난한 국가들이 고소를 당한다. 유엔무역개발협의회(UNCTAD)에 따르면, 이런 고소의 3분의 2는 신흥 공업국과 개발도상국을 겨냥하고 있다. 고소인의 85퍼센트는 잘사는 북반구의 국가이며, 그중 3분의 1은 유럽연합에 속한다.[26] 독일은 특히 활발한 국가다. 수출 챔피언 독일은 전 세계적으로 156가지 투자 보호 협약을 맺고 있는데, 대부분(139개)이 쌍방의 의무가 있는 협약이다. 그중 많은 협약은 중재재판소를 이용한다. 중재재판소를 이용하는 빈도도 전 세계에서 상위권에 있다. 요컨대 독일 기업과 투자자들은 40번의 고소를 진행해 4위를 차지했다.

기업을 위해 막일을 해주는 정치

2011년 유엔인권위원회는 경제와 인권을 위한 '유엔 주요 원칙'을 만장일치로 통과시켰다. 이는 기업의 인권 침해를 막으려는 국가들의 국제법상 의무를 담고 있다. 아울러 기업이 인권을 존중하고, 인권을 위험에 빠뜨릴 수도 있는 핵심 사업을 분석하고, 이런 위험을 방지하며 나아가 투명하게 보고하기를 요구한다. 또한 국가는 인권 침해를 받은 사람들을 위해 효과적이고 법적인 수단을 마련해야 할 의무를 갖고 있다. 모든 국가는 자국이 기본 노선을 어떻게 실행에 옮길지에 대한 계획을 제출해야 한다는 규정이 그것이다. 독일 정부는 이를 위해 특히 많은 시간을 들여야 했다. 그리고 5년 후인 2016년에야 비로소 '경제와 인권을 위한 국가 행동 계획'의 초안을 제출했다. 이 계획을 세우기 위해 독일 정부는 통제하고 관리할 수 있는 부서를 소집했다. 요컨대 관할권을 가진 외무부 외에 노동부, 개발부, 법무부, 경제부, 환경부를 비롯해 독일고용주협의회(BDA), 독일산업연맹(BDI), 독일상공회의소(DIHK), 독일노동조합연맹(DGB), 인권 포럼, 개발 정책 및 휴머니티 원조연합(VENRO)도 끌어들였다. 외무부는 여기에 추가로 '독일경제지속가능개발포럼(Econsense)'과 독일인권연구소(DIMR)를 고문 자격으로 영입했다.

로비스트 단체들이 처음부터 유엔 주요 원칙의 핵심 요구 사항에 맞서 투쟁한 것은 그다지 놀랍지도 않다. "경제의 시각에서 보면 인권 존중을 의무화하는 법적 규정, 특별한 의무를 잘 수행하고 있는지 검사할 수 있도록 법적으로 명시한 의무, 외국에 있는 자회사와 공급처에서 인권 침해가 발생할 경우 국제법상 구금할 수 있는 권한, 법적인 고지 의무, 인권 침해로 외국에서 민사상 고소를 당한 기업에 대한 형벌권과 국외에서의 담당자 배치 등과 같은 내용이 특히 비판적인 부분이다." 독일상공회의소는 이렇게 적시하고 있다.[27] "모든 형태의 새로운 의무와 강제는 (……) 생산성에 방해가 되고 따라서 절대 용납할 수 없다." 독일고용주협의회와 산업연맹은 이런 의견을 내놓았다. 그러자 재경부는 담당 부서가 아님에도 불구하고 최초에 내놓았던 초안을 대대적으로 축소했다. 볼프강 쇼이블레(Wolfgang Schäuble)가 장관으로 있던 재경부는 산업계의 요구 사항을 충족해주었다. 산업계가 항의한 모든 조항을 삭제한 것이다. 그리하여 새로운 초안은 더 이상 기업에 의무 조항을 지켜야 한다고 압박할 수 있는 법안이 아니었다. 또한 기업이 기본 노선을 어떻게 실행에 옮기는지 관리하는 것도 빠져 있다. 독일 국영방송 ARD는 주로 정치적 주제를 다루는 프로그램 〈모니터(Monitor)〉에서 이런 과정에 슈테펜 캄페터(Steffen Kampeter)가 특별한 역할을 했을 거라고 추정했다. 2009년부터 2015년까지 쇼이블레 장관 시절 정무차관을 지냈고, 이후 국회 인권위원회로 자리를 옮긴 인물이다. 〈모니터〉에 따르면, 국회 인권위원회에서 캄페터는 산업계의 뜻에 부합해 그들에게 가하는 모든 의무를 반대하게끔 선동했다. 이어서 그는 독일고용주협의회의 관리자로 자리를 옮겼다―어떻게 다른 선택을 할 수 있었겠는가![28]

노동조합, NGO, 사민당과 기민당 소속 몇몇 의원이 수정된 초안을 받아들이지 않자 몇 달 동안 논쟁이 벌어진 끝에 마침내 타결을 보았다.[29] 2016년 12월 21일 독일 내각은 시민 단체의 의견을 듣지 않은 채(원래는 듣겠다고 약속했음에도) 국가 행동 계획을 통과시켰다.[30]

시민들이 이에 항의하지 않은 것은 어쩌면 크리스마스 전에 선물을 사러 다니느라 여유가 없어서였을 수도 있다. 하지만 경제와 인권을 위한 국가 행동 계획에 남아 있는 것이라곤 형편없는 농담과 다름없다. 이 계획이 기대하는 것은 오로지 기업의 자발성뿐이다. 기업에 의무를 지켜야 한다고 압박할 수 있는 법적인 규칙? 어림없다! 독일 기업은 법적으로 유엔 기본 노선을 유지할 의무조차 없다. 또한 독일 정부는 기업이 그와 같은 의무를 무시하더라도 공공기관의 주문, 공적 자금 지급, 대외 무역 진흥에서 배제하지 않을 것이다. 게다가 독일 정부는 권리를 되찾기 위해 법원에 고소할 기회조차 막을 계획이었다. 이로써 남반구 사람들은 인권 침해에 관여한 독일 회사에 책임을 묻는 것도 거의 불가능해졌다. 행동 계획에 분명하게 적시한 것은 '기대'한다는 것뿐이다. 500명 이상의 근로자가 일하는 6000개 독일 기업 가운데 '최소 절반'은 2020년까지 "인권에 대한 특별한 의무 요소를 기업의 프로세스에 통합시킬" 것을 기대한다는 식으로 말이다. 정부는 2018년부터 기업이 그와 같은 기대에 부응하는지 여부를 검사할 것이라고 한다. 만일 목표를 달성하지 못하면 정부가 "그다음 단계로 법적 조항을 마련하는" 차원까지 고려해볼 것이라면서 말이다.

여전히 국회의 교섭 단체 세 곳, 즉 녹색당, 좌파 정당, 사민당은 다음 번 입법부 임기 때 인권에 대한 의무를 법으로 제정할 것이라고 약속했다. 그 법안은 어려움 없이 통과될 수도 있을 것이다.[31] 그런데 다른 나라에서는 이미 오래전에 모범을 보여주고 있다. 즉 프랑스는 인권에 관한 의무를 법적으로 마련했다. 그리고 영국 정부는 현대판 노예 제도를 막는 법안을 통과시켰고, 네덜란드는 공급처에서 아동 노동을 금지하는 법을 제정했다.

독일은 경제와 인권을 위한 국가 행동 계획과 나란히 유럽연합이 사회적 책임을 위해 내놓은 새로운 CSR 노선을 실행할 의무도 있었다. 그러려면 기업이 인권과 환경에 불러일으킬 수 있는 부정적 효과에 대해 보고할 의무가 국내법에 기반을 두고 있어야 한다. 2017년 초 정부는 각광받을 만한 버전을 내놓았다. 자본 시장 지향적인 거대 독일 기업은 그에 상응하는 보고서를 제출해야 한다는 내용이었다. 물론 이는 "상당히 심각할 것 같은" 영향을 줄 수 있는 550개 기업에만 해당되었다. 슈퍼마켓 체인 알디와 리들 같은 거대 회사는 제품을 납품하는 공급처의 과일 농장과 채소 농장 혹은 섬유 공장에서 환경 파괴와 인권 침해를 일으키고 있다 해도 그런 기업에 포함되지 않는다.[32]

유럽연합의 갈등 유발 광물에 대한 조치 역시 매우 만족스럽지 못하다. 4년간 더딘 협상을 마친 끝에 이 조치는 2017년 6월 효력을 발생했다.[33] 갈등을 유발하는 광물은 네 가지 원자재, 곧 금·탄탈·텅스텐·주석을 말한다. 콩고민주공화국 같은 나라는 이런 원자재를 거래해서 얻은 수익으로 군대 무장 비용을 댄다. 광산은 대부분 불법이며, 정부에서 관리하는 게 아니라 폭도나 군대의 통제 아래 있다. 유엔의 추산에 따르면, 지난 60년 동안 전 세계에서 발생한 갈등의 40퍼센트 이상은 화석 연료와 광물의 채굴 및 거래와 관련이 있다.

갈등 유발 광물에 대한 유럽연합의 조치는 이런 광물을 구매하는 기업이 공급처에서 발생하고 있는 일들에 대해 보고할 의무를 법적으로 규정한다. 시기가 늦어도 한참 늦은 조치인데, 유럽연합 국가들은 전 세계에서 거래하는 갈등 유발 광물인 주석, 텅스텐, 탄탈과 금 가운데 16퍼센트를 구매하고 있기 때문이다. 이런 광물은 전자 제품, 특히 컴퓨터, 휴대전화, 노트북, 스마트폰에 들어간다. 독일의 자동차 산업, 전자 산업 그리고 기계 산업은 그야말로 일차적인 금속에 완전히 종속되어 있다.

하지만 갈등 유발 광물은 가공하지 않은 원자재로만 우리에게 들어오는 게 아니다. 이런 광물은 수입 노트북과 스마트폰에 장착된 상태로 유입되기도 한다. 독일만 하더라도 세계 3위의 수입국으로 매년 6400만 대의 이동전화와 1500만 대의 노트북을 들여온다.[34]

특히 독일의 로비 단체들이 갈등 유발 광물에 대한 유럽연합의 조치를 약화시키기 위해 한껏 노력하는 것은 당연하다. 그들의 로비는 성공적이었다. 기업의 보고 의무를 2021년부터 실행하기로 했으니 말이다. 그것도 이런 광물을 포함한 부품과 반가공품을 수입하는 기업은 해당되지 않는다. 요컨대 원자재를 직접 수입하는 기업에만 적용된다. 또한 광물의 수입 물량에 따라, 예를 들면 금의 경우 100킬로그램 이상을 수입할 경우에만 보고하면 된다. 이로써 유럽연합은 치과용품 제작처럼 소규모 사업장을 보호하려 한다. 하지만 베를린에서 생태적으로 올바른 에너지, 기후, 원자재, 무역 정책을 위해 일하는 단체 파워시프트(Powershift)는 결함 많은 이 같은 기준을 비판하고 있다. 해당 기업 250곳 가운데 20곳만 실제로 보고서를 내면 되기 때문이다. 나머지 기업은 각각 350만 유로어치의 금을 아무런 통제도 받지 않고 구매할 수 있다는 얘기다. "이 돈이면 3500자루의 무기를 구입할 수 있습니다." 파워시프트의 원자재 분야에서 일하는 미하엘 레코르트(Michael Reckordt)는 이렇게 말했다.

코발트가 갈등을 유발하는 광물에 포함되지 않은 것은 그야말로 터무니없다. 이 광물 대부분은 콩고에서 나오는데, 이로 말미암아 무장 대립은 물론 위험한 아동 노동이 일상처럼 벌어지고 있다. 그런데도 이 광물은 유럽연합에서 제시한 규정에 따른 의무로부터 제외되었다. 이 광물의 가치를 오늘날에는 더 이상 가늠하기 어렵다는 이유 때문이다.

"진실은 이러하다. 즉 콩고에서 들어오는 코발트는 유럽인의 자동 에너지 전환 계획에 농축되어 있다." 〈프랑크푸르터 알게마이네 차이퉁(FAZ)〉에서 일하는 베른트 프라이타크(Bernd Freytag)의 말이다.[35] 왜냐하면 미래의 희망인 전기 자동차는 어마어마한 양의 코발트를 삼켜버리기 때문이다. 즉 코발트는 리튬 이온 배터리에 숨어 있다. 이 배터리를 위해서는 많은 양의 리튬이 필요하다. 금융계의 거물 골드만 삭스가 이미 '새로운 석유'라고 부르는 이 광물은 볼리비아, 칠레와 페루처럼 생태적으로 매우 예민한 지역에서 채굴된다. 특히 염호(鹽湖)에서 그렇다. 이런 곳에서는 벌써 대립 상황이 벌어지고 있다. 농업 역시 피해를 입고 있다. 원하는 물질을 얻어내기 위해 엄청난 양의 지하수를 퍼내기 때문이다. "마약을 먹고 자동으로 움직이는 자동차"(하랄트 벨처)[36]는 그 밖에 기존 방식대로 작동하는 자동차에 비해 구리 60킬로그램, 알루미늄 50킬로그램이 더 필요하다. 전기 자동차에 들어가는 100개 넘는 센서에는 갈등 유발 광물인 주석, 텅스텐, 탄탈이 포함되어 있다.[37]

기후 훼손, 미세먼지 방출, 화석 연료 사용을 줄이면서 늘어나는 개인 승용차를 유지할 수 있으리라는 희망을 안고 독일 정부는 2030년까지 600만 대의 전기차를 공급할 계획이다. 이를 위해 세금 감면 정책도 실행하고, 전기차를 구매하면 4000유로를 지원하기 위해 2016년부터 총 12억 유로에 달하는 지원금도 마련해두고 있다.

기후, 환경, 건강을 보호한다는 미명 아래 독일 정부는 남반구에 있는 나라에서 그 어떤 국가보다 인권 침해를 많이 저지르고 있으면서 이를 합법화하고 심지어 재정 지원까지 해주고 있다. 이것이 바로 외향화 사회가 가진 본질적 요소에 해당한다. 경제가 성장하는 동안 독일의 하늘이 오염되지 않도록 하고, 겉으로 보기에 환경과 기후를 보호하는 것 같은 기술로 인해 발생하는 불이익은 모조리 남반구로 전가한다.

고기와 피

농·축산업은 어떻게 브라질 토착민에게서 땅과 생명을 빼앗는가

"내 똥 안에서 살기 위해, 어디에선가 몸뚱어리들이 뭉개질 것이다."
–하이너 뮐러(Heiner Müller), 《햄릿 머신(Hamlet machine)》

우리가 탄 SUV가 쿨렁거리며 지나가는 땅은 브라질의 태양 아래서 벌겋게 달아올라 있었다. 비포장도로 저편으로 초원과 평야로 이뤄진 녹색 바다가 펼쳐졌다. 무수한 나무의 잎과 울창한 작은 숲이 마치 섬처럼 우뚝 솟아 있었다. 갈색과 검정색과 흰색의 소들이 엉덩이 높이까지 자란 풀을 뜯어 먹고 있었다. 이렇듯 낙원 같은 시골은 브라질 상파울루에 있다. 라틴아메리카에서 가장 넓은 땅을 갖고 있는 브라질에서는 사람보다 많은 소들이 살고 있다—물론 수명이 지극히 짧긴 하지만. 2억 700만 인구에 소가 2억 2000만 마리나 된다. 브라질은 세계 1위의 육류 수출 국가다. 이곳에서 수출하는 소고기만 하더라도 연간 200만 톤에 달한다. 소를 기르기 위해서는 넓은 땅이 필요하다. 브라질은 농지의 대략 4분의 3을 축산에 이용하고 있다. 소가 풀을 뜯어 먹는 땅은 독일 면적의 5배나 되고,

여기에 소한테 먹일 대두를 재배하는 땅이 23만 제곱킬로미터에 이른다. 그러니 숲과 인간은 거대한 땅으로부터 점점 물러날 수밖에 없다.

　육류 및 사료 생산이 브라질 사람들에게, 그리고 인류와 자연에 어떤 의미인지 베르너 부테와 나는 우리 영화에서 보여주고 싶었다. 우리는 몇 주 전부터 초원과 소 비육장 촬영 허가를 받기 위해 브라질 축산업계에 연락을 취했다. 그들은 우리에게 대도시 상파울루에서 북서쪽으로 족히 500킬로미터는 떨어져 있는 난데아라(Nhandeara)를 소개했다.

　높은 지대에 이르러 우리는 나무로 만든 울타리를 지나갔다. 울타리 옆에는 '비프 패션(Beef Passion)'이라는 간판이 보였다. 오래된 나무 그늘 밑의 사무실에서 안토니우 히카르두 세시스(Antônio Ricardo Sechis)가 우리를 반겨주었다. 희끗희끗한 콧수염에 반짝이는 눈을 가진 남자는 약간 과장되게 인사를 건넨 다음 언덕 너머에 있는 농장으로 우리를 안내했다. 멀리 떨어졌지만 음악 소리를 들을 수 있었다. 우리가 엘리베이터를 타면 흔히 들을 수 있는 음악이었다. 수백 마리의 소가 이리저리 돌아다니는 넓은 사육장 지붕 아래에 스피커가 달려 있었다. 그리고 몇 분마다 한 번씩 스프링클러에서 가느다란 물줄기가 쏟아졌다.

　'스파 보비누(Spa Bovino)'라는 글씨가 간판에 적혀 있었다. 스파였다. 소들을 위한 스파. 브라질 축산업계가 우릴 소들을 위한 리조트로 안내했던 것이다.

　"우리 소들은 정말 행복합니다. 우리는 소들이 편하게 느낄 수 있도록 최선을 다합니다. 음악은 소들의 긴장을 풀어주죠. 물을 수시로 공급함으로써 소들의 신진대사를 돕고 있고요. 숨을 제대로 쉬고 사료도 잘 소화하도록 말입니다." 세시스가 말했다.

"그럼 소들은 뭘 마시죠? 샴페인?" 내가 물었다.

"아뇨, 샴페인은 우리가 마시죠!" 세시스는 이렇게 대답하며 웃었다.

그럴 만한 이유가 있다. 그는 세계에서 제일 비싼 고기를 브라질 고급 레스토랑과 미식가를 위해 소매점에 팔고 있으니 말이다. 스프링클러에서 나오는 물에 머리를 갖다 대는 이 동물은 일본 육종인 와규(和牛)이며, 유명한 고베(神戶) 소고기 역시 이 종에 속한다.

세시스의 가족은 농장 4개를 소유하고 있는데, 60제곱킬로미터의 면적에서 8500마리를 키운다. 앵거스(Angus), 넬로리(Nelore)와 와규 품종은 이웃에 있는 마투그로수두술(Mato Grosso do Sul)주에서 방목하며, 마지막 비육 단계 때 이곳으로 온다. 그는 매년 세 살 된 소 3500마리를 도살한다. 브라질에서 스테이크와 소시지를 만드는 데 사용하는 소가 연간 4000만 마리에 이른다니 놀라울 따름이다.

"당신이 동물한테 주는 모든 걸 훗날 당신이 돌려받을 겁니다. 당신이 소고기를 맛있게 먹으면, 소들도 기꺼이 행복하고 존엄하게 죽습니다. 나는 매일 육회를 먹는데, 소고기를 가장 즐길 수 있는 방법이죠."

맛있는 고기를 이렇게 많이 주는 신께 감사드리기 위해 세시스는 농장에 교회당도 하나 지었다. 그는 스테이크로 만든 교서를 낭독하는 로마교황처럼 말했다. "동물들은 우리를 참으로 행복하게 만들어줍니다. 맛있는 동물성 단백질을 먹는 즐거움은 한마디로 끝내주지요. 그 때문에 나는 동물들을 잘 보살펴야 합니다. 그래야 내가 좋아하는 고기를 먹을 수 있으니까요. 나는 내 소들과 사랑에 빠졌어요. 내 아내처럼 그들을 사랑합니다!"

"그러면 당신의 아내를 도살해 먹을 수도 있나요?" 내가 물었다.

"저 여성분은 채식주의자입니다." 베르너가 나를 가리키며 말했다.

세시스는 커다란 갈색 눈으로 나를 보더니 위로하듯 내 어깨 위에 손을 얹었다. "오! 오늘은 아니에요. 당신은 오늘 생각을 바꾸게 될 겁니다."

"아뇨. 그렇지 않아요." 나는 동물들 곁으로 다가갔다. "나는 살아 있는 동물을 좋아해요."

"가까이 다가가지 마세요. 소들이 당신한테 화를 낼 수도 있거든요!" 세시스가 소리를 질렀다.

"아니, 왜요?"

"당신이 자신들을 먹으려 하지 않는다는 걸 느끼기 때문이죠."

히카르두 세시스의 회사 비프 패션은 미국 환경 단체 열대우림연맹이 지속 가능한 소고기 인증을 내준 최초의 회사들 중 하나다. 이 인증은 호르몬과 근육 강장제를 소들에게 투입하는 것을 금지한다. 그리고 항생제도 투여해서는 안 된다. 그 밖에 환경, 숲 그리고 물을 보호하기 위한 지침도 있다.[1] 그렇다고 해서 생태적 농업은 아니다. 세시스는 특히 다국적 농업 기업 카길에서 구입한 대두를 사료로 준다. 이 다국적 기업은 대기업 ADM, 번기(Bunge), 루이스 드레퓌스(Louis Dreyfus), 아비팔(Avipal)과 함께 브라질 대두 시장의 3분의 2를 통제한다. 그리고 이 곡물의 96퍼센트는 유전자를 변형한 것이다. 세시스의 소들이 넓은 농장에서 축구를 할수 있다 해도, 그 대신 다른 곳에서는 우림이 죽어가고 있다. 국제 환경단체 마이티 어스(Mighty Earth)가 수행한 연구에 따르면, 카길이 브라질에서 대두를 재배하기 위해 2011~2015년에만 독일 보덴 호수(Bodensee)보다 2.5배 넓은 우림을 벌채했다고 한다.[2]

난데아라의 비육장 뒤쪽에는 언덕이 있는데, 그곳 종려나무와 소들이

뿔뿔이 흩어져 있는 사이로 모자를 쓴 남자 2명이 말을 타고 있었다. 브라질 육류 산업은 광고할 때 바로 이와 같은 낭만적 모습을 이용한다. 그들이 시세스의 시범 농장을 우리한테 소개한 것도 놀랄 일은 아니다. 하지만 당연히 브라질의 다른 농장에 있는 2억 1990만 마리의 소는 피트니스센터 같은 곳에서 살지 않는다. "우리 프로젝트는 상당히 독특하다고 나는 생각합니다. 하지만 나는 만일 우리가 동물을 지속 가능한 방식으로 키운다면, 육류 시장 전체를 바꾸게 될 거라고 믿어요." 시세스는 이렇게 말했다.

고기는 숲을 집어삼킨다

지난 50년 동안 전 세계 육류 생산은 7800만 톤에서 3억 800만 톤으로 4배나 증가했다. 2050년까지 5억 톤으로 늘어날 전망이다. 식량농업기구(FAO)에 따르면, 전 세계 육류 소비는 매년 1인당 41.3킬로그램에 달한다. 잘사는 나라 사람들의 평균 육류 소비는 2배 많은 연간 95.7킬로그램이다. 이른바 개발도상국은 1인당 31.6킬로그램이고 신흥 공업국의 경우는 53.8킬로그램이다.[3] 점점 늘어나는 육류 소비는 끔찍한 결과를 몰고 왔다. 얼음 없는 지구 표면의 3분의 1과 전 세계 농업용 땅의 70퍼센트를 축산에 사용하고 있다. 그리고 전 세계 농경지의 33퍼센트에 동물한테 줄 사료, 무엇보다 대두를 심는다.

전 세계에 불어닥친 육류에 대한 광기로 인해 브라질 숲의 4분의 1이 남벌되었다. 1970년부터 개간한 아마존 열대림의 90퍼센트가 소들의 초원으로 변했다. 브라질 중부에 있는 생태 지역 세하두(Cerrado)의 대부분도 그와 같은 목적 아래 파괴되었다. 한때 세계에서 가장 다양한 종이 분포해 있던 열대 초원의 사바나 숲은 아마존과 해변 사이, 곧 브라질 남서부에서 북동쪽에 이르기까지 펼쳐져 있었다. 그런데 이 숲 가운데 3분의 2가 남벌되었다. 특히 사료용 대두를 재배하기 위해서 그리고 소들의 방목지를 마련하기 위해서였다. 1990년대 말부터 브라질의 숲은 매년 벨기에 면적만큼 줄어들었다. 이로 말미암아 브라질은 세계에서 이산화탄소 배출량 4위를 차지하고 있다.[4]

리우데자네이루에서 지속 가능 개발을 위한 유럽연합 회의가 열리기 바로 전인 2012년, 브라질 정부는 새로운 산림보호법을 통과시켰다. 이로써 정부는 2020년까지 숲의 남벌을 80퍼센트 줄이고 온실가스는 40퍼센트 적게 배출하겠다고 약속했다. 물론 영향력 있는 농업 관련 로비 단체와 대지주에 속하는 농장주들은 이 법안을 자신의 이익을 위해 약하게 만드는 데 성공했다. 법안의 요구 사항이 1965년에 제정한 비교적 발전된 산림보호법보다 뒤떨어지는 수준에서 정해지도록 말이다. 이 예전의 법은 아마존 지역에 있는 숲은 그 지주들이 최대 20퍼센트까지 개간할 수 있도록 규정했다. 그렇게 하면 숲의 80퍼센트를 보호할 수 있다. 이 법에 따라 사바나 지역에서는 35퍼센트, 브라질 남쪽의 다른 산림에서는 소유 면적의 20퍼센트를 개간할 수 있었다. 2001년 처음 개정된 이 법은 우림의 4분의 3을 보호 구역으로 정하고, 불법 개간 및 산불을 낸 지주들은 그 지역을 숲으로 다시 복원해야 한다고 규정했다.[5]

그러나 브라질 정부는 이를 기반으로 개간을 못하도록 조치를 내리는 대신, 2012년 산림법을 개정해 개간을 지속적으로 합법화했다. 이를테면 새로운 산림법은 2008년 이전에 불법적으로 파괴한 지역에 대한 사면을

포함하고 있다. 그 밖에 농장주들은 남벌한 면적을 각각 4.4제곱킬로미터
까지 복구하지 않아도 된다는 결정을 얻어냈다. 이를 모두 합하면 30만
제곱킬로미터에 달한다.

법안은 2008년 이후 불법적으로 개간한 땅을 법에서 정한 대로 숲으로
복구하지 않았더라도 합법화하는 조항을 담고 있다. 이산화탄소 배출권
거래처럼 농장주들은 불법적으로 개간한 땅을 복원하는 대신 다른 곳에
서 법이 허용한 20퍼센트 우림보다 적게 개간한 회사나 농장으로부터 대
체 증명서를 구입하면 된다. 특히 이 대체 증명서는 산림보호법을 통과시
키고 반년 후에 만든, 볼사 베르드 두 리우데자네이루(Bolsa Verde do Rio
de Janeiro, BVRio)라는 녹색 주식 시장에서 구입할 수 있다. "이로 인해 민
주주의 국가에서 문서상으로도 더 이상 법 앞에 모두가 평등하지 않은 시
대로 나아간 것입니다. 왜냐하면 BVRio는 농장주들이 자신의 땅 가운데
일정 부분을 자연 상태로 유지해야 할 법적 의무로부터 벗어나게 해주기
때문입니다." 여성 생물학자이자 남반구를 위한 단체나 조직, 예를 들면
'세계우림운동(World Rainforest Movement)'을 위해 일하는 유타 킬(Jutta Kill)
은 이렇게 비판했다. 여기서 끝이 아니다. 대체 증명서 거래로 인해 토지
착취가 더욱 심해지고 있다. 아마존의 외딴 지역에서는 토지 거래가 활성
화되고 있는데, 자연 복원 대체 증명서를 갖고 한몫 챙기려는 투기꾼 때
문이다. "지금까지 불법이었던 것—자신의 땅에서 숲을 20퍼센트 넘게
개간하는 것—이 이를 보상하는 증명서를 구매함으로써 합법화된 것입
니다. 증명서가 벌채 구간이 전혀 아닌 곳에 있는 지역의 것이더라도 말
이죠." 유타 킬의 말이다.[6] 따라서 대기업과 지주들은 이윤을 올리는 사업
을 계속할 수 있다. 그것도 지역과 국제 환경 단체의 격렬한 반대를 무릅

쓰고 산림법을 통과시킨 정부의 의지에 따라서 말이다. 농업 제품, 특히 대두와 소고기는 브라질 수출의 3분의 1을 차지한다.

2012년에는 숲을 이전보다 적은 4500제곱킬로미터 개간했다. 〔그래도 에스파냐 마요르카(Mallorca)섬의 2배에 해당하는 면적이다.〕 이러한 감소는 한층 엄격했던 예전 산림법 덕분이다. 하지만 새로운 법을 통과시킴으로써 산림 훼손은 또다시 눈에 띄게 증가했다. 새로운 법이 통과된 이후부터, 특히 농업과 축산업이 발달한 마투그로수두술주에서 심각한 파괴가 이뤄졌다. 2015년 8월부터 2016년 7월까지 브라질에서는 이미 2012년에 비해 2배나 많은 숲을 개간했다.

하필이면 육류 산업이 수요자 및 공급원과 함께 주목을 받으며 스스로에게 이른바 지속 가능성을 처방하다니 놀라울 따름이다.

녹색 동물 공장

우리는 고층 빌딩과 차량으로 길이 막혀 있는 상파울루에서 페르난두 삼파이우(Fernando Sampaio)를 만났다. 그의 사무실은 시내의 고층 건물 중 하나에 있었다. 우리가 2016년 3월 이곳을 방문했을 때, 그는 브라질 소고기수출업자협회(ABIEC) 회장이자 지속 가능한 가축을 위한 원탁회의(GTPS)[7]의 회장단에 속해 있었다. 이 GTPS 산하에 '지속 가능한 소고기를 위한 세계원탁회의(GRSB)'가 있다.

이 단체는 '지속 가능한 종려유를 위한 원탁회의'와 비슷하다. 회장단에는 세계에서 제일 큰 육류 대기업 JBS, 패스트푸드의 거물 맥도날드가 있다. WWF도 여기에 포함된다. 그 밖의 이사진으로는 농업 관련 대기업 카길과 인증서를 교부해주는 열대우림연맹이 있다. 이 열대우림연맹이 바로 안토니우 히카르두 세시스의 스테이크에 녹색 개구리가 찍힌 인증을 해주었다. 그리고 화학업계의 대기업 바이엘과 다우 애그로사이언스(Dow Agrosciences), 제약 회사 메르크 애니멀 헬스(Merck Animal Health)와 라보 은행(Rabobank: 네덜란드의 다국적 금융 조합—옮긴이)도 역시 이사진에 속해 있다.

나는 삼파이우에게 간단한 질문을 던졌다. "무엇이 지속 가능한 소고기인가요?"

삼파이우는 이렇게 대답했다. "원탁회의는 사람들을 교육시키지 않습니다. 그래서 이것은 지속 가능하고 저것은 그렇지 않다고 말하지 않지요. 우리는 제품을 생산하고 유통하는 모든 과정을 위해 기준을 개발하고 있습니다. 여기서 중요한 것은 농장을 더 개선할 수 있는 척도는 무엇인가, 하는 질문입니다."

오, 예! "소고기를 대량으로 지속 가능하게 생산한다는 걸 이해할 수 없습니다."

"우리는 유용 동물을 좀더 효과적으로 만들기 위해 노력하고 있습니다. 적은 소로 더 많은 고기를 생산하는 것입니다."

"그게 어떻게 가능하죠?"

"우선 헥타르당 더 많은 개체를 사육하는 겁니다. 그러면 땅이 덜 필요할 테고, 숲을 덜 개간해도 되겠죠. 사육, 그러니까 더 나은 사료로 더 건강하게 키움으로써 가능합니다. 우리가 좀더 효율적으로 생산하면 할수록 장소와 사료는 더 적게, 온실가스도 더 적게 만들어내겠죠. 과거엔 소를 5년 키웠지만, 요즘은 18개월입니다."

18개월이라니. 소가 스테이크와 굴라시(goulash) 요리로 변하지 않을 경우 30년까지 살 수 있다는 사실을 생각하면, 그야말로 변태적인 효율성이지 않을 수 없다.

"그러니까 피드로트(feedlot)를 말하는 거죠?"

"피드로트가 유일한 도구는 아닙니다. 하지만 그런 사육장이 더 많이 생기겠죠."

거대한 가축 사육장을 일컬어 피드로트라고 한다. 소들은 짧은 생을 대부분 초원에서 보낸 다음 도축되기 전 마지막 100일을 비육장, 이른바 피드로트에서 보낸다. 수천 마리씩 우리 속에 갇힌 채 호르몬, 항생제, 대두 그리고 살을 찌게 해주는 사료를 잔뜩 먹는다. 이는 수년 전부터 미국에서 일반적으로 볼 수 있는 사육 모델이다. 아주 많은 소를 가두어놓고 키우는 이런 방식을 '밀집 가축 사육 시설(Concentrated Animal Feeding Opration, CAFO)'이라고 부른다. 미국에서는 1000만 마리 넘는 소가 이런 곳에서 풀을 뜯어 먹는다. 그러나 갇힌 동물만 고통을 당하는 게 아니다. 요컨대 소한테 주입한 호르몬은 사람의 건강을 해친다. 여러 가지 병원균을 이기기 위해 소한테 주는 어마어마한 양의 항생제도 마찬가지다. 엄청난 양의 오줌과 똥은 어떤가. 상상할 수도 없을 만큼 많은 분뇨가 대부분괴어 있는 물로 흘러 들어가 토양, 물 그리고 공기를 박테리아, 바이러스, 유황가스와 암모니아로 오염시킨다.

파이브 리버스 캐틀(Five Rivers Cattle)이라는 회사가 애리조나, 콜로라도, 아이다호, 캔자스, 오클라호마, 그리고 캐나다에 있는 농장에서 사육하는 소를 모두 합하면 100만 마리가 넘는다. 이 회사는 또 다른 100만 마리가량의 소를 오스트레일리아, 멕시코, 푸에르토리코에 있는 CAFO에서 사육하고 있다. 파이브 리버스 캐틀은 브라질 대기업 JBS의 자회사다. 조제 바치스타 소브리뉴(José Batista Sobrinho)가 1950년대에 건립한 이 브라질 대기업은 430억 유로의 매출을 올리는, 전 세계에서 가장 큰 육류 생산업자다. 전 세계에서 거래하는 소고기의 4분의 1이 바로 JBS에서 나온다. 한때는 가족 기업이었으며, 가죽과 식물 연료 사업을 활발하게 벌이고 있다. 그리고 사업의 절반을 미국에서 운영한다.

이렇듯 의심스러운 성공 스토리에는 브라질 정부가 한몫을 했다. 다시 말해, 브라질 개발·산업 및 무역부 산하의 브라질국영개발은행(BNDB)이 JBS에 어마어마한 신용 대부금을 지원함으로써 세계적 경쟁력을 갖춘 기업으로 키워준 것이다. 이렇듯 많은 돈은 다른 분야에서도 도움을 주었다. 요컨대 JBS 회장의 아들 조에즐레이 바티스타(Joesley Batista)가 형제인 웨즐레이(Wesley)와 함께 엄청난 부패 스캔들에 연루되었다. 2010년부터 불법적인 선거 비용을 대고 28개의 다양한 당 출신 정치인 총 1819명에게 뇌물을 먹이느라 1억 7200만 유로를 쓴 것이다. 이렇게 함으로써 이 '스테이크 일당'은 부담스러운 법의 제정을 막고, 세금 감면과 내부 정보를 얻었다. 2014년 선거 때는 정치인들의 주머니에 불법 자금 1억 유로를 꽂아주었다. 브라질 국회의원 중 대략 3분의 1은 JBS로부터 뇌물을 받은 셈이다. 심지어 바티스타 형제는 감형을 받기 위해 브라질 검찰과 공범 증언을 하겠다는 거래를 했다. 법정에서 모든 것을 인정하고 협조하겠다면서 말이다. 게다가 굵직한 '몸통'에 대한 정보도 제공하겠다고 했다. 바로 미셰우 테메르(Michel Temer) 내통령이 그 주인공인데, 그 역시 부패의 늪에 깊숙하게 빠져 있었다. 바티스타 형제는 대통령에게 400만 유로

의 뇌물을 주었다. 하지만 이 형제는 검찰에 중요한 정보를 주지 않아 구류 상태에 있다.[8]

더욱이 JBS는 사람들이 먹을 수 없는 상한 고기를 유통시킨 스캔들마저 일으켰다. 닭고기를 파는 거대 기업 BRF와 함께 JBS 역시 수년 동안 상한 고기를 전 세계에 판매하고, 악취와 변질을 숨기기 위해 암 유발 물질을 사용했다는 혐의를 받고 있다. 그 밖에 고기의 무게를 늘이기 위해 감자, 물, 종이를 넣었다고 한다.[9] 이 육류 대기업은 이런 일을 위해 매달 6000달러까지 체계적으로 도축장에 뇌물을 제공한 것으로 알려졌다.

그런데 하필이면 이런 범죄를 저지른 회사가 현재 지속 가능한 소고기를 위한 원탁회의에 앉아 대량 가축 사육을 통해 세계를 구하겠다고 호언장담하고 있다. 대량 가축 농장으로 어마어마한 사업을 하려는 다른 회원사들과 함께 말이다. 여기엔 이런 시스템을 통해 자신이 생산하는 대두를 더 많이 판매하려는 카길이 있다. 약품을 대량으로 판매하려는 제약 회사도 있다. 또한 JBS의 고객으로서 매일 7000만 명에게 햄버거를 판매하기 위해 엄청난 양의 소고기를 소비하는 맥도날드도 있다. 마지막으로, 남반구에서 논쟁이 분분한 농업 자본을 대주고 있는 라보 은행이 있다.

브라질에서 매년 도살되는 소의 10퍼센트는 이른바 최종 사육지 피드로트를 거친다. 라보 은행의 2014년 보고서에 따르면, 이곳을 거치는 소를 400만 마리에서 2023년까지 900만 마리로 2배 늘릴 계획이라고 한다. 〈브라질에서의 강화법: 산업식 성장을 움직일 피드로트〉라는 제목의 보고서에서 네덜란드 금융 조합 라보 은행은 수출에 주력하는 브라질의 육류 및 사료 사업의 "빛나는 가능성"에 대해 열광적으로 찬사를 보냈다. 아울러 이러한 생산 증대를 위해 피드로트에서 추가로 250만 마리의 소를 더 도축해야 한다고 했다. 그렇게 하려면 2억 5000만~5억 미국달러의 비용이 든다.[10] 이런 말은 마치 신용 대출 제안처럼 들린다.

마투그로수와 마투그로수두술 그리고 상파울루에 있는 피드로트 중 몇 곳은 JBS 소유인데, 이곳에 14만~16만 마리의 소가 있다. 나아가 이 대기업은 전국에 육류 공장 36곳을 갖고 있다. 따라서 JBS가 집약적인 농장을 확대하는 데 관심을 갖는 것은 당연하다. 즉 JBS의 로비스트 챈들러 키(Chandler Key)는 2010년 '지속 가능한 소고기를 위한 세계원탁회의'에서 앞으로 20년간 브라질에 있는 더 많은 소를 초원에서 피드로트로 옮기게 될 것이라고 밝혔다.[11] 덴버에서 이 회의를 소집한 기업은 카길, JBS, 맥도날드, 셰링플라우 애니멀 헬스(Shering-Plough Animal Health), 월마트 그리고 WWF였다.

"우리 중 그 누구도 80년 전에 다녔던 병원엔 가려 하지 않을 겁니다. 미친 짓이죠. 안 그래요? 그런데 음식 문제와 관련해서는 우리 모두가 과거에 좋았던 시절의 식품이 오늘날보다 훨씬 더 좋았다고 생각하는 것 같아요." 주디스 캐퍼(Judith Capper)의 말이다. 이런 논증은 산업식 농업을 추종하는 자들이 상대방을 아무것도 모르는, 낭만에 눈먼 이상주의자라고 질책할 때 사용하는 사이비 논법 중 하나다. 자신을 '보비디바(Bovidiva: bovi가 '소의'라는 뜻이므로, '소의 디바'라는 의미―옮긴이)'라고 부르는 캐퍼는 육류 및 생필품 산업에 과학적 컨설팅을 제공하는 여성이다. 그녀는 덴버에서 열린 육류 회의에 초대받기도 했다. 앞서 소개한 인용문은 그녀가 브레이크스루 연구소(Breakthrough Institute)와 인터뷰할 때 얘기한 내용이다.[12] 미국의 이 싱크 탱크는 이른바 '생태 모더니스트'를 모집하고 있다. 이런 사람은 보통 '생태 변절자'일 경우가 많은데, 흔히 완전히 반대 입장으로 바뀌는 경향이 있기 때문이다. 이들은 "21세기를 위해 현대화한 환경 보호"라는 말로 사람들을 선동한다. 그들에 따르면 이미 오래전에 파괴적이라고 인정된 기술, 예를 들면 유전자 기술, 핵에너지, 수압파쇄공법을 통한 석유 채취, 산업식 밀집 농업이 기후 변화와 전 세계의 기아를 줄일 수 있다고 주장한다. 이 역시 일종의 그린워싱이다. 자신이 한때 우유와 달걀도 먹지 않는 엄격한 채식주의자였다고 고백한 '보비디바' 캐퍼는 소를 밀집 사육장에서 키우는 것이 훨씬 지속 가능한 축산업이며 기후에 보탬이 된다는 의견을 대표하는 인물이다.

"예를 들어 우리가 미국에 있는 소를 모두 풀 뜯어 먹는 소로 전환시킨다면, 6460만 마리의 소를 위해 53만 제곱킬로미터의 땅이 더 필요하고, 그러면 1억 3500만 톤의 온실가스를 더 배출하게 될 것입니다. 결국 현재 먹는 육류의 양을 확보하겠지만, 환경 비용은 어마어마하게 많아지는 것이죠." 캐퍼는 인터뷰에서 이렇게 말했다. 어쩌면 맞는 말일 수 있다. 미국인은 세계에서 가장 많은 고기를 먹으니 말이다. 미국인이 1인당 매년 소비하는 육류는 112킬로그램이다. 실로 전설적인 양이다. 그런데 정작 '보비디바'라는 이 여성은 이렇게 많은 육류 소비가 동물 윤리적으로 의미심장할 뿐 아니라,[13] 생태적으로나 사회적으로 심각한 결과를 가져온다고 반박하지 않는다. 오히려 정반대다. 그녀는 유일한 대안으로 밀집 사육을 선동하는 한편, 채식주의자를 비판한다. 즉 채식주의자들의 "일차원적이고 이상적 해결 방안"으로는 "지속 가능과 관련한 문제를 하나도 해결할 수" 없다면서 말이다.[14] 캐퍼는 머리카락이 곤두설 정도의 논쟁을 한다. 만일 사람들이 채식주의자의 의지에 따라 미국에 있는 모든 소를 살려둔다면, 5년 안에 6억 마리 넘는 소가 미국에서 살게 될 것이라는 식으로 말이다. 그리고 만일 전 세계의 모든 사람이 엄격하거나 일반적인 채식주의자가 된다면 어마어마한 땅이 필요할 것이라고 한다. 사람들이 먹을 곡식과 채소를 생산하기 위해 엄청나게 많은 미네랄 비료와 살충제도 필요할 것이라고 한다. 이런 식으로 소수자와 다수자의 위치를 바꿔버림으로써 자동으로 소수의 채식주의자는 파괴하는 사람들이 되고, 고기를 먹는 대다수는 세계를 구원하는 주인공이 되어버린다. 그야말로 외양상으로는 편안하지만 너무나 듣기 좋은 '불편한 진실'이다.

물론 사실은 이러하다. 요컨대 지구상의 농지 가운데 4분의 3을 육류 생산을 위해 사용하고 있다. 목초지와 사료 재배를 위한 땅으로 말이다. 이른바 '대두 벨트', 다시 말해 아르헨티나부터 볼리비아, 브라질과 파라과이를 거쳐 우루과이까지 펼쳐진 이 벨트는 독일, 오스트리아와 스위스를 모두 합친 땅보다 더 넓다. 이곳에서는 오로지 단작만 한다. 대부분의 대두는 유전자 기술로 조작한 것이고, 따라서 아주 많은 양의 살충제가 필요하다. 이런 농지에 뿌리는 대기업 몬산토의 종자를 라운드업레디 대두(Round-Up-Ready Soybean)라고 한다. 여기서 자라난 대두는 다른 모든 잡초를 죽이는 제초제 글리포세이트에 면역력을 갖고 있다. 아르헨티나에서는 이와 같은 라운드업레디 종자가 경작지의 절반을 차지하고, 브라질에서는 적어도 단작의 70퍼센트가 바로 그런 종자다. 아르헨티나만 하더라도 농장에 최소 2억 리터의 글리포세이트와 3억 리터 이상의 살충제를 뿌려댄다. 그중엔 독성이 매우 강한 엔도술판(Endosulfan)과 D-2.4 같은 제초제도 있다. 왜냐하면 이미 글리포세이트에 내성을 가진 잡초가 아르헨티나에는 7종, 브라질에는 5종이 있기 때문이다. 만일 점점 많은 독성 물질을 뿌려야 한다면, 화학 제품과 농업 관련 대기업의 주머니는 두둑해질 것이다. 그러나 재배 지역 사람들에게 독성은 고통과 죽음을 의미한다. 독성 안개 지역에서 살아가는 사람들의 암 발병률은 다른 지역에 비해 4배나 높다. 또한 유산과 사산율이 늘어나고, 아이들은 뇌 손상 또는 조직의 손상을 입은 채로 태어난다. 호흡기 질환과 피부 질환도 널리 퍼져 있다.

여기에서도 대두 원탁회의(RTRS)는 모든 것이 예전처럼 돌아가게끔 조치를 취하고 있다. 이 무시무시한 원탁회의의 회원사로는 브라질 대두 시장을 장악하고 있는 아마지(Amaggi), ADM, 번기, 카길, 루이스 드레퓌스, 몬산토, 바이엘 크롭 사이언스, BASF, 다우 애그로사이언스, 신젠타(Syngenta), 글렌코어 그레인(Glencore Grain), 리우에 있는 BVRio, 라보은행, 셸, 다농, 네슬레, 마르스, 리들, 유니레버, WWF, 국제보호협회(Conservation International)와 자연보호협회(The Nature Conservancy) 등이 있다.[15] 그리고 부회장이 하필이면 아마지의 경영자 줄리아나 지 라보르 로페스(Juliana de Lavor Lopes)다. 이 대기업은 '대두왕'이라고 불리는 블라이루 마지(Blairo Maggi)가 이끌고 있다. 세계에서 가장 큰 규모의 대두 재배 기업이자 수출 기업인 아마지의 곡물은 카나리아제도에서 가장 큰 섬 테네리프보다 2배나 넓은 마투그로수주에서 자라고 있다. 마지는 2003년부터 2011년까지 마투그로수주의 지사를 역임하기도 했다. 그런 지위를 이용해 브라질 정부에 자신의 주에 있는 토착민의 토지권을 인정하지 않도록 힘을 쓸 수 있었다. 그린피스는 그에게 '전기톱 금상'을 수여했다. 그가 공직에 있는 동안 대두 단작을 위해 과거 어느 때보다 많은 숲을 파괴했기 때문이다. 마지는 현재 브라질의 농업부 장관으로 있다.

브라질에서는 2006년부터 대두 모라토리엄이 효력을 발휘하고 있다. 여기엔 불법적으로 벌채한 아마존 지역의 땅에서 재배한 대두의 판매를 금지하는 조항도 있다. 그 밖에 이 모라토리엄은 농장주가 대두를 재배하기 위해 원시림을 개간하지 못하도록 했다. 그러자 정말 아마존의 개간이 줄어들었다. 모라토리엄을 실시한 이후부터 2014년까지 단 1퍼센트 늘었을 뿐이다. 그 대신 다른 지역에서는 전기톱 소리가 요란해졌다. 2006년부터 아마존 외 다른 지역에서 새롭게 단작하는 면적이 23퍼센트까지 늘어난 것이다. 오늘날까지 대두 모라토리엄을 아마존 이외 지역에까지 확장하는 데는 성공하지 못했다.

라틴아메리카에서 생산하는 대두의 98퍼센트는 사람의 위가 아니라, 동물의 사료 통에 들어간다. 한편 전 세계에서 재배하는 모든 식물의 67퍼센트만이 인간의 식품으로 쓰이고, 나머지는 사료와 바이오 연료 등으로 가공된다. 미네소타 대학의 연구에 따르면, 만일 수확한 곡물을 식량으로 가공할 경우 40억 명의 사람에게 공급할 수 있다고 한다.[16] 그리고 OECD 회원국이 고기를 지금보다 3분의 1만 적게 소비해도 독일만 한 면적이 생겨나고, 여기서 인간을 위한 식량을 생산할 수 있다고 한다. 예나 지금이나 거의 10억 명의 사람이 굶주리고 있는 반면, 전 세계에서 도축하고 있는 200억 마리의 동물이 전체 수확 곡물의 절반을 먹어치운다. 사람이 아닌 동물의 사료로 쓰이는, 100칼로리의 열량을 내는 유용 식물은 그와 같은 에너지의 3분의 1만 나오는 육류의 생산에 사용된다. 1킬로그램의 소고기를 생산하려면 7~16킬로그램의 사료와 60만 리터의 물이 필요하다. 그 밖에 직접적으로 배출되는 온실가스의 70퍼센트는 동물성 제품의 사육으로 인해 발생한다.

많은 사람이 인용하고 있는 〈미국에서 소고기 생산이 환경에 미치는 영향: 1977년과 2007년 비교〉[17]에서 '보비다바' 주디스 캐퍼는 다음과 같은 결론을 내렸다. 즉 대두 같은 곡물을 사료로 먹이는 '현대적' 밀집 사육은 풀과 건초를 먹이며 키웠던 1970년대의 대량 사육에 비해 토지와 사료 그리고 물을 덜 소비하며, 따라서 훨씬 더 친환경적이라는 것이다. 물론 캐퍼는 항생제, 베타 차단제(심장의 부담을 줄여서 긴장을 완화하는 약물―옮긴이) 그리고 호르몬의 사용과 그로 인한 결과는 비밀에 부쳤을 뿐 아니라, 대두 단작과 살충제의 과도한 투입이 식물의 다양성과 건강에 미치는 영향에 대해서도 숨겼다. 단작과 과도한 비료 및 살충제를 투입하지 않고 소규모로 각각의 지역에 맞게 그리고 농업 생태를 생각하며 짓는 농사, 육류를 지금보다 훨씬 적게 소비하는 것 등을 캐퍼는 전혀 고려하지 않는다. 이런 것은 캐퍼가 말하듯 생태에 눈먼 낭만주의자들이 아니라, 2008년 전 세계에서 400명 넘는 전문가와 과학자들이 제출한 세계 농업 보고와 남반구에서 활동하는 소농 운동이 제기한 것이다.

"소고기를 먹나요? 먹는다면 어떤 고기를 구입하세요?" 브레이크스루 연구소는 인터뷰 막바지에 캐퍼에게 그런 질문을 던졌다. "그럼요! 내가 미국에 있을 때는 곡물을 사료로 주는 게 보편적이었어요. 다시 영국에 왔는데, 이곳은 또 다른 시스템입니다. 유럽연합에서 호르몬 주입과 베타 차단제를 금지하고 있죠. 그래서 다른 대안이 없어 '자연산' 소고기를 구입하고 있어요."

유럽 사람들은 베타 차단제와 호르몬을 주입하지 않은 친환경적 소고기를 먹고 있다는 것이다! 엄청난 스캔들이 아닐 수 없다. 그런 방식으로 물론 세계를 구할 수는 없을 것이다.

사실을 왜곡하고 단편적 사실만 과장해서 얘기하며 결정적으로 중요한 세부 사항은 숨기기. 바로 이런 방식으로 녹색 거짓말이 탄생하며, 산업은 그것을 과학적 증거라면서 세상에 발표한다. 현재의 상태는 다른 대안이 없다는 식으로 말하는, 이른바 녹색 거짓 뉴스의 양산은 전통적 프로파간다를 대체했다. 한때 기후 변화를 거부했던 자들이 유행시킨 그 선전 말이다. 캐퍼 같은 사람은 지속 가능한 사업을 한다고 밝히는 육류 산업에서 진정 행운아다. 캐퍼가 지속 가능한 소고기를 위한 세계원탁회의의 외부 고문이자 감시자인 것은 그리 놀랍지도 않다.

2014년 23개 동물 보호 협회와 환경 단체는 지속 가능한 소고기를 위한 세계원탁회의 이사진에게 공개서한을 보냈다. 이 원탁회의의 기준은 "기껏해야 널리 수용되고 있는 칭찬 일색의 희망 사항을 수집해둔 것에 불과하다"는 내용이었다. 원탁회의가 내놓은 목표란 늘 하던 대로 사업을 하면서 그걸 '지속 가능'으로 포장한다는 것이다.[18] 그리하여 소고기 원탁회의는 항생제를 금지하지 않고, 다만 동물한테 주입하는 의약품을 책임감 있게 투여하라는 지시만 내릴 뿐이다. 호르몬과 베타 차단제는 언급조차 하지 않으며, 고통을 안기는 뿔 제거와 거세도 거의 마찬가지다. 동물을 "건강하고 정상적 행동을 할 수 있게끔, 그리고 불편함을 최소화할 수 있는 환경에서 키워야 한다"는 식으로 두루뭉술하게 정의한다. 그리고 "지속 가능한 방식으로 생산한 사료"를 먹여야 한다는데, 만약 그런 사료가 있다면 가능할 수도 있겠다. '지속 가능한 사료'란 도대체 어떤 것일까? 여기에 대해서도 아무런 언급이 없다. 그러면서 소 사육을 늘릴 목적의 나무를 덜 베어낼뿐더러 벌채도 "아예 하지 않을 수 있다"고 얘기한다. 이렇듯 원탁회의에서는 수십 년 전부터 심각한 생태적·사회적 손상을 입혀놓고는 이를 진보라고 자축하며, 그런 진보를 더욱 확장하는 것을 지속가능이라고 표현하는 게 하나의 시스템으로 자리 잡고 있다. 이때 그들이 말하는 '효율성'은 가능한 한 짧은 시간 안에 동물을 도살장으로 보내려는 노력이며, 이는 결국 많은 동물을 스테이크로 가공하고자 하는 걸 숨기려는 의도다.

"육류 소비는 전 세계적으로 늘어나고 있습니다. 브라질에서는 매년 1인당 38킬로그램을 먹고 있다고 해요. 이렇듯 높은 수준의 소비가 전 세계적으로 가능하다고 믿으세요?" 나는 페르난두 삼파이우에게 물었다.

"더 많은 고기를 먹으려는 나라가 있는가 하면, 적게 먹으려는 나라가 있지요. 생산 방식을 향상시킬 수도 있고요. 우리 또한 그러려고 합니다. 무엇을 먹어야 하는지, 먹어서는 안 되는지를 사람들한테 강요할 수는 없지요."

피 흘리는 스테이크

소니아 보니 구아자자라(Sônia Bone Guajajara)는 조수석에 앉아 끊임없이 스마트폰을 들여다보고 있었다. 그녀는 이마를 찌푸리는가 하면, 민첩한 손가락으로 계속 뉴스를 넘겨보았다.

"휴대전화만 계속 보고 있네요, 소니아?" 베르너가 약간 빈정거리듯 말했다.

소니아는 깜짝 놀랐다. "아, 그래요? 새로운 수사 소식이 있는지 확인하는 거예요." 소니아는 겸연쩍게 웃으면서 말했다.

"어떤 수사요?"

"대지주들로부터 자신의 땅을 되찾으려는 테레나족(Terena)에 관한 소식요."

소니아는 브라질 토착민협회(APIB)의 리더로 있다. 소니아 자신도 토착민인 구아자자라족으로 브라질 북동쪽에 있는 마라냥(Maranhão)주 출신이다. 우리는 마투그로수두술주 서쪽 끝에 있는 니오아키(Nioaque)까지 소니아와 동행했다. 소니아는 그곳에 있는 테레나족과 구아라니카이오와족(Guarani-Kaiowá)의 회의에 초대를 받았다. 소니아는 사흘 동안 그들이 어떤 시점에 있고, 앞으로 어떻게 해야 할지에 대해 설명할 예정이었다. 대지주들로부터 법적으로 자신들 소유의 땅을 어떻게 돌려받을지 말이다.

"마투그로수두술주는 토착민에게 폭력을 가장 많이 휘두른 지역입니다. 사람들은 끊임없이 학대와 죽임을 당했죠." 소니아가 설명했다.

"왜 하필이면 그곳이죠?"

"소를 키우는 농장이 가장 많은 곳이니까요. 대부분의 농장은 토착민들의 땅이었습니다. 정부가 토착민에게서 땅을 빼앗아 대지주한테 줘버린 것이에요. 하지만 우리는 그 땅을 돌려받기 위해 투쟁하고 있습니다."

아마존 지역 다음으로 대부분의 브라질 토착민이 사는 곳이 마투그로수두술주다. 토착민 중에는 구아라니카이오와족의 규모가 가장 크다. "그들이 소유했던 숲과 초원은 독일 면적의 크기에 달한다." 독일 신문 〈차이트〉는 구아라니카이오와족이 대지주들과 맞서 싸우는 투쟁을 사진과 함께 보도하면서 이렇게 썼다.[19] 하지만 식민지 압제자들이 라틴아메리카를 발견한 이래 500년 동안 테레나족은 마투그로수두술의 땅을 전부 빼앗겼다. 브라질에 있는 '식민지화와 농업 혁명을 위한 국립연구소'에 따르면, 마투그로수두술에 있는 거대 농장 74곳이 2만 4000제곱킬로미터를 차지하고 있으며, 7만 7000명의 토착민이 살고 있는 땅은 그 3분의 1에 불과하다. 땅의 절반가량이 700명의 손에 들어가 있는 것이다.[20]

브라질 정부는 이미 20세기 전반에 구아라니카이오와족과 테레나족의 땅을 백인들에게 주었다. 그리고 20개 토착민은 원주민 거주지에서 살았다. 하지만 목초지, 대두, 사탕무 농장이 폭발적으로 늘어나면서 폭력적인 추방이 이어졌다. 이곳에서는 소에게 21만 제곱킬로미터에 달하는 목초지를 내주었다. 대두 재배 면적은 지난 15년 동안 2배로 늘어났다. 바이오 연료를 생산하기 위한 사탕무 재배 면적은 6배, 옥수수를 단작하는 땅은 4배로 늘어났다.

우리가 주도인 캄푸그란지(Campo Grande)를 출발해 니오아키를 향해 200킬로미터를 달리면서 바라본 풍경은 그야말로 기분을 우울하게 만드는 산업 지역이었다. 'Mato Grosso'는 '큰 숲'이라는 뜻이다. 하지만 이곳은 황량한 땅으로 완전히 변해버렸다. 여기저기 거대한 회색 건물이 들어서 있었다. 바로 대기업 JBS, 카길, ADM, 번기의 건물이었다. 2월에 대두를 수확하고 난 뒤인데도 끝이 보이지 않는 경작지에는 새로운 식물이 자라고 있었다. 사람들은 소한테 목초지를 제공한 다음 옥수수를 재배하는 식으로 번갈아가면서 토지를 사용했다. 또는 사탕무를 단작하기도 했다. 한 떼의 파란 앵무새가 우리 머리 위로 날아가지 않았더라면, 이곳이 독일의 니더작센(Niedersachsen)주처럼 보였을지도 모른다.

오늘날에도 마투그로수두술은 브라질에서 땅을 가장 많이 약탈당한 주에 속한다. 동물 사료와 자동차 연료를 위한 식물을 재배할 수 있는 곳이라면 어디든 땅으로 먹고살려는 사람들을 위한 자리는 없다. 길을 중심으로 양쪽에는 널빤지로 이은 임시 집이나 플라스틱으로 된 천막이 줄지어 있고, 그 앞의 손바닥만 한 땅에는 채소를 심었다. "저게 바로 토착민들이 사는 오두막이에요. 그들은 갈 곳이 없습니다. 그래서 아스팔트와 단작만 하는 거대한 땅 사이에서 살고 있죠." 소니아가 말했다. 이곳에서 토착민은 오물과 배기가스 그리고 독성을 지닌 살충제로부터 피해를 입을 뿐 아니라, 트럭과 부딪혀 목숨을 잃는 경우도 많다.

대지주만 이곳에서 땅을 약탈하는 것은 아니다. 대기업도 마찬가지다. 예를 들어 육류 회사 JBS의 도살장은 마투그로수두술주의 바하두 가르사스(Barra do Garças)에서 2011년 토착민 지역인 마랑이와트세지(Marãiwatsede)에 있는 소 농장 8곳을 매입했다. 고기는 상파울루의 공장에서 유럽으로 보내기 위해 가공 작업을 한다. 무엇보다 테스코(Tesco)와 메트로 그룹에 납품하기 위해 말이다.[21] 코카콜라는 브라질에 있는 미국의 대형 생필품 회사 벙기로부터 설탕을 구입하고, 이 미국 회사는 구아라니카이오와족에게서 약탈한 땅에 심은 사탕무를 구매한다. 사탕무 농장 5곳은 캄푸그란지 남쪽의 도라두스(Dourados)에 위치한, 토착민 거주지 자타이바리(Jatayvary)에 있다.[22] 설탕 대신 스테비아(Stevia)라는 식물에서 추출한 달콤한 성분을 쓴다며 자칭 지속 가능한 생산을 하고 있다고 주장하는 코카콜라를 위해 이 대형 음료 회사는 구아라니카이오와족을 착취한다. 코카콜라는 수백 년 전부터 토착민이 이용해온 이 식물에 대한 특허권을 얻어 영업하고 있다. 이는 명백한 약탈 행위다. 식물의 다양성을 위한 유엔 협약 이후 코카콜라는 구아라니카이오와족에게 그 건에 대한 동의를 구해야 했다. 하지만 당연하다는 듯 그들에게 아무것도 묻지 않았다.[23]

"산업계에서 하는 얘길 들으면, 모든 것이 지속 가능하다는 말뿐입니다. 고기, 대두, 사탕무. 이런 점을 어떻게 생각하세요, 소니아?" 내가 물었다.

소니아는 미소를 지었다. "고기는 토착민의 피로부터 나와요. 그리고 단작은 땅을 파괴하죠. 우리는 수천 년 전부터 자연과 조화를 이루며 숲에서 먹거리를 얻었습니다. 우리는 모든 것을 지켜왔어요. 이런 행동에 어떤 이름도 붙이지 않았죠. 하지만 갑자기 모두가 '지속 가능'이니 '녹색'이니 하는 말을 하고 있네요."

소니아는 알록달록한 옷을 좋아했다. 빨간색 청바지에 녹색 티셔츠를 걸쳤다. 티셔츠에는 흰색과 노란색으로 '숲 지킴이'란 단어가 쓰여 있었다. 소니아는 지평선에 보이는 녹색의 넓고 네모난 지역을 가리키며 말했다. "저게 바로 몇 킬로미터에 걸쳐 유칼립투스를 단작하고 있는 곳입니다. 완전 녹색이죠. 하지만 저건 더러운 녹색입니다. 거대한 농장의 녹색 거짓말이죠."

"하지만 많은 사람을 위한 음식을 정말 자연적인 방식으로 생산할 수 있을까요?" 베르너가 물었다.

"그럼요. 나는 가능하다고 생각해요. 개별 소작농은 현지에 사는 사람들을 모두 먹여 살릴 수 있어요. 하지만 저들의 농장은 사람이 먹을 영양분을 제공하지 않죠. 오로지 이윤만 생각하고, 대부분 수출하죠. 대두는 우리를 위해 재배하는 게 아닙니다. 고기 역시 마찬가지고요."

마투그로수두술에 살고 있는 모든 구아라니카이오와족은 굶주림과 영양실조로 고통받고 있다. 이들 가운데 90퍼센트가 식량 원조에 의지한다. 인권 단체 FIAN이 2016년 실시한 연구에서도 그와 같은 결과가 나왔다.[24] 그들에겐 자신을 먹여 살릴 숲도 더 이상 없고, 곡물이나 식물을 재배할 땅도 없다. 많은 사람이 노예처럼 농장에서 일하고 있다. 여기서 받는 임금은 먹고살지 못할 정도로 적다. 아이들이 가장 큰 고통을 당하고 있다. 대부분 영양실조에 체중 미달이다. 2014년 한 해에만 마투그로수두술에서 영양실조로 죽은 토착민 아이가 55명이나 된다.

이는 브라질 토착민이 당하고 있는 유일한 테러가 아니다. 1500년 당시 이곳의 토착민은 600만 명에 달했다. 하지만 지금은 고작 80만 명에 불과하다. 수백만 명이 살해당한 것이다. 브라질 원주민 집단 학살은 식민지 시대라는 어두운 과거에 유럽인이 저질렀던 만행으로 끝나지 않았다. 당시 원주민 가운데 많은 사람이 유럽에서 유입된 질병으로 인해 사망했거나, 농장에서 비참하게 강제 노동을 하다가 혹은 그냥 아무런 이유 없이 살해당했다. 지난 25년 동안에는 최소 1500명의 토착민이 토지를 둘러싼 분쟁 때문에 살해당했다. 이런 사건은 대부분 마투그로수두술에서 일어났다.[25]

유엔이 토착민의 권리를 위해 특별 감시관을 파견했을 때도 폭력의 물결은 가라앉지 않았다. 빅토리아 타울리코르푸즈(Victoria Tauli-Corpuz)는 우리가 도착하기 바로 전 토착민의 상태를 보기 위해 마투그로수두술을 방문했었다. 그런데 타울리코르푸즈가 이곳을 떠나던 날 밤, 마을 한 곳이 습격당해 여성 한 명이 죽었다.

방문 보고서에서 유엔 감시관은 브라질 정부에 인권을 지키겠다는 의무를 따르고 토착민의 생명을 보호해줄 것을 요구했다.[26] 브라질은 토착민과 여러 종족이 모여 사는 민족에 대한 유엔 합의서에 서명했기 때문이다. 이 합의서에는 자신들이 살던 지역에 대한 토착민의 권한도 포함되어 있다. 또한 브라질 헌법은 1988년 주정부에 5년 안에 모든 토착민의 영역을 설정하고 빼앗긴 땅을 반환할 의무가 있음을 명시했다. 하지만 오늘날까지 정부는 마투그로수두술에서 1.6퍼센트만 토착민의 영역으로 인정했을 뿐이다. 이는 마투그로수두술 전체 면적의 약 4퍼센트에 불과한, 이 종족들 영역의 절반에도 못 미치는 수치다.

게다가 브라질 정부는 농장과 대지주에게 편안하게 빠져 나갈 구멍을 경계설정법과 심지어 헌법을 통해 제공했다. 2010년부터는 1988년 10월 이전 땅에서 쫓겨난 토착민은 소유물에 대한 권한이 없다고 말이다. 바로 그해에 브라질 정부는 토착민을 권리의 주체로 인정했다. 하지만 모든 시민은 토착민에게 땅을 돌려주려는 경계설정법에 반대해 이의를 제기할 수 있었다. 그리하여 땅을 두고 벌어지는 갈등은 흔히 법정으로 갔고, 대부분 대지주가 승소를 했다. 결국 자신들의 땅을 반환받고자 하는 많은 토착민이 농장을 점거하기에 이르렀다. 1990년대부터 이런 종류의 탈환이 점점 늘어나고 있다. 이에 맞서 자신들 소유가 아닌 땅을 움켜쥐고 있는 대지주들은 거의 군대에 맞먹는 준(準)군사 조직을 동원해 토착민을 몰아내고 있다.

토착민은 어찌할 바를 모른 채 잔인한 상황에 내몰려 자살을 선택하곤 한다. 이 나라에서는 구아라니카이오와족의 자살률이 가장 높다.

"우리를 향한 이런 증오와 분노는 돈과 탐욕하고 연관이 있어요. 자본주의가 이 모든 폭력을 몰고 왔습니다. 우리는 우리 마을에서도 안전하지 못하고, 매 순간 우리를 착취하려는 무리로부터 공격을 당할 수 있습니다. 이런 사람들은 우리의 삶의 방식을 수용하려 하지 않죠. 그들은 우리를 처리해버리려 하고, 그러려면 비용이 들죠. 우리는 평화롭게 우리 땅에서 멋진 삶을 영위할 수 없습니다." 소니아가 말했다.

"멋진 삶이란 게 뭐죠, 소니아?"

이번에도 미소가 전염될 것처럼 흘러 나왔다.

"우리에게 멋진 삶이란 자동차나 좋은 집을 소유하는 게 아닙니다. 우리에게 소유는 중요하지 않아요. 우리는 때 묻지 않은 자연을 밟지만, 그들은 다른 생각을 하죠. 그들은 땅을 착취하려 해요. 우리는 나무를 심고 더 좋은 공기를 위해 그것들이 자라도록 내버려두죠. 하지만 그들은 나무 한 그루를 보고, 그 나무의 가치가 얼마일지 의문을 던집니다. 우리에게 멋진 삶이란 우리 땅에서 자유롭게 살고, 땅이 우리에게 제공하는 것을 누리는 거예요. 그러기 위해서는 이 땅이 우리 것이라는 보장을 해줄 필요가 있습니다."

43세의 작은 마을 출신 소니아는 이와 같은 메시지를 전 세계에 전파하고 있다. 그녀는 유엔에서 여러 차례 연설을 했다. 우리가 캄푸그란지에 있는 소니아를 데리러 갔을 때, 그녀는 막 뉴욕에서 돌아온 참이었다. 토착민을 상대로 전쟁을 벌이는 것은 브라질의 대지주, 정부, 부패한 정치가와 농업계 거물뿐만이 아니다. 육류와 사탕무 그리고 대두를 수입하는 자본주의의 핵심 주인공도 있다. 예를 들면 유럽도 그중 하나다.

토지 약탈을 수입하는 자들

그 어떤 대륙도 유럽만큼 남반구 국가들의 희생을 바탕으로 소비하지는 않는다. 유럽연합은 기본 식량과 다른 농업 소비재를 위해 다른 나라의 땅 640만 제곱킬로미터가 필요한데, 이는 유럽연합 28개국의 총면적을 합친 것보다 1.5배나 넓다.[27] 예를 들어 유럽연합은 종려유, 육류, 생선, 해양 동물을 수입하고 과일, 채소, 사료용 대두, 사탕무, 바이오 연료를 위한 원자재도 수입한다. 유럽연합 시민 한 명당 방글라데시 주민보다 평균 6배나 넓은 땅을 불법적으로 점유하고 있는 셈이다.[28]

이와 같은 '땅 발자국 흔적'은 오스트리아 빈에 있는 '지속 가능한 유럽 연구소(SERI)'에서 계산한 것이다. 어쩌면 이보다 훨씬 더 넓을지도 모른다. 목화, 광물, 금속 같은 수입 제품의 생산에 필요한 면적을 계산할 때 데이터 부족으로 일부 땅을 빠뜨렸을 가능성도 있기 때문이다. 유럽연합은 국경의 담을 점점 더 높이고 가난과 기아와 전쟁을 피해 탈출한 사람들을 받아들이지 않으려 애쓰는 반면, 국경 너머에 있는 다른 나라의 땅과 삶의 토대를 당연한 듯 편입시키고 있다. 그것도 정부가 그 국민에게 기본 양식은 물론 생필품도 제공하지 못하는 나라의 땅인 경우가 드물지 않다. 유엔환경계획이 경작지를 전 세계에 공평하게 분할할 때 우리가 어느 정도 이용할 수 있는지 계산해보니 1인당 연간 0.2헥타르였다. 이는 모든 유럽인이 현재 소비하고 있는 땅의 6분의 1보다 적은 면적이다.[29]

특히 다른 나라의 땅을 대규모로 이용하고 있는 국가는 다름 아닌 독일이다. 독일은 매년 음식과 제품을 수입하는데, 이것들을 생산하려면 독일 면적보다 2배 넘는 땅이 필요하다. 농산품 수입 국가로서 독일은 미국과 중국에 이어 세계 3위다. 그것도 특히 남반구 나라들로부터 수입한다. 독일 통계청은 2010년에 이미 이른바 신흥 공업국에서 독일의 농산품을 재배하는 면적이 점점 더 늘어나고 있다고 밝혔다.[30] 2000~2010년 독일이 식량을 생산하기 위해 외국에서 확보한 땅은 38퍼센트 늘어났다. 면적으로 따지면 18만 제곱킬로미터에 달한다. 바꿔 말하면, 그 지역 사람들은 자기 식량을 생산할 땅이 사라졌다는 얘기다.

그런데 독일은 유럽에서 면적이 다섯 번째로 큰 나라다. 따라서 식량을 직접 생산해도 된다. 독일 식품·농업부(BMEL)의 계산에 따르면, 독일에서 생산하는 식량으로 93퍼센트는 자급자족할 수 있다. 이론적으로는 그렇다. 하지만 현실적으로 독일은 식품 수입국이다. 농사짓는 땅을 대부분 육류 생산을 위해 이용하기 때문이다. 독일은 또한 세계에서 세 번째로 큰 농업 수출국이기도 하다. 그런데 모든 농업 매출의 4분의 1 이상을 육류와 우유 수출이 차지한다.[31]

유럽 어디에도 독일보다 많은 육류와 우유를 생산하는 나라는 없다. 지난 20년 동안 독일에서 생산한 육류는 2배 늘어났다. 육류 생산은 2015년 기록적인 825만 톤을 달성했다. 그중 150만 톤 이상을 수출했는데, 주요 수입국은 유럽 국가와 중국이었다.

하지만 독일은 농지의 3분의 2를 '유용 동물' 2억 마리에게 사료를 제공하기 위해 사용하고 있다. 목초지용으로, 옥수수나 밀 같은 사료용 식물을 심는 땅으로 말이다. 이곳에서 재배하는 곡물 중 5분의 1만이 사람의 식량으로 가공되고 나머지는 모두 사료 통, 자동차의 탱크, 바이오 연료 시설로 들어간다. 한편 독일은 채소의 3분의 2를 수입한다. 국내 농지 가운데 채소를 심을 수 있는 면적이 1퍼센트도 안 되기 때문이다.

독일인 85퍼센트가 매일 고기를 먹는다. 동물이 당하는 고통, 광우병, 잡고기 판매, 마구 사라지는 우림과 전 세계에 저지르는 부정한 짓거리 가운데 그 어떤 것도 그들의 육식을 막지 못한다. 독일에서 소비하거나 수출하는 고기의 98퍼센트는 대량 사육 시설에서 나온다. 사업장 수는 점점 줄어들고 있지만 그 대신 더욱더 넓은 면적에서 메가톤급 사육장을 운영한다. 이런 곳에서 점점 더 많은 육류, 우유, 달걀을 점점 더 짧은 시간 안에 생산하고 있다.

그러나 독일에서 동물에게 사료로 주기 위한 곡물을 재배하는 농지가 이처럼 어마어마한데도 우리에게 스테이크, 달걀, 우유를 제공하는 동물을 충분히 먹이기엔 부족하다. 동물은 매년 8000만 톤의 사료를 먹어치운다. 이를 위해 해마다 450만 톤의 사료용 대두를 특히 라틴아메리카에서 수입해야 한다. 매년 유럽연합에서 사들이는 3500만 톤과 비교하면 10퍼센트를 약간 상회하는 양이다. 유럽연합에서 소비하는 고기를 위해 대두를 심는 라틴아메리카 경작지는 영국의 면적만 하다.

이와 같이 파괴적인 농업과 영양 섭취는 독일과 유럽처럼 외향화 사회가 자신의 접시로 세계 다른 지역에 있는 사람들을 구석으로 밀어내지 않는다면 지속적으로 유지될 수 없다.

하지만 남반구 사람들이 그런 땅을 제공하지 않는다면 어떻게 될까? 만일 그들이 전 세계 부자들이 자신의 땅을 빼앗는 것에 대항한다면?

투쟁은 시작되었다

소니아 보니 구아자자라는 토착민 마을 니오아키의 작은 나무의자에 앉았다. 의자는 그늘을 만들어주는 나무 밑에 놓여 있었다. 그녀는 청바지와 티셔츠를 벗고 담청색 멜빵이 달린 옷으로 바꿔 입었다. 그리고 깃털로 된 귀걸이와 작고 알록달록한 진주를 연결한 머리띠를 길고 검은 머리카락에 둘렀다. 많은 테레나족과 구아라니카이오와족은 회의에 참석하기 위해 자랑스럽게 전통 의상과 깃털 장식을 했다. 회의가 열리기 전날 저녁 우리가 이곳에 도착했을 때, 소니아는 영웅처럼 환영을 받았다. 브라질 토착민에게 소니아는 용감하고 지치지 않는 열정을 가진 여성 투사였다. "우리는 함께해야 합니다. 이 문제는 개인이 아니라, 우리 모두의 문제이기 때문입니다. 우리에겐 동지들이 있습니다. 하지만 힘과 강인함은 우리 자신으로부터, 우리의 뿌리와 동족으로부터 나옵니다." 소니아는 열정적인 인사말을 이렇게 마무리 지었다. 그러자 모여 있던 테레나족과 구아라니카이오와족에게서 우레 같은 박수가 터져 나왔다. 우리는 이들의 모임을 통해 힘과 열정 그리고 자부심을 감지할 수 있었다. 토착민 청소년들도 그런 분위기를 느낀 것 같았다. 그들은 스마트폰으로 소니아를 찍었다. 소니아는 그들의 스타였다.

소니아 옆자리에는 주시네이 테레나(Jucinei Terena)가 앉아 있었다. 회의에서 마투그로수두술의 토착민 대학생을 대표하는 남자였다. 그는 정교한 붓과 검은색 물감으로 소니아의 팔과 종아리에 전통 문양을 그려주었다. 주시네이가 살고 있는 마을은 이곳 시느놀란시아(Sidrolândia)에서 자동차로 한 시간 반 걸리는데, 그곳에서 테레나족은 뮌헨의 절반 크기인 자신들의 땅을 되찾기 위해 노력하고 있다. 소 농장 파젠다 부리치(Fazenda Buriti)는 수십 년 동안 그곳에 있었다. 1927년 정부에서 이 땅을 바샤(Bacha)라는 사람에게 그냥 줘버렸기 때문이다. 옛날부터 토착민의 땅이었는데 말이다. 바샤의 손자이자 그 지역의 정치가인 히카르두 바샤(Ricardo Bacha)는 이 땅을 할아버지로부터 상속받았다. 테레나족은 계속해서 격렬하게 항의했지만 아무런 효과가 없었다. 그러다 마침내 정부가 2000년 그들에게 땅의 반환을 약속했다. 하지만 지주들은 농장을 고집스럽게 내놓지 않았다. 2013년 5월 수백 명의 테레나족이 이 땅을 점령했다. 히카르두 바샤는 그래도 땅을 내놓지 않겠다며 거부 의사를 밝혔다. 그는 고소를 하는 등 법적 수단을 동원해 합법적 양도를 계속 미루기만 했다. 그러던 중 마침내 1500명 이상의 토착민이 페이스북을 통해 그 땅을 포함해 마투그로수두술에 있는 자신들의 소유지 세 곳을 공격하자고 약속했다.

2013년 5월 15일 새벽, 200명의 테레나족은 직접 공수하고 조립한 투석기, 몽둥이, 창을 들고 부리치 농장으로 향했다. 이들은 그곳에서 캠프를 마련하고 가족과 함께 2주일을 보냈다. 주시네이 역시 그곳에 있었다. 정부 시스템은 힘으로 반응했다. 100명 넘는 정예군과 경찰관을 태운 버스 열 대가 도착했다. 헬멧과 방패로 무장한 그들은 테레나족을 향해 총을 쏘아댔다.

"이날을 나는 평생 잊지 못할 겁니다." 주시네이가 말했다. "내 형이 살해당했거든요. 배에 총을 맞고 10분 만에 죽었습니다."

테레나족 오지에우 가브리에우(Oziel Gabriel)는 2013년 5월 30일 경찰이 쏜 총에 맞아 죽었다. 그의 나이 38세였다.[32] 그리고 다른 많은 사람이 부상을 당했다. 주시네이 역시 고무탄환을 맞았다. "대지주들은 서로서로 도와줍니다. 우리가 땅을 반환받기 직전, 그들은 우리를 공격하죠. 우리를 보호하고 갈등을 해결하도록 도와야 할 보안대를 앞세우고 말입니다." 주시네이는 소니아의 피부에 새까만 삼각형과 세밀한 선을 그으며 말했다. "우리 땅을 되돌려줘야 하는 정부는 우리를 국가 발전의 방해물로 보고 있어요. 하지만 그들이 말하는 발전이라는 게 뭐죠? 돈을 가진 자만을 위한 발전이겠죠. 소유물이 없는 사람에겐 아무런 가치도 없는 그런 발전 말입니다."

요즘도 테레나족은 부리치 농장에 살고 있다. 하지만 이들은 예전이나 지금이나 위협을 받고 있다. 밤이면 테레나족에게 겁을 주려는 차량들이 늘 나타나고 총격 사건도 있다고 주시네이는 말했다. "하지만 우리는 계속 저항할 것입니다."

"만일 여러분이 정의를 찾으면, 유럽 사람들이 뭔가를 잃을 수도 있다고 생각하나요?" 나는 두 사람에게 물었다.

"누가 뭔가를 잃을 거라고 나는 믿지 않아요." 소니아는 이렇게 말하며 천천히 붓질을 하는 주시네이의 모습을 약간 초조하게 지켜보았다. "여기에서 더 이상 생산을 못하면, 유럽이 실패하는 것이라고 말하는 건 기만입니다. 우리 인간은 다른 조건에 적응할 수 있습니다. 또 다른 시스템이 있어야 합니다. 인간은 경제 시스템에 지배를 받고 있지만, 우린 이걸 허용하고 싶지 않습니다. 인간이 시스템을 지배해야 합니다."

"그렇게 간단할까요?" 베르너가 물었다.

소니아는 큰 소리로 웃었다. "아뇨! 실내 간단하지 않죠. 나는 간단하다고 주장하지 않아요. 모든 게 어렵고, 그 때문에 우리가 매일 투쟁하고 있는 겁니다. 간단하다면 우리가 할 일이 아니죠. 안 그래요? 간단하지 않은 일은 강자들을 위한 일이에요. 그래서 우리가 이런 임무를 맡았어요. 우리는 매일 이 문제에 대해 이야기하고, 다른 곳에 그리고 전 세계에 알려야 합니다. 언젠가 역사의 바퀴가 다른 방향으로 돌아갈 것이라는 확고한 믿음을 갖고 말이죠."

일요일 오전 소도시 아키다우아나(Aquidauana)에 종소리가 울려 퍼졌다. 하얀색 건물의 교회당에서 들리는 종소리였다. 우리는 이스테비뉴 플로리아누 테라가우 테레나(Estevinho Floriano Teragao Terena)를 찾아갔다. 그가 우리를 자신의 종족이 살고 있는 마을로 초대했기 때문이다. 그는 머리에 파란색 깃털을 장식으로 달고 있었다. 얼굴도 색칠을 한 상태였다. 크리스탈리나(Cristalina)로 가는 길에 그는 우리더러 잠시 멈춰달라고 요청했다. 우리는 차에서 내려 울타리를 쳐둔 넓은 목초지를 보았다. 거기에 있던 하얀 소들이 궁금한지 머리를 들었다.

"당신들이 보고 있는 이 땅은 대지주가 이용하던 곳입니다. 보시다시피 자연의 상태가 아니에요. 그러나 이제 우리 마을 소유가 되었습니다. 대지주들이 이 땅을 우리한테 돌려줬거든요. 헌법상 우리의 권리라고 나와 있는 이 땅을 말이죠." 이스테비뉴가 말했다.

하지만 아직 그들의 땅을 차지하고 있는 농장주들은 여전히 극구 저항했다. 그들은 이스테비뉴를 위협하기도 했다. 심지어 그의 아버지에게 "네 아들은 곧 죽을 거야"라는 문자를 보내기도 했다. 어제 니오아키에서 회의가 끝난 뒤 버스 한 대가 테레나족을 이곳으로 데려왔다. 이스테비뉴가 탄 버스는 진흙에 갇혀 옴짝달싹못했다. 그때 농장주가 그들을 지나가며 이렇게 외쳤다고 한다. "나는 너희를 돕지 않을 거야." 그러곤 운전사한테 이렇게 말했다. "인디언들한테 말해. 내가 그들을 모두 죽일 거라고 말이야."

"어떻게 땅을 되찾으려 합니까?" 베르너가 물었다.

"우리는 300~400명의 전사를 모으고, 농장주와 그들의 변호사에게 말할 것입니다. '미안하지만 여긴 우리 땅입니다. 이곳을 떠날 시간을 조금 드리겠소.'"

"그런 다음에는요?"

"그러면 많은 경우 그들은 우릴 고소합니다. 땅을 갖고 싶으니까요. 그들은 우리한테 돈이 없다는 사실을 알고 많은 걸 고안해내지요. 하지만 우리에겐 친구와 동지들이 있습니다. 벌써 일곱 군데의 농장을 되찾았죠. 우린 다른 모든 땅도 되찾기 위해 계속 투쟁할 겁니다."

크리스탈리나 농장은 아키다우아나 인근의 언덕 위에 있었다. 집을 둘러싸고 있는 목초지에는 돼지들이 자유롭게 돌아다니고, 닭들은 나무 사이에서 땅을 긁어대고 있었다. 우리는 이스테비뉴와 함께 울타리에 서서 넓은 땅을 바라보았다. 초원 위에는 송아지 몇 마리가 모여 있었다.

"우린 이 농장과 땅을 되찾는 데 성공했습니다. 우리의 삶과 공동체를 직접 보기 위해 여기까지 와주셔서 정말 감사드려요."

이스테비뉴는 지평선에 있는 숲과 언덕 아래 있는 나무들을 손으로 가리켰다.

"우리는 다시 나무를 심었습니다. 깨끗한 공기와 물을 마시기 위해서요. 우리는 벼, 대두, 옥수수와 각종 채소도 심었습니다. 우리는 자연과 함께 전통에 따라 살고 있어요. 지속 가능한 게 무엇인지 나한테 물었죠? 바로 이것이 우리가 가장 존엄한 형태로 사는 모습입니다."

저녁에 지는 해가 초원, 나무 그리고 숲을 황금빛으로 물들였다. 새들이 지저귀지 않았더라면, 닭들이 꼬꼬댁거리지 않았더라면, 소들이 '음매' 하고 울지 않고 돼지들이 꿀꿀거리지 않았더라면, 너무나 조용해서 풀과 잎사귀를 스쳐 지나가는 바람 소리도 들을 수 있을 정도였다. 파란 하늘 위에서 서로 술래잡기를 하던 구름이 만든 그늘로 인해 마치 항상 새롭고 비현실적인 그림 같은 경치가 드러났다. 큰부리새들이 지나갔다. 알록달록하고 커다란 부리가 있는 새들이 마치 하늘에 그려 넣은 만화 캐릭터 같았다. 이곳은 내가 본 지구상의 땅 가운데 가장 아름답고 평화로운 지역 중 하나였다. 정말 살고 싶은 곳이었다. 나중에 이스테비뉴를 비롯한 마을 사람들과 함께 음식과 맥주를 먹고 마시며 기쁨과 희망을 서로 나눌 때, 나는 문득 깨달았다. 좀더 나은 세상에서 영위하는 멋진 삶이란 자본주의를 넘어 다른 편에 있다고 말이다. 그런 사실을 너무나 잘 느낄 수 있었다.

정의로운 모든 것!

왜 멋진 삶은 녹색 거짓말이 아닌가

"위협적인 불운들 가운데 하나의 불운을 선택할 자유가 우리의 유일한 자유란 말인가? 전도된 세계는 우리에게 이런 의미다—현실을 바꾸는 대신 참는 것, 과거를 경청하는 대신 망각하는 것, 미래를 상상하는 대신 받아들이는 것. 하지만 행복이 없다면 불행도 없고, 이면(裏面)이 없다면 드러나는 면도 없고, 용기를 구하지 않는다면 용기 없음도 없다는 사실은 잘 알려져 있다."
—에두아르도 갈레아노, 《거꾸로 된 세상의 학교》

2017년 11월 13일 우중충한 아침까지는 이날 기후를 위해 정의가 승리를 거둘 거라는 조짐은 전혀 없었다.

오히려 정반대였다. 월요일이었던 이날, 2017년의 이산화탄소 방출량이 또다시 늘어났다는 소식이 전 세계에 퍼졌다. 이와 동시에 1만 5000명의 과학자가 공동으로 '인류를 위협하는 경고'를 발표했다. 기후와 삶의 근본이 극적으로 훼손당했기 때문이다. 독일 본에서는 제23차 유엔기후협약 당사국 총회가 시작되었다. 강대국들은 '파리의 기적'을 환영한 뒤 2년이 지난 시점에 열린 이 회의에서 2015년 당시 기후온난화를 섭씨 2도 이하로 유지하자는 아름다운 말로는 충분하지 않았다는 사실을 인정해야 했다.

하지만 본에서 150킬로미터 떨어진 곳에서는 혁명이 일어날 준비가 되어 있었다. 이 혁명의 이름은 Az. 5 U 15/17 OLG Hamm Lliuya./.RWE AG였다.

11월 13일 오후 사울 루시아노 이우야(Saúl Luciano Lliuya)는 함(Hamm) 고등법원의 A 005/006호실에 앉아 있었다. 그는 1만 522킬로미터나 떨어진 머나먼 곳에서 흰색으로 칠해진 이 공간까지 왔다. 이우야는 페루에 살고 있다. 좀더 정확하게 말하면 안데스산맥의 도시 우아라스(Huaraz)인데, 리마에서 북쪽으로 450킬로미터 떨어진 곳이다. 코르디예라블랑카(Cordillera Blanca)산의 가장자리에 위치해 있다. 이우야는 그곳의 소농이며 관광객이나 등산객에게 산을 안내하는 일도 한다. 그는 거대 에너지 기업 RWE를 고소하기 위해 안데스에서 내려와 독일의 노르트라인베스트팔렌(Nordrhein-Westfalen)주까지 온 터였다. RWE는 유럽에서 이산화탄소를 가장 많이 배출하는 기업이기 때문이다. 페루 사람들은 기후 변화를 이미 강렬하게 감지하고 있다.

이우야는 관광객을 7000미터 높이의 산으로 안내할 때마다 기후 변화를 목도한다고 보고했다. 얼음이 녹아 생긴 새로운 호수를 항상 마주치며, 더 이상 걸어갈 수 없는 수천 개의 눈밭도 만난다고 했다. 빙하는 계속 줄어들고, 반대로 빙하가 녹아 생긴 호수는 점점 늘어나고 있다. 예를 들어 우아라스에서 북쪽으로 20킬로미터 떨어진 곳에는 빙하가 녹아 형성된 팔카코차(Palcacocha) 호수가 있다. 해발 4560미터에 있는 이 호수에는 1700만 세제곱미터의 물이 담겨 있다. 40년 전보다 30배나 늘어난 물의 양은 지금도 빠르게 불어나고 있다. 2003년보다는 4배로 늘어났다. 이런 식으로 계속 불어나면 이 지역에 살고 있는 이우야를 비롯한 5만 명의 주민은 위험에 빠질 것이다. 즉 빙하가 지속적으로 녹고, 흙이 무너지고,

눈과 얼음이 많아지면 호수의 물이 둑을 무너뜨릴 수도 있다. 30미터 높이의 물이 도시를 황폐화시킬 수도 있다. 그곳의 호수들을 조사한 텍사스 대학의 과학자들은 컴퓨터 시뮬레이션을 이용해 그와 같은 가능성을 입증했다. 이우야는 바로 이런 재난으로부터 자신과 고향을 보호하고 싶었다. 그래서 에너지 대기업 RWE를 법정에 세워 책임을 묻기로 한 것이다.

독일에 있는 RWE의 화력발전소 30기는 2억 5000만 톤의 이산화탄소를 내뿜는다. 페루 전체의 교통과 전기 그리고 방출되는 열기를 모두 합한 것의 5배에 해당한다. 유럽에서 이산화탄소를 가장 많이 배출하는 5곳의 갈탄 발전소 중 3곳이 에센(Essen)에 본사가 있는 이 대기업에 속해 있다. 노이라트(Neurath), 니데라우셈(Niederaußem), 그리고 바이스바일러(Weisweiler)가 그것이다.[1] 갈탄 발전소에서 나오는 온실가스만으로도 RWE 혼자 전 세계 기후 변화의 0.5퍼센트에 대한 책임이 있다. 과학자들은 고소장에 그와 같은 수치를 기록했다. 그 때문에 이우야는 RWE가 그에 상응하는 기후 변화에 책임을 지고 페루 주민이 홍수 방지를 위해 투자해야 할 비용의 0.47퍼센트, 약 1만 7000유로를 물어야 한다고 주장했다. 해마다 총매출 460조 유로를 올리는 대기업으로서는 지극히 가소로운 금액이었다. 아마도 이 에너지 대기업이 런던에 본사를 둔 다국적 로펌 프레시필즈 브룩하우스 데링어(Freshfields Bruckhaus Deringer) LLP를 고용하는 데 지불하는 금액과 비교해도 훨씬 적은 돈일 것이다. (이 로펌의 신입 사원 연봉은 12만 유로라고 한다.) 하지만 이 재판에서는 돈이 중요하지 않다. 오히려 간단하지만 전 세계적 차원의 질문을 제기한다. 예컨대 지구를 오염시키는 일개 기업(여기서는 독일 기업)을 상대로 세상의 다른 편에서 일어나고 있는 기후 변화에 대한 보상 책임을 물을 수 있는 것일까?

이우야의 변호를 맡은 여성 변호사 로다 페르하이엔(Roda Verheyen)은 당연히 물을 수 있다고 말했다. 환경 전문 변호사인 그녀는 원인에 대한 원칙을 근거로 제시했다. 즉 민법전 1004조에 따르면, 자신의 소유물을 다른 누군가에 의해 훼손당했을 때, 이에 대한 수리를 요구하거나 행동을 그만두라는 요구를 할 수 있다. 이 경우에는 만일 빙하가 녹아 댐이 무너지면, 페루 사람들의 집이 떠내려갈 수 있다. "이와 같은 권리는 보편적이며, 따라서 이 사안은 전혀 복잡하지 않습니다. 제 의뢰인은 아주 간단한 걸 요구할 뿐이니까요. 즉 RWE 주식회사는 수익을 올리기 위해 수십 년 전부터 화력발전소를 이용해왔고, 그로 인해 원고의 재산이 위험에 처했습니다."

RWE와 그들의 변호사는 당연히 물을 수 없다고 주장했다. 독일에서는 석탄을 태우는 사업을 금지하고 있지 않다는 것이다. 그 밖에 이우야 고향의 환경이 훼손되는 데 RWE에서 방출하는 이산화탄소가 어떤 책임이 있는지 증명할 수 없다고 했다. "우리는 사실, 곧 팩트가 중요하지 않은 자연의 시대를 살고 있습니다. 지금 이곳에서 벌어지는 논쟁은 법이 중요하지 않은 사안입니다." RWE의 논점은 그러했다. 에센 법정은 첫 번째 청문을 마친 다음 2016년 11월 이 소송을 기각했다.

RWE의 의뢰를 받은 변호사들과 회사 소속 변호사들은 1년 뒤 항고심이 열렸을 때, 가슴을 쫙 펴고 법정에 들어섰다. 고등법원은 항고심을 위해 훨씬 넓은 재판정을 마련했다. 즉 이우야는 그사이 독일에서 많은 응원 부대를 얻었다. 재판정은 마지막 자리까지 꽉 찼다. 화력발전소 반대자, 환경 및 인권을 위해 일하는 운동가들이 자리를 가득 메웠다. 맨 첫 줄에는 유명한 기후 연구가 모이프 라티프(Mojib Latif)가 앉아 있었다. 독일기후조합의 회장이자 로마클럽 독일 회장이기도 한 그는 원고 측에서 초대한 이 분야 전문가였다. "RWE가 발생시키는 오염 가스는 한정된 수준이지만 기후에 확실한 영향을 미치고, 기온 상승에 기여하는 부분을 계산할 수 있습니다." 라티프가 언급한 사실들에 대해 원고와 피고 측에서 기록한 내용은 총 700쪽에 달했고, 제5민사합의부는 마지막 순간까지 이 내용을 검토해야만 했다.

"민법전에 나오는 몇몇 구절은 거의 예언에 가까운 선견지명을 담고 있습니다." 롤프 마이어(Rolf Meyer) 재판장은 항고심을 알리는 자리에서 이렇게 말하며, 베노 무크단(Benno Mugdan)의 《민법전을 위해 수집한 자료》(1899)를 인용했다.

"무엇보다 먼 곳까지 미치는 영향을 특정 부분에만 한정하기는 힘듭니다. 우리는 기본적으로 동일한 공기를 마시며 살고 있습니다. 이런 상황으로 인해 인간이 하는 행동은 멀리까지 뻗어나갈 수밖에 없습니다. 하지만 만일 그와 같은 대기 오염을 허락하거나 불허하는 것을 결정해야 한다면 이웃만을 고려해서는 안 되며, 오히려 모든 사람에 대한 권리로 정해야 할 것입니다."

승리를 확신하던 RWE 대리인들의 미소는 갑자기 얼어붙고, 고소인과 방청객의 얼굴은 환해졌다. 왜냐하면 마이어 판사가 이우야 측 변호사의 의견을 수용했다는 사실이 금세 분명해졌기 때문이다. 대기업 변호사들이 생각했던 것보다 빨리 판사는 피고가 원고와 협상할 의도가 있는지 물었다. 예컨대 죄를 인정하지는 않되 댐 건설 비용의 일부를 부담할 의향이 있는지 물은 것이다. 변호사들은 기계적으로 머리를 흔들었다. "그럴 생각은 전혀 없습니다." RWE 소속 변호사 한 명이 말했다. 이 사건은 원칙적으로 배상금을 내야 할 이유가 없기 때문이라면서 말이다. "대기 오염은 불투명한 의도로 인해 발생하는 것이 아니며, 우리가 살아가는 데 필요한 것을 공급하면서 생겨나는 것일 뿐입니다. 우리는 좀더 안전하게 전기를 독일에 공급하고 있으며 이로써 인간이 존엄을 지키며 삶을 살아갈 수 있도록 합니다. 석탄을 태워서 나오는 전기도 바로 이런 경우에 해당하며, 국가는 공동의 이익을 고려해 이를 허락했습니다. 따라서 이는 배상금을 내야 할 이유가 될 수 없습니다. 우리의 가스 배출은 법에 어긋나지 않습니다." 그러면서 이러한 고소는 헌법 20조의 내용과 어긋난다고 주장했다. "20조와 관계된 부분을 우리는 어디에서도 발견하지 못했습니다." 이에 마이어 판사가 반격을 시도했다. "그랬다면 이 건은 상당히 부드러운 사건이었겠지요. 이 재판은 차원을 넘어서는 사건을 다루고 있습니다. 만일 법적인 상황이 그렇게 간단하다면, 여러분의 로펌이 10쪽 정도만 기록해도 되었을 것입니다."

재판정에 앉아 있던 청중은 큰 소리를 지르며 박수를 쳤다. 마치 극장에서 연극을 보고 있는 느낌이 들었다. 왜냐하면 이날 바로 이 재판정에서 두 세계가 서로 충돌했기 때문이다. 하나는 자신들의 이익을 위해 전 세계에서 저지르는 불의를 합법화하려는 부자 나라 북반구의 세계였다. 그리고 다른 하나는 이와 같은 불의가 실제로 일어나는 현장을 더 이상 참지 않으려는 남반구의 세계였다. 이우야는 이와 같은 고소를 통해 기후변화를 세상의 중요 관심사로 부각시켰을 뿐 아니라, 외형화 사회의 진면목을 보여주었다. 다른 사람들과의 관계를 통해 살아가면서도, 다른 국가로 하여금 북반구 국가들의 경제 활동으로 인해 생기는 결과와 식민지적 삶의 방식을 당연한 듯 짙어지게 만드는 외형화 사회 말이다. 재판정에 바이에른 출신이나 바덴뷔르템베르크(Baden-Württemberg) 출신 혹은 유럽의 부유한 나라 출신 고소인이 앉아 있지 않고, 페루 출신 고소인이 앉아 있는 것은 결코 우연이 아니라고 마이어 판사는 말했다. "유럽이었다면 당연히 사람들은 자신을 보호했을 테고, 안정적인 댐이 분명 있었을 것입니다."

그 밖에도 이우야의 고소는 자칭 기후 보호에 앞장선다고 말하는 독일의 위선으로 얼룩진 가면을 벗겨냈다. 기후 보호에 앞장서겠다면서도 자국의 자동차 산업을 보호하는 앙겔라 메르켈이 이끄는 독일 정부는 한편으론 미국의 도널드 트럼프 대통령을 비난하며 손가락질을 했다. 트럼프가 2015년의 파리기후협정에서 탈퇴하기로 결정했기 때문이다. 그런데 다른 한편으로 독일은 2017년, 2020년 파리기후협정이 효력을 발생할 경우 1년 동안 배출해야 하는 양의 이산화탄소를 상반기 3개월 만에 방출했다.[2] 독일은 전 세계에서 이산화탄소를 가장 많이 배출하는 10개국 가운데 6위에 올라 있다. 2020년까지 아무것도 변하지 않을 것이다. 2009년부터 독일의 이산화탄소 배출은 줄어들기는커녕 계속 증가해왔다.[3] 정부가 화력발전소에 대한 국가 지원금을, 예를 들면 갈탄을 태우는 발전소에 대한 국가 지원금을 완전히 중단하는 걸 거절했기 때문이다. 심지어 독일은 화력발전소에 매년 100억 유로를 지원하고 있다. 이로써 독일은 화력발전소에 가장 많은 국가 지원금을 지출하는 국가 중 미국 다음으로 5위를 차지한다.[4]

"만일 이번 소송이 원고 측 승리로 판결이 난다면, 우리 모두에게 어떤 의

미가 될까요? 그러면 우리 각자는 위험을 완화해야 할 의무가 있고, 모든 사람과 독일 산업 전부가 그렇게 해야 합니다. 모두가 모두를 상대로 고소하게 될 것입니다." RWE 변호사들은 다시 한번 강력하게 저항했다. 1년 전에도 그들은 에센 지방법원에서 이우야를 향해 건방지게 빈정대며 다음과 같은 반론을 펼쳤다. 페루에서 독일까지 비행기를 타고 온 '어떤 사람' 역시 이산화탄소를 배출한 것이라고 말이다. 그런데 이 남자는 치명적인 기후 변화로부터 자신을 지킬 다른 가능성이 없기 때문에 이곳으로 온 것이다. 그런데도 그들은 그의 뒤에서 건방지게 이런 말을 내뱉었다. 모두가 이런 소송을 낼 것이다!

하지만 만일 사태를 이런 방식으로 본다면, 이를 바로잡아달라고 요구하기 위해 모두가 이곳으로 와야만 한다! 그렇게 하면 앞으로는 환경을 더럽히는 모든 기업이 그와 같은 손해를 결산에 반영하게 될 것이다. 그러면 회사 가치가 무섭게 떨어질 수밖에 없다. 정말 고소하는 사람들이 줄을 잇게 된다면—상상도 못하겠지만—기업은 책임을 질 수밖에 없다. 혹은 늘 미래로 미루던 화력발전소 폐쇄를 마침내 결단하게 될 것이다.

권리 대 정의

"여러분의 생각에 따르면, 대기 오염을 그냥 받아들이라는 말씀인가요? 만일 그런 생각을 끝까지 가져간다면, 그 누구도 다른 어떤 사람을 고소할 수 없을 것입니다. 따라서 내 의뢰인은 자신의 집이 물에 떠내려갈 때까지 기다리는 수밖에 다른 대안이 없겠지요." 로다 페르하이엔 변호사가 말했다. RWE에 대한 고소는 독일의 NGO 저먼워치(Germanwatch)가 돕고 있는데, 이는 페르하이엔 변호사가 거대 기업을 상대로 싸운 첫 번째 사건이 아니다. 32세이던 12년 전에도 페르하이엔은 석유 대기업 셸을 나이지리아 대법원의 법정에 세운 적이 있었다. 이 거대 석유 회사는 기후와 건강을 해치는 가스 소각을 나이지리아의 채굴 지역에서 멈춰야 한다는 그들로서는 청천벽력과도 같은 고소를 당했다.[5] 페르하이엔 변호사는 또한 '인터내셔널 기후 정의 프로그램'이라는 단체를 만들기도 했다.[6] 이 단체는 기후 연구 분야에서 근거 있는 논쟁과 새로운 지식을 수집해 변호사들이 기후 관련 재판을 할 때 사용할 수 있도록 해준다.

"우리는 이런 사람들을 그곳에 혼자 내버려둔 채 우리 일이 아니라고 말해도 됩니까?" 마이어 판사가 물었다. "물론입니다." RWE 변호사 중 한 명의 입에서 불쑥 그런 대답이 튀어나왔다. "개별 기업에 대한 배상 책임은 부당하며, 지극히 헌법을 훼손하는 결정입니다."

만일 광고 전문가들이 지속 가능 부서에서 지어내는 윤리적 헛소리 뒤에 숨어 있지 않다면, 바로 그렇게 대답할 것이다. 한편으론 권리를 요구하는 문제가 등장하고 다른 한편으론 특권과 이윤이 문제로 등장하면, 이른바 '기업의 책임'은 거센 파도에 밀려가는 모래성처럼 사라져버린다.

함에서 열린 고등법원이 고소장을 받아들이고 증거를 인정한 것은 역사적 결정이다. 이로써 독일 법정은 최초로 오염을 많이 시키는 기업은 가난한 나라에서 기후 훼손으로 인해 피해를 당하는 사람들을 도와야 할 의무가 있다고 인정했다. 물론 이우야와 페르하이엔 변호사는 아직 완전히 승소한 것은 아니나. 하지만 그들은 권리에 대한 역사를 썼다. 아니면, 이우야가 말한 대로일지도 모른다. 재판이 끝난 뒤 이우야는 환한 얼굴로 언론에 자신의 생각을 이렇게 말했다. "산들이 이겼습니다. 호수들은 산이 흘리는 눈물이고, 정의는 이 소리를 듣고 우리가 옳다고 해주었습니다."

하늘을 찌르던 거만함이 산산이 부서지다

"친애하는 신사 숙녀 여러분, RWE는 오늘날 많은 사람이 생각하는 것보다 훨씬 녹색으로 가고……." 페터 테리움(Peter Terium)이 말을 맺기도 전에 청중의 야유 소리가 들렸다. 2016년 4월 나는 베르너 부테와 함께 에센으로 갔다. 그곳에서 영화 〈더 그린 라이〉를 위해 한 에너지 대기업의 주요 주주 모임을 촬영하기로 한 것이다. 유럽에서 가장 추잡하게 사업하는 RWE는 그린워싱으로도 유명했다. 환경을 위하는 것처럼 내보내는 이 기업의 광고가 이를 잘 보여준다. 이 광고로 RWE는 유럽 최악의 로빙상(EU Worst Lobbying Award) 후보로 지명되기도 했다.

이 광고에는 온몸에 풀이 무성하고 약간 서툴고 친절한 거인이 등장하는데, 그 거인의 어깨에는 나무들이 자라나 있다. 그리고 영국 아이들의 노래 〈나는 꽃을 좋아해(I Like Flowers)〉가 흘러나오면서 아름다운 만화 세계가 등장한다. 이 거인은 풍력발전소의 풍차를 땅에 세운 다음 입으로 훅 불어서 돌아가게 하고, 석탄을 컨베이어벨트 위로 던지고, 석탄 광산 위에 잔디를 깔고, 전기 자동차에 석탄으로 생산한 전기를 충전시킨다. "붐 디아다, 붐 디아다, 붐 디아다, 붐 디아다." 노래는 계속 이어진다. 그리고 마지막에 이런 문구가 뜬다. "위대한 일을 이렇게 쉽게 할 수 있습니다, 거인이라면."

하지만 에센의 그루가할레(Grugahalle: 콘서트와 국제회의 등이 열리는, 에센 박람회장 안의 공간—옮긴이)에서 녹색 거인은 순식간에 비난의 대상이 되어 난쟁이로 오그라들었다. RWE 회장 테리움은 예민하게 청중을 노려보았다.

"석탄은 꺼져라!" "너희들의 시대는 이제 끝났다!" 많은 사람이 이렇게 외치고 있었다. 점점 더 많은 청중이 자리에서 일어나 플래카드를 높이 들고 시위를 벌였다. 독특한 차림새의 젊은 여자들과 남자들이 이사진의 생각보다 빨리 홀을 가로질러 훌쩍 무대 위에로 뛰어오르더니 들고 있던 현수막을 펼쳤다. 순식간에 소동이 벌어졌다. 안전 요원들이 행동가들을 한쪽으로 내몰았다. 그리고 격렬하게 석탄을 반대하던 사람들은 홀 바깥으로 내몰렸다. 우리 역시 카메라 팀과 함께 밖으로 쫓겨났다. 홀을 지키는 안전 요원들이 진을 쳤다. 그들은 우리가 걸음을 옮길 때마다 따라왔다. 안전 요원들이 자기네끼리 속삭였다. "비즈니스 정장을 차려입은 사람들이 이런 행동을 할 줄은 몰랐어. 시위하는 사람들이 자신의 신분을 접수대에 알릴 수는 없는 거야?"

페터 테리움은 넋이 나간 채 이런 광경을 바라보고 있었다. 그는 몇 분 동안 정신을 차리려 애썼다.

"저건 …… 방금 일어난 일은 막 잠에서 깨어난 몇몇 소수의 늦잠꾸러기들 짓이라고 생각합니다." 마이크에 대고 말하며 그는 예민하게 웃어 보였다. 보아하니 힘들게 할 말을 생각해내는 듯했다. 그의 이마에 땀방울이 맺혔다. "굳이 말씀드리자면, 나는 저런 시위를 문제라고 보지 않습니다. 시위는 아이들이나 하는 짓이죠. 지금 학교나 일터에 있는 아이들 말입니다."

아무도 웃지 않았다. RWE가 수년 동안 보여온 거만함은 오래전에 산산이 부서지고 있었다. 테리움은 불안해할 이유가 충분히 있었다 그에게 주식은 좌불안석의 요인이었다. 주주들이 배당금을 포기했다는 나쁜 뉴스도 있었다. RWE는 2015년에 2억 유로의 손실을 입었다. 그리고 이전 5년 동안 주가는 70퍼센트 폭락했다.

RWE는 이런 일을 자초한 측면도 있다. 요컨대 이 대기업은 에너지 전환을 준비하는 대신 수년 동안 이를 방해만 했다. 그들은 기후 변화를 무시했다. 〔이노기(Innogy: 재생 에너지를 생산하는 RWE의 자회사)의 회장을 역임한 프리츠 파렌홀트(Fritz Vahrenholt)는 심지어 2012년 기후 변화를 의심하는 《차가운 태양, 기후 재난은 왜 일어나지 않을까》라는 책을 출간하기도 했다.〕 핵발전소 포기도 마찬가지다. 과거 회장이었던 위르겐 그로스만(Jürgen Großmann)은 〈빌트〉에 규칙적으로 끔찍한 뉴스를 전했다. 핵발전소 폐기와 에너지 전환은 '정전'이나 '전기 부족'이라는 결과를 가져올 것이라는 내용이었다. 오만불손했던 그는 2009년 우니온〔Union: CDU(독일기독교민주당)와 CSU(기독교사회연합)의 단일 교섭 단체를 일컫는 말—옮긴이)과 자민당의 연합으로 탄생한 메르켈 정부가 핵발전소 포기 안건을 다시 원점으로 돌리고, 따라서 RWE는 이윤을 가져다주는 핵심 사업을 걱정 없이 계속할 수 있을 것이라 확신했다.[7] 당시 RWE 내에서 재생 에너지가 차지하는 비율은 고작 2.6퍼센트에 불과했다. 수력발전소가 차지하는 비율은 심지어 0.4퍼센트밖에 되지 않았다.[8] 그런데 후쿠시마 핵발전소 사건이 터지고 말았다. 모든 것을 수포로 돌리게 하려던 RWE의 전략은 실패했다. 왜냐하면 이 대기업이 에너지 전환을 포기하는 동안, 다른 기업들은 이미 오래전부터 이를 실행하고 있었기 때문이다. 요컨대 공원에 설치한 풍차 등으로 개인과 지역에 에너지를 공급하는 업자들은 재생 에너지의 비율을 높여왔다.

석탄 반대 운동과 함께 RWE에 대한 사회적 저항은 점점 늘어났다. '엔

데 겔렌데(Ende Gelände: 시민 불복종 형태의 대대적인 행동을 일컬음—옮긴이)' 등을 펼치며 활동가들은 수천 명씩 모여, 예를 들면 라우지츠(Lausitz)와 라인강에 인접한 석탄 구역을 점령해 발전소를 일시적으로 마비시킨다. 이들은 CASTOR(사용 후 핵연료를 담는 용기—옮긴이) 운반을 반대할 때 익힌 시민 불복종 전략을 사용했다. 그들은 RWE의 노천 채굴장인 가르츠바일러(Garzweiler)도 봉쇄했다. 한때 16개의 마을이 있던 그곳엔 맨해튼 면적 2배의 구덩이가 파여 있었다. 행동가들은 1000년 넘은 숲이 파괴되는 것을 막기 위해 통나무집이나 천막에서 지낸다. 본에서 기후정상회의가 열리는 동안 행동가들은 RWE의 갈탄 발전소 바이스바일러(Weisweiler)에서 2개의 블록을 폐쇄하는 데 성공했다. 석탄 유입을 줄이는 데도 성공했다. 이처럼 독일에서는 석탄과 싸우기 위해 사람들이 손을 잡았다. 이들은 전 세계에서 행해지는 석유 채굴 및 원자재 남벌과도 싸우고 있다.

석유 대신 정글

야수니(Yasuní)는 아마존 지역에 있는, 키프로스 면적만 한 크기의 에콰도르 국립공원이다. 이 국립공원은 세계에서 가장 다양한 종이 사는 곳 중 하나다. 요컨대 1헥타르에 600종 이상의 나무와 덤불이 자라고 있다. 이는 미국과 캐나다의 종을 합한 것보다 더 많은 수치다. 많은 양서류, 포유류, 조류, 식물이 있는데 아마존의 다른 지역에서는 볼 수 없는 종들이다. 그 밖에 이곳에는 타가에리족(Tagaeri)과 타로메난족(Taromenan) 등 많은 토착민이 살고 있다. 이들은 자발적으로 고립된 생활을 하는 종족이다. 이 국립공원은 또 다른 보물도 품고 있다. 달러로 계산할 수 있는 보물이다. 1990년대 말에 땅 밑에서 8억 5000만 배럴에 달하는 석유를 발견한 것이다. 에콰도르 석유 생산량의 4분의 1에 해당하는 180억 달러의 가치가 있는 매장량이다. 이 작은 나라에는 실로 큰돈이었다. 그래서 가난을 벗어나기 위함이라는 미명 아래 석유 채굴을 결정했다. 하지만 2007년 에콰도르 정부는 이례적인 제안을 함으로써 전 세계를 놀라게 했다. 다른 나라들이 석유 채굴을 포기함으로써 놓치게 될 금액 중 일부(35억 달러)를 에콰도르에 지불한다면 야수니의 땅을 그대로 보존하겠다는 내용이었다.

'야수니 ITT〔석유가 묻혀 있는 곳, 즉 이스핑고(Ishpingo), 탐보코차(Tambococha), 티푸티니(Tiputini)의 첫 글자에서 가져왔다〕'는 네 가지 목표를 추구한다. 요컨대 이 단체는 유네스코가 인정한, 전 세계에서 하나뿐인 다양한 생물이 사는 곳을 보존하려 한다. 또한 그곳의 토착민도 보호하고자 한다. 그리고 석유 채굴로 인해 생겨날 4억 1000만 톤의 이산화탄소를 배출하지 못하도록 한다. 마지막으로 에콰도르의 포스트(post) 석유 시기를 잘 이끌어 남반구에 위치한 석유 종속 국가들에 모범을 보여주고자 한다. 35억 달러는 전 세계적으로 보면 매우 값싼 비용이다. 이는 이산화탄소 배출 거래나 다양성 인증서같이 자연으로 유리한 상업화를 노리는 것과 상관이 없는 일이었다. 이 경우에는 정반대로, 자연을 파괴하고 기후를 계속 훼손하는 대신 생태계에 진 빚을 갚는 행동이 중요했다.

유엔은 도전에 나서서 신탁 펀드를 만들었다. 국가와 재단 그리고 개인들이 지불하는 방식이었다. 그런데 미국, 러시아, 중국은 여기에 참여하지 않았다. 그러나 오스트레일리아, 콜롬비아, 페루, 에스파냐, 벨기에의 왈론인(Wallon: 벨기에 동남부의 라틴화한 켈트족—옮긴이)들은 돈을 지불했다. (상징적으로만 참여하는 경우도 있었다). 칠레, 캐나다, 캘리포니아, 터키, 스위스는 지원 의사를 밝혔다. 이탈리아는 에콰도르의 채무를 감면해주었다. 독일 정부는 매년 4000만 유로에 달하는 가장 큰 돈을 지원하기로 했다.

그런데 자민당 소속 디르크 니벨(Dirk Niebel)이 등장했다. 그는 개발부 장관이 되자 2010년에 약속했던 지원금을 돌연 취소했다. 이 프로젝트가 독일 경제에 아무런 이득도 주지 않는다는 이유였다. 니벨 장관은 에콰도르에 치명적 타격을 입혔다. 〈TAZ〉에 기고한 글에서 그는 이렇게 말했다. "많은 원자재가 개발도상국과 신흥 공업국에 매장되어 있다. 그 때문에 나는 항상 새롭게 요구받는 선례를 만들지 않겠다. 다시 말해, 환경 훼손을 막기 위해 재정적 수단을 제공하는 선례를 의도적으로 만들지는 않겠다는 것이다. 소말리아 앞 바다에서 생필품을 실은 배들이 해적한테 강탈당하는 펀드를 더 이상 만들지 않는 것처럼 말이다."[9] 오늘날 니벨은 무기 산업을 위해 일하고 있다.

2013년 라파엘 코레아(Rafael Correa) 대통령은 이 프로젝트가 실패했다고 발표했다. 토착민과 환경 단체의 격렬한 반대에도 2015년부터 야수니 국립공원에서 석유를 채굴하기 시작했다. 석유 회사들은 국립공원의 3분의 2를 채굴할 수 있는 특허권을 얻었다.

수천 년 동안 이어져온 생태계를 파괴하는 대가로 얻는 석유는 전 세계가 단 열흘 정도 소비할 수 있는 양에 불과하다. 그렇게 해서 얻은 석유로 '포뮬러 1 자동차 경주'를 하고, 전 세계의 바다에 플라스틱을 버리고, 군대 투입을 위한 연료로 사용하고, 금방 출시된 제임스 블런트(James Blunt: 영국의 가수―옮긴이)의 CD를 굽는다.[10]

에콰도르 키토 대학의 경제학과 교수 알베르토 아코스타(Alberto Acosta)

는 야수니 계획이 실패했음에도 성공을 거두었다는 평가를 내놓았다. 아코스타 교수는 코레아 대통령 정부 때 광산부 장관을 역임하고, 2005년 대통령에게 그와 같은 계획을 제안했던 인물이다.

"야수니 계획은 이 아이디어를 낸 특별한 사람 덕분이 아닙니다. 시민사회가 한 단계씩 발전한 덕분이죠. 아마존 지역이 석유 채굴로 인해 황폐화하고, 이로 말미암아 고통을 겪은 사람들의 머릿속에서 나온 것입니다." 아코스타의 말이다. 야수니 아이디어는 라파엘 코레아가 대통령이 되기 이전부터 존재했고, 코레아 대통령은 다만 국영 석유 대기업 페트로에콰도르(Petroecuador)의 반대를 막기 위해 이 아이디어를 전면에 내세웠을 뿐이라는 것이다. 아코스타 교수는 야수니 계획의 존치 여부를 다른 국가들의 재정 지원에 따라 결정하도록 하고, 국제적 지원 없이 이 아이디어를 실행에 옮길 수 있는지 여부를 전혀 조사하지 않았다며 코레아 대통령을 비판했다. 그런데도 그는 다음과 같은 점은 인정해야 한다고 말했다. "이 계획은 중요한 결과를 보여주었습니다. 원자재 착취 문제를 에콰도르는 물론 전 세계에 공공연하게 알렸다는 것입니다. 이 계획은 이산화탄소 배출량을 줄여야 한다고 점점 큰 소리로 외치고 있는 상황을 고려할 때, 어떻게 하면 화석 연료 채굴을 막을 수 있을지에 대해 구체적 제안을 한 것입니다."[11]

국제에너지기구(생태적으로 활동하는지 의심을 사고 있는 기구)는 만일 우리가 지구의 온도를 추가로 섭씨 2도 더 높이지 않으려면, 땅에 묻힌 화석 연료를 그대로 둬야 한다는 계산을 내놓았다. 마침내 이와 같은 정글 아이디어는 모든 세계로 퍼져나가 모방하는 자들을 발견하기에 이르렀다. 야수니 계획으로부터 석유와 그 밖의 다른 화석 연료를 채굴하지 못하도록 하자고 투쟁하는 운동이 전 세계에서 일어났다. "심지어 야수니처럼 하자는 의미의 '야수닝'이라는 개념도 생겨났습니다. 어디에서냐고요? 예를 들면 서아프리카에 있는 니제르공화국의 삼각주, 노르웨이 서북방의 로포텐(Lofoten)제도, 콜롬비아의 산안드레스이프로비덴시아(San Andrés y Providencia)주 또는 카나리아제도의 란사로테(Lanzarote)섬 등입니다. 도처에서 땅에 묻힌 석유를 그대로 내버려두었죠. 석유 시추 기술인 수압파쇄법을 미국, 멕시코, 아르헨티나, 콜롬비아, 프랑스를 비롯한 유럽 다른 곳에서 막으려는 노력 역시 비슷한 방향으로 나아가고 있습니다. 생물물리학적 한계를 무시할 수 없는 화석 연료와 결별할 방법을 준비하는 것입니다. 이런 의미에서 우리는 다음과 같은 요구를 할 수 있습니다. 두 번째, 세 번째 …… 아주 많은 야수니를 만듭시다!" 아코스타 교수는 이렇게 말했다.

하지만 에콰도르에 있는 아마존에서 성공한 스토리도 있는데, 석유 회사들이 자기네끼리 실용적으로 분배했던 지역이다. 바로 사라야쿠(Sarayaku)라는 곳이다. 토착민 키추아족(Kichwa)이 살고 있는 이곳은 야수니 국립공원에서 남동쪽으로 대략 200킬로미터 떨어져 있고, 아마존강 중 에콰도르에 속하는 보보나사(Bobonaza)강에 인접한 파스타사(Pastaza)주에 있다. 1200명의 주민이 원시 우림 지역의 5개 마을에서 살고 있는데, 이 원시 우림을 토착민 언어로는 '카사크 사차(Kawsak Sacha)'라고 한다. 즉 카사크 사차란 '살아 있는 숲'이라는 뜻이다. 에콰도르 정부는 토착민 키추아족이 살고 있는 지역에 대한 석유 채굴 권리를 2개 내주었다. 하나는 이탈리아 석유 회사 아지프(Agip)이고, 다른 하나는 아르헨티나 회사 CGC

였다. 하지만 토착민들은 서로 연대해서 1980년대부터 석유 회사와 정부에 대항해 투쟁했다. 그리고 오늘날까지 자신들의 숲에서 기름 한 방울도 채굴하지 못하도록 막는 데 성공할 수 있었다. CGC를 인권위원회에 고소하자 에콰도르 헌법재판소는 1998년 석유 채굴은 국제적으로 인정하는 토착민의 권리를 침해하는 것이라고 판결했다. 그러나 석유 회사들이 그와 같은 결정에 아랑곳하지 않고 계속해서 석유를 채굴하려 하자 키추아족을 비롯한 토착민들은 에콰도르 정부를 고소했다. 10년간의 법적 투쟁 끝에 미주(Interamerican) 인권재판소는 에콰도르 정부의 유죄를 인정하며, 키추아족에게 보상금 120만 달러를 지불하라는 판결을 내렸다.

사라야쿠의 토착민들은 보상금으로 작은 전세 비행기 3대를 구입했다. 이 비행기들은 정글 마을 400곳과 인근에서 가장 큰 도시 푸요(Puyo)를 연결해준다. 뱀에 물리는 등 의료 사고가 나면 비행기를 이용해 환자를 병원으로 이송한다. 그 밖에 키추아족은 마을 은행을 하나 만들었다. 사라야쿠 사람들은 스스로를 부자라고 말한다. 과연 어떤 원시 부족이 이렇게 말할 수 있겠는가? 물론 그들에게 부(富)는 돈이나 사유 재산으로 표현되지 않는다. 그들은 에어로사라야쿠(Aerosarayaku)라는 비행기를 소유하고 있으며, 태양광을 이용한 전기도 사용할 수 있다. 화장실, 책, 서구적인 옷, 노트북, 인공위성을 이용한 인터넷 카페와 자신들만의 홈페이지도 갖고 있다. 아이들과 청소년들은 7개 학교에서 여러 가지 언어를 비롯해 사진과 컴퓨터도 배울 수 있다. 심지어 에콰도르의 쿠엥카(Cuenca) 대학과 에스파냐의 예이다(Lleida) 대학과 협력해 운영하는 대학 프로그램도 있다. 하지만 이 모든 것은 부유한 재단이나 외국의 개발 원조 단체 덕분에 존재하는 게 아니다. 키추아족은 스스로 그리고 함께 어떤 기술이 공동체에 유용하며, 이런 기술이 자신들의 전통을 어떻게 보완할지 결정한다. 그들이 마련한 플랜 데 비다(Plan de Vida: '삶의 계획')는 서구인이 상상하는 '개발'과는 전혀 상관이 없다. 서구인의 개발이란 대체로 경제 성장에 한정되어 있으며 자연을 원자재를 생산하는 장소로 생각한다. 인간이 가차 없이 과도하게 이용해도 되는 원자재 말이다.

이와 반대로 키추아족이 마련한 '플랜 데 비다'는 '풍요로운 땅', '사회적 삶', '우림의 지혜'라는 세 가지 원칙이 바탕을 이루고 있다. "신성한 지역인 우림을 보호해야만 건강한 환경, 생산적인 땅 그리고 식량 주권을 확보할 수 있다. 이 세 가지 원칙을 지속적으로 확보한다면, 우리는 화폐 가치에 종속되지 않고도 부자로 살 수 있다." 사라야쿠 주민들의 〈살아 있는 숲을 위한 설명서〉에 있는 내용이다.

사라야쿠에는 또한 부엔 비비르(Buen Vivir: '좋은 삶')라는 것이 있다. 공동체 내에서 사람과 자연의 조화로운 공존을 말한다. 키추아족 말로는 수막 카우사이(Sumak Kawsay)라고 한다. 좋은 삶을 살 수 있는 권리(여기에는 자연의 권리도 포함된다)는 오늘날 에콰도르 헌법뿐 아니라 볼리비아의 헌법에 근거를 두고 있다.

이 권리를 어떻게 실행에 옮기느냐는 또 다른 문제다. 이는 우리 모두에게 해당되고 우리가 함께 대답을 찾아야만 하는 질문을 제기한다. 라틴 아메리카에서 흔히 외치듯 "모든 세계가 자신의 자리를 갖게" 되고 사회적 정의와 생태적 정의를 확보해주는 세계는 어떤 것일까?

사라야쿠는 전 세계의 정의를 시험하는 장소이기도 하다. 이렇듯 저항하고 스스로 결정하는 작은 정글 마을에서 비롯된 아이디어가 세계를 바꿀 수 있다.

말을 왜곡하는 사람들, 적자생존을 주장하는 지식인들 그리고 신랄한 풍자가들이 불평하는 소리가 벌써부터 들린다. 그렇지 않은가? 그래요? 그럼 지금부터 우리 모두가 정글에서 살아야 한다는 얘긴가요?

우림은 도처에서 볼 수 있다

"수막 카우사이 혹은 '좋은 삶'은 결코 낭만적인 상상이 아닙니다. 그것은 모든 사람을 위해 한층 분명하고 혁신적인 제안입니다. 미래의 삶을 조화롭게 살 수 있는 방법에 대한 제안 말입니다." 펠릭스 산티(Felix Santi)는 이렇게 말했다. 사라야쿠의 케추아 공동체 추장인 그는 얼굴에 색을 칠하고, 이마엔 알록달록한 진주로 엮은 머리띠를 장식했다. 하얀 셔츠 위에는 토착민의 전통 장식품이 달려 있었다. 나무로 만든 연단 위에 선 그의 뒤에는 커다란 스크린이 있었다. 스크린에 사진 한 장이 비쳤다. 남자 2명의 사진이었다. 한 사람은 깃털 장식을 달고 있고, 다른 남자는 영양의 등 털로 만든 모자를 쓰고 있었다. 2017년 6월 뮌헨에서 찍은 이 사진에서 두 남자는 '부엔 비비르 회의'라는 플래카드를 들고 있었다. 뮌헨에서는 이틀 동안 이 세계에서 함께 '좋은 삶'을 살려면 어떻게 해야 하는지에 대한 의견을 교환하기 위해 사람들이 모였었다.

펠릭스 산티 외에 에스페란사 마티네스(Esperanza Martinez)도 뮌헨에 왔다. 변호사이자 생물학자인 그녀는 에콰도르의 환경 단체 '야수니 계획' 산하 악시온 에콜로히카(Acción Ecológica)의 회장이기도 하다. 정치학자 울리히 브란트와 사회학자 슈테판 레세니히 그리고 경제학자 알베르토 아코스타도 참석했다. 아코스타는 에콰도르의 광산부 장관으로서 '부엔 비비르 2008'이 에콰도르 헌법에 기초하도록 결정적으로 애쓴 인물이기도 하다.

"좋은 삶을 사는 형태는 여러 가지입니다. 우리가 모범으로 받아들일 수 있는 단 하나만 있는 게 아니지요. 여기서 중요한 과제는 개별적인 현실과 지역에 맞는, 물론 공통된 기본 원칙에서 나온 자체적인 좋은 삶을 창조해내는 데 있습니다. 인간들 사이의 조화와 공평함 그리고 자연과의 조화라는 기본 원칙이 그것입니다." 아코스타의 말이다.[12]

당연히 '좋은 삶'이란 이러저러한 것이라는 규정도 없으며, 어느 날 구세주처럼 나타나 '해결책'을 내놓을 사람도 없다.

그와 같은 '해결책'을 알고 있다고 주장하기 좋아하는 엘리트들이 있다. 하지만 그런 해결책이란 녹색 경제 성장, 자유 무역, 기업의 자발적 책임, 권위적이고 도둑 같은 개발 원조, 고도로 산업화한 농업에 관한 치명적 아이디어일 뿐이다. 이 모든 아이디어는 다른 사람을 희생시켜 개인의 재산과 특권만 보호할 뿐이다.

세상을 생각하는 사람은 하지만 공범자가 되어서는 안 된다. 우리는 광기의 세상을 감지 못하는 무능함으로부터 많은 사람을 해방시켜야 한다. 우리는 환경을 언급하면서 경제를 성장시키고, 복지를 이루고, 세계를 구하겠다는 약속 따위의 녹색 거짓말을 힘을 합쳐 물리쳐야 한다. 우리는 무엇보다 이와 같은 녹색 거짓말을 더 이상 믿지 않는 데서 출발해야 한다. 그런 거짓말을 유포하는 것은 '사악한 대기업'뿐만이 아니다. 녹색 거짓말은 시스템이다. 녹색 거짓말은 파괴적인 기업을 선한 기업으로 둔갑시키는 희망을 만들어낸다. 그러나 기업은 어떤 인식을 얻고 윤리적 원칙에 따라 행동하는 양심적인 존재가 결코 아니다. 기업은 권력이 집중적으로 뭉쳐 있는 곳이다. 오로지 우리만이 이와 같은 권력을 깨버릴 수 있다. 그러기 위해 우리는 '좋은 삶'이라는 유토피아를 개발해야만 하는데, 이런 유토피아는 특권을 가진 자들도 정치적으로 넘어뜨리기 힘들다. 정당하고 공정한 변화는 결코 권력자들로부터 나오는 것이 아니다. 항상 사회의 밑바닥에서, 사회의 가장자리에서, 그리고 남반부 같은 못사는 나라의 주변인들로부터 나온다.

"만일 지구상에 있는 모든 존재가 품위 있는 삶을 영위해야 한다면, 그리고 모든 존재가 조화롭게 균형을 맞춰야 한다면 우리는 진지하게 자본주의를 극복해야 합니다." 아스코타의 말이다. "그러기 위해 우리는 자본주의 내부에서 해방된 대안을 개발해야 합니다. 그리고 이 독립적이고 해방된 대안을 자본주의를 극복하는 기초로 사용할 수 있어야 합니다." 사실 이런 대안은 이미 오래전에 있었다. 유엔 자문위원이자 사회학자로서 《왜 세계의 절반은 굶주리는가?》의 저자이기도 장 지글러(Jean Ziegler)가 명명했듯 그와 같은 '지구적 시민 사회'는 경제 성장, 자본 축적 그리고 인간과 자연에 대한 착취 저 너머에서 개발된 긍정적 세계화를 위한 아이디어다.

우리 모두가 참여해야 한다. 왜냐하면 이 문제는 우리 모두에게 해당되기 때문이다. 착취하는 사람들, 이윤만을 추구하는 사람들로부터 우리의 삶과 공통된 삶의 기초를 보호해야 한다. 자연 파괴는 물론 우리의 집도 예외는 아닐 것이다. 절대 고갈될 것 같지 않은 어마어마한 양의 제품이 슈퍼마켓과 백화점에서 사라질 때까지 자연 파괴는 계속될 것이다. 유럽에서는 이미 농지의 17퍼센트가 집중적 이용과 비료 살포로 인해 개선할 수 없을 만큼 파괴되거나 질이 떨어졌다. 아울러 단작의 증가와 비료 및 제초제의 과도한 투입으로 말미암아 생명의 다양성이 줄어들고 있다.[13] 농지에서 볼 수 있는 조류 가운데 3분의 1은 이미 멸종 위기 목록에 올라와 있다. 약품이 야생에서 자라는 풀과 곤충을 해치기 때문이다. 지하수도 위험하다. 대량 사육장에서 나오는 배설물에 질산염이 걱정할 만한 수준으로 많이 포함되어 있기 때문이다. 또한 자동차 배기가스와 석탄 채굴로 인한 미세먼지가 사람들을 병들게 하고 죽음으로 몰아간다. 요컨대 매년 1만 명이 미세먼지의 직간접적 영향을 받아 사망하고 있다. 기후 변화는 당연히 유럽 사람에게도 큰 영향을 미치고 있다. 홍수, 수확량 감소, 가뭄과 산불 등등. 또한 유럽에서도 사회적 불평등이 급속히 악화하고 있다. 아울러 사유화의 광기가 우리 전체의 재산을 훔쳐가 손해를 입히곤 한다.

'개인'은 그와 같은 것을 막기 위해 아무것도 할 수 없을까? 무슨 헛소리! 물론 모두가 RWE를 고소한 사울 루시아노 이우야처럼 용감할 수는 없다. 모두가 나무 위에 있는 집에 살면서 숲의 벌채를 막을 수는 없다. 모두가 전 세계를 돌아다니며 불행한 현장을 발견하거나 기후 훼손에 관한 연구를 발표할 수는 없다. 모두가 에콰도르에서 우림을 위해 투쟁하거나 또 다른 곳에서 그런 일을 할 수는 없다. 그러나 우리에겐 각기 할 일이 있다.

대량 사육 시설과 산업화한 농업에 반대하고, 물을 비롯한 공공 자원의 사유화에 반대하는 시민 행동에 참여할 수 있다. 자동차 없는 도심을 위해 투쟁하고, 시민의 손으로 에너지를 공급하는 운동에 참여할 수 있다. 석탄 광산과 자유 무역 그리고 노동 착취를 반대할 수 있다. 사회적·생태적 정의를 위한 전 세계의 투쟁에 참여하는 노동조합, 인종 학대적 원조에 반대하는 서명 운동, 활주로와 항구의 새로운 건설에 반대하는 시위를 지지할 수 있다. 우리의 음식을 독점적 손아귀에 넘겨주는 거물 기업(바이엘과 몬산토 같은)의 합병을 막을 수 있다. 이런 모든 것이 사회의 권력 관계를 무너뜨리고 전 세계의 정의를 구축하고자 하는 우리의 목표에 한 걸음 더 가까이 다가가는 데 도움을 준다.

반대 시위와 법안 발의는 (즉각적) 성공을 하든 그렇지 않든 다음과 같은 효과를 거둘 수 있다. 요컨대 사람들을 한데 모으고, 연대감과 용기를 창출한다. 서로 배우고, 지식과 의식을 형성하고, 피드백을 통해 새로운 전략을 개발할 가능성을 제공한다. TTIP(유럽연합과 미국 간 자유 무역 협정)와 CETA(유럽연합과 캐나다 간 자유 무역 협정)에 맞서 유럽 전역에서 일어난 반대 운동 덕분에 염소가 포함된 닭고기 패닉(이러한 자유 무역 협정으로 인해 많은 독일인이 미국으로부터 염소가 포함된 닭고기를 수입하지 않을까 걱정한 데서 비롯됨─옮긴이)이 일어나 사회적 의식을 교육시키는 운동이 발전했다. 이로써 많은 사람이 자유 무역 같은 복잡한 주제에 관심을 갖고, 그것이 가져올 파괴력을 인식하고 반대할 수 있게끔 해주었다. 수십 년에 걸쳐 완강하고 지속적으로 핵에너지를 반대하지 않았더라면 오늘날 독일에는 에너지 전환기가 없었을 것이다. 그랬다면 핵발전소가 25곳이 아니라 80곳 남았을 것이다. 이와 같은 경험과 전략은 화력발전소를 반대하는 운동으로 이어졌다. 지식을 지속적으로 모으고 교환하지 않는다면 오늘날 '생태계 파괴(ecocide)'─생태계와 삶의 기초를 포괄적으로 무너뜨리는 행위, 곧 직접적이든 장기적으로 치명적이든 생명을 위태롭게 하는 행위를 말한다─를 국제적 범죄로 인정하게끔 노력하는 그 어떤 운동도 없을 것이다. 유엔은

1996년 경제 강대국들의 저항에 부딪혀 '종족 학살(genocide)' 외에 생태계 파괴도 국제법 위반으로 인정하는 규정을 마련하는 데 실패하고 말았다. 유럽에는 지금도 이를 위해 투쟁하는 시민 단체가 있다.[14] 이들은 볼리비아와 에콰도르의 헌법에 명시되어 있는 자연의 권리에 대해 진지하게 과학적으로 논쟁하고 있다. 요컨대 자연을 권리의 주체로서 법적으로 어떻게 인정해줄 수 있을지 말이다.

이런 권리가 얼마나 불공평한지에 대한 인식이 늘어나지 않았다면, RWE에 대항해 싸운 이우야도 없었을 것이다. 또한 사에다 카톤, 압둘 아지즈 칸 유수프 자이, 무하마드 자비르와 무하마드 하니프가 KiK를 상대로 싸우지도 못했을 것이다.

2017년 11월 정치 문제를 주로 다루는 연극 연출가 밀로 라우(Milo Rau)는 사흘 동안 베를린 무대에서 자신이 소집한 총회를 통해 유토피아를 현실로 옮겨놓았다. 이날 전 세계에서 70명의 회원이 모였다. 라우의 말을 빌리면 이들은 제3계급(시민 계급—옮긴이)에 속하며, 이른바 대표성이 없어 보통 정치의 결과만을 받아들이는 사람이었다. 그런 사람들이 자신의 문제를 발표하고 21세기의 헌장에 이를 포함시킬 수 있도록 가상의 '세계 국회'에 모인 것이다. 노동 이민자, 전쟁 희생자, 섬유 공장과 광산의 노동자, 수배 중인 노동조합원, 소농, 경제 문제와 기후 문제로 인해 거주지를 떠나야만 했던 피난민, 생태계 파괴로 인한 희생자, 세계의 바다·대기·동물을 위해 일하는 사람. 나는 이렇듯 전 세계에서 모인 많은 투사들(그중엔 우리 영화에 출연한 인도네시아의 페리 이라완도 있었다)과 함께 회원의 한 사람으로 그 자리에 있었다. 전 세계의 정의를 위해 황홀하기 그지없는 유토피아에 참석해 그들과 함께할 수 있다는 사실이 나를 비롯한 많은 사람에게 용기와 희망을 주었다. 지배적인 소비, 생산 그리고 일상의 형태와 비교했을 때 훨씬 더 정당한 대안으로서 개발된 모든 풀뿌리 계획은 실용적 경험을 수집하고 그러한 지배적 시스템으로부터 해방되는 데 도움을 준다. 예를 들면, 시민과 농부가 함께 무엇을 어떤 조건 아래 재배하고 어떤 가격으로 판매할 것인지를 결정하는 농업 연대가 있다. 이렇게 함으로써 농부는 시민과 마찬가지로 생필품 대기업 및 슈퍼마켓 체인의 독재로부터 해방되고 음식과 자연을 공동 자산으로 다시금 획득할 수 있다. 그리스와 에스파냐처럼 위기로 인해 흔들렸던 나라에서 농업 연대는 더 이상 소규모가 아니다. 이들은 현재 수십만 명에게 식량을 공급하고 있다. 농업 연대는 식량 독립을 실천에 옮긴 행동이며, 이를 위해 남반구에서는 소농 운동이 펼쳐지고 있다. 북반구에서 이러한 변화가 없었다면 남반구에서도 농업 연대는 가능하지 않았을 것이다.

세계에는 이와 같은 단체며 계획이 아주 많다. 새롭게 조사하거나 책을 읽을 때마다 나는 그러한 단체와 계획을 알게 된다. 우리 영화 〈더 그린 라이〉를 통해서도 그랬다. 내가 직접 경험한 온갖 파괴와 불행에도 불구하고, 나는 항상 정의를 위한 투쟁을 통해 용기와 희망을 주는 사람들을 많이 만났다. 우리는 언제든 그들과 함께할 수 있다. 우리를 기다리고 있는 것은 전 세계의 행복이다.

감사의 글

영화 〈더 그린 라이〉를 함께 만들고 완전히 새로운 세계를 알게 해준 베르너 부테에게 감사드린다.

오스트리아 빈에 있는 e&a 영화사의 Markus Pauser, Robert Sattler, Sandra Hirscher, Gabi Kodym, Elise Lein에게도 감사드린다. 그들은 우리의 프로젝트를 실현해주고, 빈이 나의 제2의 고향이 될 수 있도록 해주었다.

아름다운 사진을 담당한 Dominik Spritzendorfer와 Mario Hötschl, 훌륭한 음향을 담당하며 함께 멋진 시간을 많이 보낸 Andreas와 Atanans Tcholakov, 멋진 편집을 해준 Gernot Grassl, 불가능한 것을 가능케 해준 Florian Brandt, 탐사를 지원해준 Daniela Kretschy와 Thomas Köttner에게도 고마움을 전하고 싶다.

용기, 희망 그리고 그것들이 매일 세상을 향상시키도록 하는 우리의 놀라운 주인공 Feri Irawan, Noam Chomsky, Raj Patel, Scott Porter, Sônia Bine Guajajara, Lindomar Terena, Estevinho Floriano Teragao Terena와 그의 가족 Jucinei Terena에게도 감사드린다.

항상 멋진 협력 파트너가 되어주는 편집자 Edgar Bracht 그리고 Blessing 출판사의 직원 모두에게 감사드린다. 특히 Holger Kuntze, Elisabeth Bayer, Doris Schuck, Katrin Sorko, 문학 에이전시 소속 Michael Gaeb 와 Andrea Vogel에게도 고마움을 전한다. 특히 에이전트 Michael Gaeb 는 적극적인 도움을 아끼지 않았다.

Cinara Dinaz(브라질), Ian Cotita와 Will Wheeler(루이지애나), Ali Hopson 과 Funmi Ogunro(텍사스주의 오스틴), Alexander Warjabedian(뉴욕), 그리고 Inge Altemeier(인도네시아)는 나와 멋진 작업을 하고, 현장에서 좋은 시간을 보낼 수 있게 해주었다.

수많은 흥미진진한 대화를 나누고, 수천 번의 질문에도 일일이 대답해주고, 기꺼이 나의 탐사를 도와준 Ulrich Brand, Stephan Lessenich, Alberto Acosta, Oliver Pye, Michael Reckordt(파워시프트), Inge Altemeier, Markus Dufner(비판적인 주주), Marianne Klute와 Christiane Zander(우림을 구하라), Siti Umi Kalsum, Benjamin Luig(로자 룩셈부르크 재단), Jutta Kill, Sergio Schlesinger, Maik Pflaum(크리스천 이니셔티브 로메로), Thomas Gebauer, Anne Jung과 Thomas Seibert(메디코 인터내셔널), Christoph Bals(저먼워치), Milo Rau(정치 살인 연구소), Kirsten Brodde,

Alexandar Perschau와 Jörg Fedder(그린피스)에게도 역시 감사를 드린다.

나의 놀라운 가족과 세상에서 가장 멋진 남편, 그리고 모든 것과 아름다운 삶에 감사드린다.

주

1 황제가 입은 녹색 옷

1. Marina Weisband, "Keine Macht der Lüge", *Die Zeit*, 05/2017. http://www.zeit. de/2017/05/alternative-fakten-luegen-donald-trumpregierung-methode.

2. Yanis Varouvakis가 인용한 글. *Die ganze Geschichte*, München 2017.

3. 유튜브에 올린 블룸버그 비디오: https://www.youtube.com/watsch?v=5lutHF5HhVA.

4. https://www.nespresso.com/positive/de/de#!/Nachhaltigkeit.

5. https://www.rheinmetall.com/de/rheinmetall_ag/corporate_social_responsibility/ oekologie/index.php.

6. http://www.kraussmaffeigroup.com/de/nachhaltigkeit-und-verantwortung.html.

7. 조지 클루니가 찍은 네스프레소 광고. 유튜브: https://www.youtube.com/watch?v= ZwA5xnwLxo.

8. 루치아노 로메로 사건은 '헌법과 인권을 위한 유럽센터(ECCHR)'의 자료 참조. https:// www.ecchr.eu/de/unsere-themen/wirtschaft-und-menschenrechte/nestle.html

9. Simona Foltýn, "Kaffee aus dem Südsudan", Deutsche Welle, 2016. 1. 12. http://www.dw.com/de/kaffee-aus-dem-s%C3%BCdsudan/a-18972894.

10. Stephan Lessenich, *Neben uns die Sintflut. Die Externalisierungsgesellschaft und ihr Preis*, Berlin 2016.

11. Stephan Lessenich, "Gelandewagen sind Unheilsboten", FAZ, 2017. 6. 10.

2 지속 가능이라는 대재난

1. Quote oft the day, Economist-Blog "Democracy in America", 2010. 4. 15. http://www.economist.com/blogs/democracyinamerica/2010/04/sarah_palin.

2. Gulf of Mexico: Environmental Recovery and Restoration, BP Five YearReport, 2015. 3. Retirement http://www.bp.com/content/dam/bpcountry/en_us/PDF/ GOM/BP_Gulf_Five_Year_Report.pdf.

3. Scott A. Porter et al., Oil in the Gulf of Mexico after the capping of the BP/ Deepwater Horizon Mississippi Canyon (MC-252) well, 2015. 4. 16; https:// www.ncbi.nlm.nih.gov/pmc/articles/PMC4515244/.

4. 스콧 포터는 자신이 찍은 비디오를 인터넷에 공개했다. https://www.youtube.com/ watch?v=fJbts00XsWY.

5. http://www.bp.com/content/dam/bp/pdf/sustainability/group-reports/bp_ sustainability_review_2009.pdf.

6. Darcy Frey, "How Green is BP?", *New York Times*, 2002. 12. 8; http://www. nytimes.com/2002/12/08/magazine/how-greenis-bp.html.

7. https://www.greenpeace.de/teersand-kanada.

8. Kathy Mulvey, Steh Shulman, Union of concerned scientists (Hrsg.), *The climate deception dossiers. International fussil fuels industry memeons reveal decades of corporate disinformation*, 2015. 7; http://www.ucsusa.org/sites/ default/files/attach/2015/07/The-Climate-Deception-Dossiers.pdf, pp. 25ff.

9. Toralf Staud, "Klarsicht dank Olteppeich", taz, 2010. 3. 24; http://www.taz. de/!5142233/.

10. Jerry Mander, "Ecopornography: One Year and Nearly a Billion Dollars Later, Advertising Owns Ecology" Communication and Arts Magazine, Vol. 14, No. 2, 1972.

11. *Deepwater—the gulf spill desaster and the future of Offshore Drilling. Report to the President*, Januar 2011 https://www.gpo.gov/fdsys/pkg/GPO-OILCOMMISSION/pdf/GPO-OILCOMMISSION.pdf.

12. 미국의 매우 명망 있는 독극물학자 중 한 사람이며 캘리포니아 대학에서 환경독 극물연구소 소장을 맡고 있는 론 테르더마는 이때를 회상하며 '거대한 실험'을 했

다고 말한다. Martin Klingst, "Wo ist das Gift geblieben?", *Die Zeit*, 2011. 4. 14. http://www.zeit.de/2011/16/Oelpest-Deepwater-Horizon/komplettansicht. "혼합액은 화학적 독극물로, 여러 방식으로 석유보다 더 끔찍할 수 있다"고 해양 생물학자이자 NOAA의 컨설턴트 리처드 차터는 경고했다. 그는 이 방식을 '거대한 실험'이라고 명명했다. Marc Pitzke, "Mit Gift gegen Gift", *Spiegel Online*, 2010. 5. 7; http://www.spiegel.de/wissenschaft/natur/us-oelkatastrophe-mit-giftgegen-gift-a-693566.html.

13. "BP boss Tony Hayward's gaffes", BBC, 2010. 6. 20, http://www.bbc.com/news/10360084.

14. Mark Heertsgaard, "Giftige Kosmetik", *Die Zeit* 2013/17; http://www.zeit.de/2013/17/bp-oelkatastrophe-golf-von-mexiko-corexit/komplettansicht# umweltfolgen-oelpest-dezember-4-tab.

15. http://www.noaanews.noaa.gov/stories2010/20100804_oil.html.

16. Jörg Feddern, *Auf Spurensuche: Ein Jahr nach Deepwater Horizon*, Tagebuch, April 011; https://www.greenpeace.de/sites/www.greenpeace.de/files/Auf_Spurensuche_-_ein_Jahr_nach_Deepwater_Horizon_0.pdf.

17. Roberto Rico Martinez et.al., "Synergistic toxicity of Macondo crude oil and dispersant Corexit 9500A® to the *Brachionus plicatilis* species complex (Rotifera)", *Environmental Pollution*, Vol. 173, 2013. 2. http://www.sciencedirect.com/science/article/pii/S0269749112004344.

18. Sara Kleindienst et. al., "Chemical dispersants can suppress the activity of natural oil-degrading microorganisms", 2015. 9. 25; http://www.pnas.org/content/112/48/14900.abstract.

19. David L. Valentine et. al.; "Fallout plume of submerged oil from Deepwater Horizon", 2014. 9. 26; http://www.pnas.org/content/111/45/15906.abstract.

20. Naomi Klein, *This Changes Everything. Capitalism vs. Climate*, New York 2015, p. 386.

21. https://www.whistleblower.org/program-areas/public-health/corexit.

22. GAP Corexit Report Teil 3: https://www.whistleblower.org/sites/default/files/corexit_report_part3_2014.pdf p. 25.

23. 유튜브에 나오는 BP-Spot: https://www.youtube.com/watch?v=YMKKqXoJWYk.

24. Oceana (Hrsg.), *Time for Action: Six Years After Deepwater Horizon*, 2016. 4; http://usa.oceana.org/publications/reports/time-actionsix-years-after-deepwater-horizon?_ga=2.66800814.1421659104.1493983417-983566867. 1493902409.

25. Ben Raines, "BP buys up Gulf scientists for legal defense, roiling academic community", *Alabama News*, 2010. 7. 19; http://blog.al.com/live/2010/07/bp_buys_up_gulf_scientists_for.html.

26. Mark Pitzke, "BP-Zensoren verschleiern die Umweltkatastrophe", *Spiegel Online*, 2010. 6. 12; http://www.spiegel.de/wissenschaft/natur/oelpest-im-golf-bp-zensoren-verschleiern-die-umweltkatastrophea-700128.html.

27. ABC 뉴스와 〈워싱턴 포스트〉의 설문 조사: https://www.welt.de/politik/article 7993900/Amerikaner-aendern-ihre-Meinung-zu-Oel-Bohrungen.html.

28. Oceana 2015, p. 11.

29. https://de.statista.com/statistik/daten/studie/29846/umfrage/umsatzentwicklung-von-bp-seit-dem-jahr-2003/.

30. Abraham Lustgarten, "BP had other problems in years leading to golf spill", *Pro Publica*, 2010. 4. 29; https://www.propublica.org/article/bp-had-other-problems-in-years-leading-to-gulf-spill.

31. 신뢰를 얻고 미래를 위해 지속 가능한 BP가 되고자 하는 밥 더들리: https://www.youtube.com/watch?v=ZKEkL9oHFbg.

3 더 많이 구매하면 바다를 살릴 수 있다고?

1. Kathrin Hartmann, "Grüne Märchen", *Süddeutsche Zeitung*, 2015. 8. 28; http://www.sueddeutsche.de/leben/essay-gruene-maerchen-1.2622244.

2. 살충제 중독에 관해서는 농약 활동 네크워크(Pesticide Action Network, PAN): http://www.pan-germany.org/deu/~news-1460.html/.

3. 2017년 7월의 상황.

4. Kampagne Saubere Kleidung, "H&M-Hohn für echten Existenzlohn: Statt

nachprüfbarer Zahlen nur leere Nachhaltigkeitsversprechen", 2015. 4. 9; http://www.saubere-kleidung.de/index.php/kampagnena-themen/living-wage/453-h-m-hohn-fuer-echten-existenzlohn-stattnachpruefbarer-zahlen-nur-leere-nachhaltigkeitsversprechen.

5. Clean Clothes Campaign, *When "best" is far from good enough. Violations of workers' rights at four of H&M "best inclass" suppliers in Cambodia*, 2016. 10; https://cleanclothes.org/resources/national-cccs/when-best-is-far-from-good-enough-violations-ofworkers2019-rights-at-four-of-h-m-best-in-class-suppliers-in-cambodia.

6. Nils Klawitter, "Studie wirft H&M Kinderarbeit vor", *Spiegel Online*, 2017. 2. 6; http://www.spiegel.de/wirtschaft/service/h-m-primark-takko-studie-wirft-modeketten-kinderarbeit-inburma-vor-a-1133370.html.

7. Kampagne Saubere Kleidung, "Wieder ein entsetzlicher Brand in Textilfabrik in Bangladesch mit über 100 Toten", 2011. 11. 25; http://www.saubere-kleidung.de/index.php/2-uncategorised/200-wieder-ein-entsetzlicher-brand-in-textilfabrik-in-bangladesch-mit-ueber-100-toten.

8. Kampagne Saubere Kleidung, "Unternehmen unterzeichnen endlich Brandschutzabkommen", 2015. 5. 14; http://www.saubere-kleidung.de/index.php/kampagnen-a-themen/312-pm-unternehmen-unterzeichnenbrandschutzabkommen.

9. Greenpeace (Hrsg.), *Konsumkollaps durch Fast Fashion*, 2017. 1; https://www.greenpeace.de/sites/www.greenpeace.de/files/publications/s01951_greenpeace_report_konsumkollaps_fast_fashion.pdf.

10. Tanja Busse, *Die Wegwerfkuh. Wie unsere Landwirtschaft Tiere verheizt, Bauern ruiniert, Ressourcen verschwendet und was wir dagegen tun können*, München 2015.

11. David Böcking, "Bahn predigen, Business fliegen", *Spiegel Online*, 2014. 11. 12; http://www.spiegel.de/wirtschaft/unternehmen/gruenen-waehler-halten-rekord-bei-flugreisen-a-1002376.html.

12. Ulrich Brand, Markus Wissen, *Imperiale Lebensweise. Zur Ausbeutung von Mensch und Natur im globalen Kapitalismus*, München 2017.

13. 독일 인권 단체 프로 아쥘(Pro Asyl)에 따르면 2000~2014년에 2만 3000명의 난민이 지중해에서 익사하고, 유엔난민기구(UNHCR)에 따르면 2014년 이후부터 최소 1만 명이 익사했다고 한다. https://www.proasyl.de/news/neue-schaetzung-mindestens-23-000-tote-fluechtlinge-seit-dem-jahr-2000/. 2016년 한 해에만 5000명이 익사함: http://www.spiegel.de/panorama/fluechtlinge-im-mittelmeer-zahl-der-ertrunkenenmigranten-auf-rekordstand-a-1127373.html. Theresa Leisgang, "Ein Statement", Interview mit Nora Azzaoui und Vera Günther in *Der Freitag*, Ausgabe 17/17. https://www.freitag.de/autoren/der-freitag/ein-statement.

14. Vincent Halang, "Flüchtlingsboote zu Taschen", *Enorm Magazin* Ausgabe 3/17; https://enorm-magazin.de/fluechtlingsboote-zu-taschen.

4 삼류 극장

1. Shannon N. Koplitz, Loretta J. Mickley, Samuel Myers et. al., "Public health impacts of the severe haze in Equatorial Asia in September-October 2015: demonstration of a new framework for informing fire management strategies to reduce downwind smoke exposure", Harvard University, Columbia University, 2016. 9. 19., http://iopscience.iop.org/article/10.1088/1748-9326/11/9/094023.

2. David L. A. Gaveau et.al., *Four Decades of Forest Persistence, Clearance and Logging on Borneo*, University of Massachusetts, 16. Juli 2014; http://journals.plos.org/plosone/article?id=10.1371/journal.pone.0101654. Greenpeace (Hrsg.), *Certifying Destruction. Why consumer companies need to go beyond the RSPO to stop forest destruction*, 2013. 9; http://www.greenpeace.org/international/Global/international/publications/forests/2013/Indonesia/RSPOCertifying-Destruction.pdf. Greenpeace (Hrsg.), *Indonesia's Forests: Under Fire. Indonesia's fire crisis is a test of corporate commitment to forest protection*, 2015. 11. 19. ; https://www.greenpeace.de/sites/www.greenpeace.de/files/publications/20151119_greenpeacereport_underfire_indonesia.pdf. Belinda Arunarwati Margono et. al., "Primary forest cover lost in Indonesia 2000-2012", Natur Climate Change, 2014. 6. 29; http://umdrightnow.umd.edu/

sites/umdrightnow.umd.edu/files/nclimate2277-aop_2.pdf.

Melanie Pichler, *Umkämpfte Natur. Politische Ökologie der Palmöl- und Agrartreibstoffproduktion in Südostasien*, Münster 2014.

3. Fritz Habekuß, "Was geht uns das an?", *Die Zeit* 52/2015; http://www.zeit. de/2015/52/indonesien-borneo-umwelt-urwald-waldbrand.

4. 출처: Friends of the Earth, http://www.foe.org/news/archives/2015-10-borneo-in-fire.

5. Oliver Pye, "Nachhaltige Profitmaximierung. Der Palmöl-Industrielle Komplex und die Debatte um 'nachhaltige Biotreibstoffe'", *Peripherie* Nr. 112, 28. Jg. 2008, pp. 429ff; http://www.zeitschrift-peripherie.de/112-04-Pye.pdf.

6. Christoph Hein, "Kommen bald die Klima-Flüchtlinge?", FAZ, 2015. 11. 20; http://www.faz.net/aktuell/wirtschaft/agenda/klimawandel-wird-naechste-fluechtlingswelle-hervorbringen-13922196.html.

7. GAPKI를 개최한 시점. 그는 지금 해양장관으로 있다.

8. http://www.tobabara.com/en/company-overview/shareholder-profile.php.

9. Anett Keller (Hrsg.), *Indonesien 1965 ff. Die Gegenwart eines Massenmordes. Ein politisches Lesebuch*, Berlin 2015.

10. 더 많은 정보는 '세상을 위한 빵' 소속 '투어리즘 워치' 참조. https://www.tourism-watch.de/en/node/2187.

11. 2017년 상황.

12. 2015년 12월의 'RSPO 위생과 보상 과정의 확증'과 관련한 업데이트(2017년 6월 상황): http://www.rspo.org/news-and-events/announcements/update-on-the-endorsementof-the-rspo-remediation-and-compensation-procedures-racp.

13. Arief Wijaya, Reidinar Juliane, Rizky Firmansyah and Octavia Payne, "6 Years After Moratorium, Satellite Data Shows Indonesia's Tropical Forests Remain Threatened", World Ressource Institute, 2017. 5. 24; http://www. wri-indonesia.org/en/blog/6-years-after-moratorium-satellitedata-shows-indonesia%E2%80%99s-tropical-forests-remain-threatened.

14. 이 회사의 농장은 원탁회의 인증을 받기 위해 TÜV 라인란트의 감사를 수용했다. 원탁회의가 TÜV 라인란트를 감사 기관으로 허락했지만 독립적인 감사는 가

능하지 않다. 종려유 회사들이 감사 비용을 지불하기 때문이다. TÜV 라인란트의 고객 중에는 월마 인터내셔널도 있다. 그 때문에 많은 NGO들은 이런 방식으로 감사를 받은 이 회사를 비난했다. 이와 관련해서 다음을 참조. Hartmann, *Aus kontrolliertem Raubbau*, 2015, pp. 99f.

15. Hartmann 2015, pp. 89ff.

16. International Labourrights Forum, Sawit Watch! (Hrsg.), *Empty Assurances: The human cost of palm oil*, Bogor/Washington 2013, http://www.laborrights.org/sites/default/files/publications-and-resources/Empty%20Assurances.pdf.

17. Brot für die Welt (Hrsg.), "Der hohe Preis des Palmöls: Menschenrechtsverletzungen und Landkonflikte in Indonesien"; http://www.brot-fuerdie-welt.de/fileadmin/mediapool/2_Downloads/Fachinformationen/Aktuell/Aktuell_22_Palmoel.pdf.

18. Oliver Pye, Ramlah Daud, Kartika Manurung und Saurlin Siagan, *ArbeiterInnen in der Palmölindustrie. Ausbeutung, Widerstand und transnationale Solidarität*, Stiftung Asienhaus, Köln 2016. https://www.asienhaus.de/archiv/user_upload/Arbeiter_in_der_Palmoelindustrie_-_Ausbeutung_Widerstand_und_transnationale_Solidaritaet.pdf.

19. Amnesty International (Hrsg.), *The great Palmoil Scandal. Labour abuses behind big brand names*, 2016. 11. 30; https://www.amnestyusa.org/files/the_great_palm_oil_scandal_embargoed_until_30_nov.pdf.

20. Pichler 2014와 비교.

21. Transport and Environment, "Cars and trucks burn almost half of palm oil used in Europe", 2016. 5; https://www.transportenvironment.org/sites/te/files/publications/2016_05_TE_EU_vegetable_oil_biodiesel_market_FINAL_0_0.pdf.

22. Aljosja Hooijer et. al., *PEAT-CO2, Assessment of CO2 emissions from drained peatlands in SE Asia*; Delft Hydraulics report Q3943 (2006); http://africa.wetlands.org/Portals/0/publications/General/Peat%20CO2%20report.pdf.

23. Hugo Valin, Daan Peters, Maarten van den Berg et. al., *The land use change impact of biofuels consumed in the EU. Quantification of area and greenhouse gas impacts (GLOBIOM Report)*, Ecofys International institute for applied

system analysis, E4tech 2015. 8. 27; https://ec.europa.eu/energy/sites/ener/files/documents/Final%20Report_GLOBIOM_publication.pdf.

24. Fred Pearce, "Unilever plans to double its turnover while halving its environmental impact", *The Telegraph*, 2017. 7. 24; http://www.telegraph.co.uk/news/earth/environment/10188164/Unilever-plans-todouble-its-turnover-while-halving-its-environmental-impact.html.

25. 유니레버의 연혁과 이 기업이 종려유 붐을 일으킨 것과 관련한 역사적 연관성은 다음을 참조. Hartmann 2015, pp. 134ff.

26. https://www.unilever.de/ueberuns/wer-wir-sind/unilever-im-ueberblick/.

27. https://brightfuture.unilever.com/.

28. Greenpeace (Hrsg.), *Dirty Bankers. How HSBC is financing forest destruction for palmoil*, 2017. 1; http://www.greenpeace.org/international/Global/international/publications/forests/2017/Greenpeace_DirtyBankers_final.pdf.

29. UN Climate Summit New York Declaration on Forests, 2014. 9. 23; http://www.un.org/climatechange/summit/wp-content/uploads/sites/2/2014/07/New-York-Declaration-on-Forest-%E2%80%93-Action-Statement-and-Action-Plan.pdf.

30. Rett A. Butler, "Wilmar Partner continues to destroy forest for palm oil", *Mongabay*, 2014. 6. 12. http://news.mongabay.com/2014/0612-greenomics-kencana-agri-palm-oil.html.
Greenomics, "As a strategic hareholder: ist this in line with Wilmar's No Deforestation Policy?, 2014. 6. 11. http://www.greenomics.org/docs/Findings_Wilmar%27s-No-Deforestation-Policy_%28LowRes%29.pdf.

31. Caring for Climate, Liste der Unterzeichner: http://caringforclimate.org/about/list-of-signatories/.

32. http://www.un.org/sustainabledevelopment/sdgadvocates/.

33. https://www.unilever.com/sustainable-living/our-approach-to-reporting/un-global-goals-for-sustainable-development/.

34. Palmoil Scorecard des WWF 2015: http://palmoilscorecard.panda.org/check-the-scores/manufacturers/unilever.

35. WWF International Finanzbericht: http://www.worldwildlife.org/about/financials.

36. WWF zur Zusammenarbeit mit Unternehmen: http://www.wwf.de/zusammen arbeit-mit-unternehmen/. 또한 다음을 참조. WWF-US Corporate Engagement Report (2014): https://c402277.ssl.cf1.rackcdn.com/publications/743/files/original/Corporate_Engagement_Report.pdf?1428093258.

37. http://www.wwf.de/themen-projekte/projektregionen/der-wwfunterstuetzt-indigene-voelker/.

38. *Indigene Völker und Naturschutz. Grundsatzerklärung des WWF*, p. 5. http://www.wwf.de/fileadmin/fm-wwf/Publikationen-PDF/WWF_und_Indigene_Voelker_deutsch.pdf.

39. OECD 고충 제기(특수 사례)와 사건 문서: https://assets.survivalinternational.org/documents/1527/survival-internation-v-wwf-oecd-specific-instance.pdf.

40. TED는 Technology, Entertainment, Design이라는 단어에서 나왔다. 온라인을 통해 이루어지는 이 같은 이벤트성 강의 및 회의에서 교수와 전문가들은 파워포인트로 작성한 내용을 대단한 기술적 장비를 동원해 소개한다. 이와 관련해서는 다음을 참조. Corinna Budras. "Professoren als Popstars", FAZ vom 15.2.2016. http://www.faz.net/aktuell/wirtschaft/ted-konferenzen-machen-wissenschaftpopulaerer-14069016.html.
    TED-Talk "How big brands can save biodiversity" von Jason Clay, 2010. 7: https://www.ted.com/talks/jason_clay_how_big_brands_can_save_biodiversity?language=de.

41. 해양연구소는 그 조사 결과를 2012년과 2016년에 제출했다. Rainer Froese et.al., *Evaluation and Legal Assessment of Certified Seafood,* Marine Policiy Vol. 36, 2012. 3; http://oceanrep.geomar.de/14215/.
    Rainer Froese et.al., *Assessment of MSC-certified fish stocks in the Northeast Atlantic*, Marine Policy Vol. 71, 2016. 9 http://www.sciencedirect.com/science/article/pil/S0308597X16300082?via%3Dihub.

42. '우림을 구하라'에서 FSC 인증을 다룬 사이트: https://www.regenwald.org/themen/tropenholz/fsc#start.

43. "The WWF-World Bank Alliance Global Collaboration for Forest Conservation and Sustainable Use. Thoughts on Making It Work", Arbeitspapier vom Oktober 1997, http://d2ouvy59p0dg6k.cloudfront.net/downloads/alliance.pdf.

44. WWF (Hrsg.), Auf der Ölspur. Berechnungen zu einer palmölfreien Welt, 2016. 7; https://www.wwf.de/fileadmin/fm-wwf/Publikationen-PDF/WWF-Studie_Auf_der_OElspur.pdf.

45. 유럽식품안전국(EFSA)은 가공식품에 들어가는 글리시돌 지방산과 종려유의 위험에 대해 2016년 5월 'Risks for human health related to the presence of 3- and 2-monochloropropanediol (MCPD), and their fatty acid esters, and glycidyl fatty acid esters in food'라는 제목의 조사를 수행한 결과, 그것들이 유전자에 독성을 유발하고 암을 일으킬 수 있다는 결론을 얻었다. http://www.efsa.europa.eu/de/press/news/160503a.

46. https://www.unilever.de/nachhaltigkeit/unilever-sustainable-livingplan/nachhaltige-beschaffung/palmoel.html.

47. Sara Westerhaus, "Meilensteine für den Schutz des Regenwaldes", Greenpeace, 2014. 2. 13; http://www.greenpeace.de/themen/waelder/schutzgebiete/meilensteine-fuer-den-schutz-desregenwaldes.

48. '이탄'을 말한다.

49. "The POIG will demonstrate that by setting and implementing ambitious standards, the industry can in particular break the link between deforestation, and human, land and labour rights violations, and palm oil." Palmoil Innovations Group Charta, 2013. 11. 13., p. 1. http://www.greenpeace.org/international/Global/international/photos/forests/2013/Indonesia%20Forests/POIG%20Charter%2013%20November%202013.pdf.

50. 프로젝트에 관해서는 다음을 참조. http://www.greenpeace.org/international/Global/international/code/2012/Forest_Solutions_2/goodoil.html.

5 국가의 그린워싱

1. 독일 정부가 언론에 공개한 인증서에 관한 포털(siegelklarheit.de)의 시작 부분.

https://www.bundesregierung.de/Content/DE/Artikel/2015/06/2015-06-02-nachhaltigkeit-leuchtturmprojekt-2015.html.

2. 지속 가능한 소비를 촉진하기 위해 소비자 정보 포털의 이용, 비용과 확장에 관해 소규모로 진행한 설문 조사에 따르면 그러하다. http://dip21.bundestag.de/dip21/btd/18/092/1809216.pdf.

3. Deutsche Bundesregierung (Hrsg.), *Deutsche Nachhaltigkeiststrategie*, Neuauflage 2016; http://qfc.de/wp-content/uploads/2017/02/Deutsche_Nachhaltigkeitsstrategie_Neuauflage_2016.pdf.

4. OECD Watch에 따르면 그러하다. https://www.oecdwatch.org/.

5. Germanwatch, Misereor (Hrsg.), *Globales Wirtschaften und Menschenrechte— Deutschland auf dem Prüfstand*, Berlin/Bonn 2014, p. 111ff. https://germanwatch.org/de/download/8864.pdf.

6. Hartmann, *Aus kontrolliertem Raubbau*, 2015, p. 117ff. Rettet den Regenwald, "Palmölfirma Asiatic Persada. 3 Jahrzehnte Landraub, Vertreibung, Menschenrechtsverletzungen, Gewalt und Mord. Eine Chronologie", 2014. 4; https://www.regenwald.org/files/de/Chronic-Asiatic-Persada.pdf.

7. '독일 지속 가능성상'의 심사위원장을 맡았던 퀸터 바흐만(Günter Bachmann)이 '우림을 구하라'와 '로빈 우드' 등의 NGO에 보낸 답변. https://www.nachhaltigkeitspreis.de/app/uploads/ 2014/03/20120029-Bachmann_Antwort_Nominierung-DNP.pdf.

8. 번역: 벌채 금지, 이탄 금지, 착취 금지. https://www.kakaoforum.de/ueber-uns/unsere-ziele/.

9. 코코아 바로미터 2015, 독일판: https://www.inkota.de/aktuell/news/vom/24/juni/2015/trotz-zuwachs-bei-zertifizierterschokolade-kakaobauern-leben-weiter-in-extremer-armut/.

10. 섬유연맹 행동 강령 2014: https://www.textilbuendnis.com/images/pdf/20082015/de/Aktionsplan_Buendnis_fuernachhaltige_Textilien_mit%20Annex_Stand_09-10-2014.pdf.

11. Kristina Ludwig, Simone Salden, "Weichspüler", *Der Spiegel* 23/2015, http://www.spiegel.de/spiegel/print/d-135214442.html.

12. ibid.

13. 섬유연맹 행동 강령 2015: https://www.textilbuendnis.com/images/pdf/20082015/de/150820_Aktionsplan_2015_Bearbeitung_SK_Sitzung_HinweisAnnexeAP1_final.pdf.

14. 크리스천 이니셔티브 로메로에서 공개함. http://www.ci-romero.de/textilbuendnis/.

15. The Rana Plaza Donors Trust Fund: http://ranaplaza-arrangement.org/fund.

16. Thomas Seibert, "Die Opfer als Bittsteller", *Medico-Blog*, 2015. 6. 16; https://www.medico.de/blog/die-opfer-als-bittsteller-16610/.

17. The Bangladesh Accord on Fire in Bangladesh: http://bangladeshaccord. org/wp-content/uploads/2013/10/the_accord.pdf. 새로운 방글라데시 합의는 2018년 효력을 발생한다. http://bangladeshaccord.org/2017/06/press-release-new-accord-2018/#more-5447.

18. 2017년 6월의 상태. http://bangladeshaccord.org/progress/.

19. New York Stern Center for Business and Human Rights (Hrsg.), *Beyond the tip of the Iceberg: Bangladesh's forgotten Apparel Workers*, 2015. 6, http://people.stern.nyu.edu/twadhwa/bangladesh/downloads/beyond_the_tip_of_the_iceberg_report.pdf.

20. "Rana Plaza collapse: 38 charged with murder over garment factory disaster", *The Guardian*, 2016. 7. 18; https://www.theguardian.com/world/2016/jul/18/rana-plaza-collapse-murdercharges-garment-factory.

21. Gisela Burckhardt, Jeroen Merk, "Sozialaudits—was bringen sie Näherinnen in Sweatshops?" in Burckhardt (Hrsg.), *Mythos CSR. Unternehmensverantwortung und Globalisierungslücken,* Bonn 211, pp. 119f.

22. ECCHR가 TÜV 라인란트를 상대로 이의를 제기한 사건에 관해서는 다음을 참조. https://www.ecchr.eu/de/unsere-themen/wirtschaft-und-menschenrechte/arbeitsbedingungen-insuedasien/bangladesch-tuev-rheinland.html.

23. Menno T. Kamminga, "Company Responses to Human Rights Reports: An Empirical Analysis", *Business and Human Rights Journal,* Vol. 1, Issue 1, 2016. 6; https://papers.ssrn.com/sol3/papers.cfm?abstract_id=2559255.

24. 투자 보호와 자유 무역 협정, 혹은 중재재판소가 민주주의를 얼마나 퇴보시키는지에 관해서는 그 동안 많은 출간물이 나왔다. 다음을 참조.

Bode, Thilo, *Die Freihandelslüge. Warum TTIP nur den Konzernen nützt— und uns allen schadet*, Berlin 2015.

Ilja Braun, (Hrsg. Ros Luxemburg Stiftung), *Zweierlei Maß. Investitionsschutz ist leicht durchsetzbar, Menschenrechte sind es nicht*, Berlin 2014. https://de.rosalux.eu/fileadmin/user_upload/iija_braun_final.pdf.

Pia Eberhardt, (Hrg. Friedrich Ebert Stiftung), "Investitionsschutz am Scheideweg. TTIP und die Zukunft des globalen Investitionsrechts", Berlin 2014. http://library.fes.de/pdf-files/iez/global/10773-20140603.pdf.

Kathrin Hartmann, (Hrsg. Forum Umwelt und Entwicklung, Medico International), *Recht auf Profit? Wie Investitionsschutz und Freihandelsabkommen Armut, Hunger und Krankheit fördern*, Berlin/Frankfurt 2016. https://www.medico.de/material/shop/section/products_detail/gesundheit/recht-auf-profit/.

Nicola Jaeger, (Hrsg. Powershift), *Alles für uns!? Der globale Einfluss der Europäischen Handels- und Investitionspolitik auf Rohstoffausbeutung*, Berlin 2015. https://power-shift.de/wordpress/wp-content/uploads/2016/02/Alles-f%C3%BCr-uns_webversion.pdf.

Franz Kotteder, *Der große Ausverkauf. Wie die Ideologie des freien Handels die Demokratie gefährdet*, München 2015.

Werner Rätz, et. al. (Hrsg. Attac), *CETA, TTIP, TiSA—Die wirklich falschen Freunde*, Berlin 2015. http://www.attac.de/fileadmin/user_upload/Kampagnen/ttip/Attac_TISA-Broschuere.pdf

Yash Tandon, *Freihandel ist Krieg. Nur eine neue Wirtschaftsordnung kann die Flüchtlingsströme stoppen*, Köln 2016.

25. 사례는 다음을 참조. *Braun 2014, Eberhardt 2014, Jaeger 2015, Hartmann 2016.*

26. United Nations Conference on Trade and Developement (Unctad), "Investor-State Dispute Settlement: Review of Developement 2015", 2016. 6; http://unctad.org/en/PublicationsLibrary/webdiaepcb2016d4_en.pdf.

27. '경제와 인권을 위한 국가 행동 계획'을 만든 과정에 대해서는 다음을 참조.

Germanwatch, Misereor (Hrsg.), *Globale Energiewirtschaft und Menschenrechte. Deutsche Unternehmen und Politik auf dem Prüfstand*, Aachen/Berlin/Bonn

2017; https://germanwatch.org/de/download/18577.pdf.

28. *Monitor*, ARD, 2016. 9. 8, Christin Gottler, Andreas Maus, "Lobbyismus auf Regierungsebene: Profit statt Menschenrechte" http://www1.wdr.de/daserste/monitor/sendungen/lobbyismus-104.html.

29. 이러한 타결은 당시 외무부 장관 프랑크발터 슈타인마이어(Frank-Walter Steinmeier) 와 총리실 실장 페터 알트마이어가 기민당과 사민당 소속 국회의원들과 나눈 고위 회담을 통해 이루어졌다.

30. 대중들과의 협의는 약속한 대로 결코 이루어지지 않았다. 하지만 NGO들에 따르면 '경제와 인권을 위한 국가 행동 계획'에서는 그런 협의를 했다고 주장한다.

31. 독일에서 기업들의 의무를 어떻게 법적으로 고정시킬 수 있는지, 이에 관한 세부 적이고 법적인 문제의 감정을 레모 클링어, 마르쿠스 크라옙스키, 다비드 크렙스 와 콘스탄틴 하르트만 등의 법조인이 내놓았다. 이는 국제사면위원회, 세상을 위 한 빵, 저먼워치와 옥스팜의 위임을 받아 이뤄졌다. https://germanwatch.org/de/download/14745.pdf.

32. Oxfam (Hrsg.) *Süße Früchte, bittere Wahrheit. Die Mitverantwortung deutscher Supermärkte für menschenunwürdige Zustände in der Ananas- und Bananenproduktion in Costa Rica und Ecuador,* Berlin 2016. https://www.oxfam.de/system/files/20150530-oxfam-suessefruechte-bittere-wahrheit.pdf.
Kampagne Saubere Kleidung (Hrsg.), *Wer bezahlt unsere Kleidung bei Lidl und KiK? Eine Studie über die Einkaufspraktiken der Discounter Lidl und KiK und ihre Auswirkungen auf die Arbeitsbedingungen bei den Lieferanten in Bangladesch*, 2008, http://www.sauberekleidung.de/downloads/publikationen/2008-01_Brosch-Lidl-KiK_de.pdf.

33. EU Conflict Minerals Regulation: http://ec.europa.eu/trade/policy/infocus/conflict-minerals-regulation/.

34. Powershift (Hrsg.), *Ressourcenfluch 4.0. Die sozialen und ökologischen Auswirkungen von Industrie 4.0 auf den Rohstoffsektor*, Berlin 2017; https://power-shift.de/wordpress/wp-content/uploads/2017/02/ressourcenfluch40-titel.jpg.

35. Bernd Freytag, "Der Weg zum Elektroauto führt über den Kongo", FAZ vom

17. Juli 2017; http://www.faz.net/aktuell/wirtschaft/unternehmen/die-batterie-entscheidet-ueber-das-e-auto-kommentar-15109179.html.

36. Manuel Schumann, "Dieses Spiel ist saugefährlich", Interview mit Harald Welzer in Der Freitag, Ausgabe 23/017; https://www.freitag.de/autoren/der-freitag/dieses-spiel-ist-saugefaehrlich.

37. Powershift 2017.

6 고기와 피

1. SAN-Standards der Rainforest Alliance: https://dl.dropboxusercontent.com/u/585326/2017SAN/Certification%20Documents/SAN-S-SP-1-V1.2%20SAN %20Sustainable%20Agriculture%20Standard%20July%202017.pdf.

2. "Cargill and Bunge face escalating pressure to clean up supply chain", Mighty Earth, 2017. 3. 13; http://www.mightyearth.org/cargill-and-bunge-face-escalating-pressureto-clean-up-supply-chain/.

3. Food and Agriculture Organisation (FAO) of the Unitend Nations, *World agriculture: towards 2015/2030. A FAO perspective*; http://www.fao.org/docrep/005/y4252e/y4252e05b.htm#TopOfPage.

4. 가축 방목과 대두 단작을 위한 숲의 훼손에 관해서는 다음을 참조.

Greenpeace (Hrsg.), *Wie Rinder den Regenwald fressen. Mato Grosso in Amazonien, ein Gebiet der Zerstörung*, 2009; https://www.greenpeace.de/sites/www.greenpeace.de/files/wie_rinder_den_regenwald_fressen_0.pdf.

Greenpeace (Hrsg.), *Slaughtering the Amazon*, 2009; http://www.greenpeace.org/international/en/publications/reports/slaughtering-the-amazon/.

BUND, Heinrich Böll Stiftung, Le Monde Diplomatique (Hrsg.), *Fleischatlas* 2013, p. 42f.

Weltagrarbericht, *Wege aus der Hungerkrise*, p. 10ff; http://www.weltagrarbericht.de/fileadmin/files/weltagrarbericht/Neuauflage/WegeausderHungerkrise_klein.pdf.

WWF (Hrsg.), *Fleisch frisst Land*, 2014; https://www.wwf.de/fileadmin/fm-wwf/Publikationen-PDF/WWF_Fleischkonsum_web.pdf.

5. Greenpeace, "Das neue Waldgesetz in Brasilien—was illegal war wird jetzt legal", Diskussionspapier 2011; https://www.greenpeace.de/sites/www. greenpeace.de/files/Waldgesetz_Codigo_Florestal_2011_0.pdf.

6. Jutta Kill, "Brasilien: Naturschutz mit Zertifikaten?", 2013. 1. 11. https://www. boell.de/en/node/276974.

7. 삼파이우는 요즘 마투그로수 주정부에서 일하고 있다.

8. 뇌물 스캔들의 결과와 테메르 대통령의 면직은 이 책을 쓰는 동안 활발하게 논의되었다. http://www.tagesspiegel.de/wirtschaft/schmiergeldskandal-fleisch baronestuerzen-brasilien-ins-chaos/19858562.html.

9. http://www.tagesspiegel.de/wirtschaft/brasilien-fleischskandal-koennteauch-eu-betreffen/19539882.html.

10. Rabobank, *Beefing up in Brazil: Feedlots to Drive Industry Growth*, 2014.10. https://www.rabobank.com/en/press/search/2014/20141017-Rabobank-Rapid-intensification-of-Brazilianbeef-production-to-continue.html.

11. Melanie Warner, "Why greener beef will mean less grass, more feedlots", CBS Moneywatch, 2010. 11. 8; http://www.cbsnews. com/news/why-greener-beef-will-mean-less-grass-more-feedlots/.

12. Marian Swain, "Is Feedlot beef better for the environment?" Interview mit Judith Capper, 2015. 5. 28; https://thebreakthrough.org/index.php/issues/food-and-farming/is-feedlot-beef-better-for-theenvironment.

13. 다음은 이 주제와 관련 있는 중요한 책이다. Hilal Sezgin, *Artgerecht ist nur die Freiheit. Eine Ethik für Tiere oder Warum wir umdenken müssen*, München 2014.

14. https://bovidiva.com/2016/03/23/seeing-the-bigger-picture-why-theone-dimensional-panacea-does-not-solve-sustainability-issues/.

15. 2017년의 상황이다. http://www.responsiblesoy.org/about-rtrs/members/?nomb re&busca=busca&pais&categoria&lang=en.

16. Thomas Kastner et. al., *Global changes in diets and the consequences for land requirements for food*, Arizona State University, 2012. 3; http://www.

pnas.org/content/109/18/6868. Emily Cassidy et.al., *Redefining agricultural yields: from tonnes to people nourished per hectare, Environmental Research Letters,* Vol. 8, Nr. 3, 2013. 8; http://iopscience.iop.org/article/10.1088/1748-9326/8/3/034015/meta.

17. Judith Capper, *The environmental impact of beef production in the United States: 1977 compared with 2007*, Washington State University 2014, https://www.animalsciencepublications.org/publications/jas/articles/89/12/4249?highlight=&search-result=1.

18. https://www.iatp.org/sites/default/files/FINAL_Sign_on_letter_to_GRSB_6.pdf.

19. "Ein Leben an der Straße", *Zeit Online*, 21. September 2013; http://www.zeit.de/gesellschaft/2013-09/fs-brasilien-guarani-kaiowa-2.

20. 구아라니카이오와족들이 처한 상황에 대해서는 다음을 참조. Conselho Indigenista Missionário (CiMi) und Food First Action Network (FIAN) Brasil (Hrsg.), *The Guarani and Kaiowá Peoples' Human Right to Adequate Food and Nutrition—a holistic approach,* 2016; http://www.ohchr.org/Documents/Issues/IPeoples/EMRIP/Health/FIAN.pdf. FIAN, "Brasilien: Der Kampf der Guarani-Kaiowá um Land und Würde", Factsheet, 2016. 6; http://www.fian.de/fileadmin/user_upload/dokumente/shop/Fallarbeit/2016-1_FS_Guarani_final_screen.pdf.

21. Greenpeace (Hrsg.), *JBS Scorecard—Failed. How the biggest meat company is still slaughtering the Amazon*, 2012. 6, p. 4; http://www.greenpeace.de/files/JBSScorecard-neu_0.pdf.

22. Sarah Shenker, "Coca Cola in Landkonflikt in Brasilien hineingezogen", Survival International, 16. Dezember 2013; http://www.survivalinternational.de/nachrichten/9819.

23. Jost Maurin, "Keine Kohle für die Guarani", *taz*, 2015. 11. 19; http://www.taz.de/!5250040/.

24. Conselho Indigenista Missionário (Cimi)/Food First Action Network (FIAN) 2016.

25. Conselho Indigenista Missionário (Cimi), *Violence against the Indigenous*

Peoples in Brazil—Data for 2015; http://www.cimi.org.br/pub/relatorio2015/ Report-Violence-againstthe-Indigenous-Peoples-in-Brazil_2015_Cimi.pdf.

26. Victoria Tauli-Corpuz, *Report of the Special Rapporteur on the rights of indigenous peoples on her mission to Brazil,* United Nations General Assembly, Human Rights Council, 2016. 8. 8; http://unsr.vtaulicorpuz.org/site/ index.php/documents/country-reports/154-report-brazil-2016.

27. Heinrich Böll Stiftung, IAAS Potsdam, BUND (Hrsg.) *Bodenatlas. Daten und Fakten über Acker, Land und Erde*, Berlin 2015, pp. 24f.

28. 방글라데시 사람들이 어떻게 이와 같은 토지 절도의 피해를 직접적으로 입고 있는 지에 관해 나는 내 책 《통제된 남벌》(2015, pp. 199ff)에서 상세히 서술했다. 이 책 은 방글라데시 남서부 지역에 관한 얘기다. 그곳에서는 지역 사람들의 식량 생산을 위해 경작지를 사용하지 않고, 무엇보다 유럽에 수출하는 작은 새우를 기르고 있는 까닭에 기아와 굶주림 그리고 영양실조가 만연해 있다. 10만 명 넘는 사람들이 인 공 저수지 앞에 굴복해야만 했다.

29. Heinrich-Böll-Stiftung, IAAS Potsdam, BUND 2015, pp. 24f.

30. Statistisches Bundesamt (Hrsg.), *Flächenbelegung von Ernährungsgütern,* Wiesbaden 2010; https://www.destatis.de/DE/Publikationen/Thematisch/ UmweltoekonomischeGesamtrechnungen/FachberichtFlaechenbelegu ng5385101109004.pdf?_blob=publicationFile.

31. Bundesministerium für Landwirtschaft und Ernährung,(Hrsg.), *Landwirtschaft verstehen. Daten und Hintergründe,* Berlin 2016; http://www.bmel.de/ SharedDocs/Downloads/Broschueren/Landwirtschaft-verstehen.pdf?_ blob=publicationFile.

32. 오지에우 가브리에우가 경찰이 쏜 총에 맞았다는 사실은(국제사면위원회에 따르 면) 그로부터 3년 후 연방검찰청의 조사 결과 밝혀졌다. Amnesty Inter-national, Report Brasilien 2017, https://www.amnesty.de/jahresbericht/2017/brasilien.

7 정의로운 모든 것!

1. Jan Schmidbauer, Vivien Timmlen, "Deutsche Kraftwerke gehören zu den

schädlichsten in ganz Europa", *Süddeutsche Zeitung,* 2016. 4. 1; http://www.
sueddeutsche.de/wirtschaft/studie-deutsche-kraftwerkegehoeren-zu-den-
schmutzigsten-in-ganz-europa-1.2930237.

2. "Klimaschutz in Deutschland—CO2-Jahresbudget schon aufgebraucht", *ARD Tagesthemen*, 2014.4.8; https://www.tagesschau.de/inland/deutschland-emissionen-101.html.

3. Statistisches Bundesamt, *Höhe der CO2-Emissionen in Deutschland in den Jahren 1990 bis 2015 (in Millionen Tonnen)*; https://de.statista.com/statistik/daten/studie/2275/umfrage/hoehe-der-co2-emissionen-indeutschland-seit-1990/.

4. Alexandra Endres, "Das Märchen vom deutschen Klimaschutz", *Zeit Online*, 2017. 7. 8; http://www.zeit.de/politik/2017-07/g20-gipfeldonald-trump-klima-angela-merkel-braunkohle.

5. Marcel Keiffenheim, "Die Recht-Schaffende", *Greenpeace Magazin,* Ausgabe 1.08; https://www.greenpeace-magazin.de/die-recht-schaffende.

6. 기후 정의(Climate Justice) 홈페이지: http://climatejustice.org.au/.

7. 〈슈피겔〉과의 인터뷰(2007년/49호)에서 그로스만은 핵 포기와 관련해 다음과 같은 질문을 받았다. "비블리스(Biblis)처럼 노후한 핵발전소는 벌써 가동을 중지시켰어야 합니다. 당신은 그걸 막을 생각인가요?" 그의 대답은 이러했다. "아뇨. 우리는 그렇게 할 필요가 전혀 없습니다. 우리는 비블리스에 있는 원자로를 다음 선거가 끝난 후에도 가동할 수 있을 것입니다. 그런 후에 시민과 정부가 또 다른 생각을 할 수도 있겠지요." http://www.spiegel.de/spiegel/print/d-54154577.html.

8. Institut für Ökologische Wirtschaftsforschung, Greenpeace (Hrsg.), *Investitionen der vier großen Energiekonzerne in Erneuerbare Energien,* 2011. 7; https://www.greenpeace.de/sites/www.greenpeace.de/files/FS-EVU-Studie_0.pdf.

9. Dirk Niebel, "Dschungel statt Öl?", *taz,* 2009. 9. 23; http://www.taz.de/Debatte-Klimaschutz/!5111287/.

10. Statistisches Bundesamt, *Erdölverbrauch weltweit in den Jahren 1965 bis 2016 (in 1 000 Barrel pro Tag)*; https://de.statista.com/statistik/daten/studie/40384/umfrage/welt-insgesamt—-erdoelverbrauch-intausend-barrel-pro-tag/.

11. Kathrin Hartmann, "Entwicklung ist eine Fata Morgana", Interview mit Alberto Acosta, *Oxi-Blog,* 2017. 5. 17. https://oxiblog.de/entwicklung-ist-eine-fata-morgana/.

12. 다음에 상세한 내용이 나온다. Alberto Acosta, *Buen Vivir. Von Recht auf ein gutes Leben*, München 2016.

13. 녹색당의 질문에 정부는 2009~2015년 독일에서 식물 보호를 위해 사용하는 비료와 살충제 등의 양이 4600톤에서 3만 4700톤으로 증가했다고 대답했다. http://dip21.bundestag.de/dip21/btd/18/097/1809766.pdf.

14. 생태계 파괴를 반대하는 시민 단체: https://www.endecocide.org/de/sign/.

인명 찾아보기